大 学 问

始 于 问 而 终 于 明

守望学术的视界

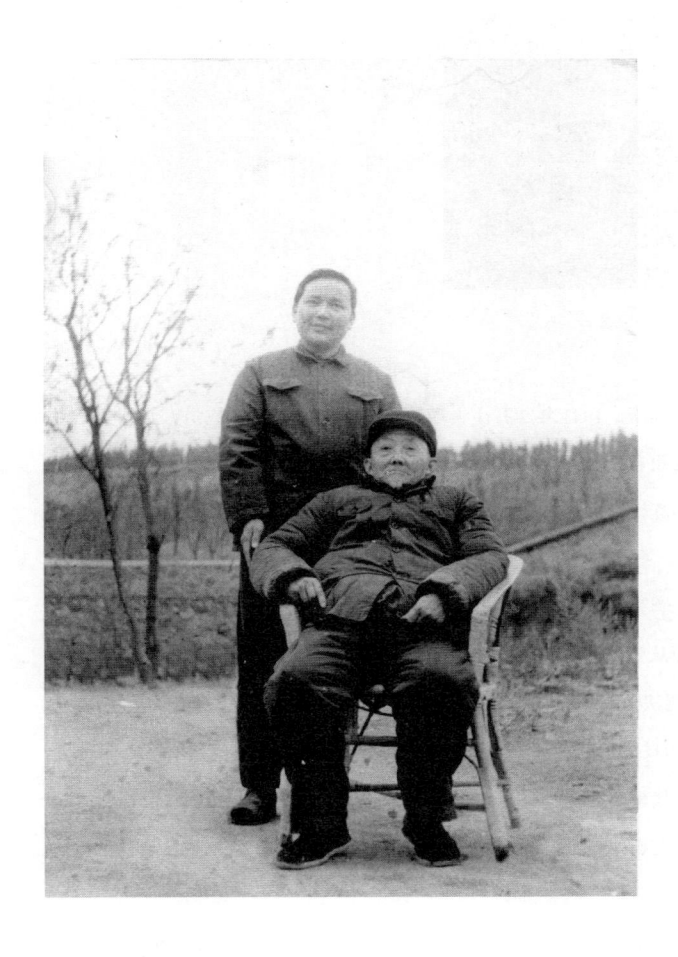

作者与张汝舟先生
1980年·滁州

张闻玉，1941年2月生，四川巴中人，九三学社成员，贵州大学教授，贵州省文史研究馆馆员，中国文化书院(北京)导师。曾从事中学、中等师范教育，在贵州大学任教后，主讲古代汉语、古代历术、传统小学等课程。曾讲学于南京大学、湖南师范大学、东北师范大学、南昌大学、四川大学等著名学府。

师从张汝舟先生，又向金景芳先生学《易》，代表作有《汉字解读》《语文语法刍议》《古音学基础》《古代天文历法论集》《古代天文历法讲座》《铜器历日研究》《西周王年论稿》《西周纪年研究》《夏商周三代纪年》《夏商周三代事略》《周易正读》等。论文《武王克商在公元前1106年》《王国维〈生霸死霸考〉志误》《西周王年足徵》先后获贵州省社会科学优秀成果奖。

著述集结为五卷本《张闻玉文集》(小学卷、天文历法卷、文学卷、史学卷、经学卷)，计300万字，由贵州大学出版社2016—2020年出版。

2021年1月至2023年1月，广西师范大学出版社陆续推出"张闻玉史学三书"《古代天文历法讲座》《铜器历日研究》《西周王年论稿》，集中展现张闻玉先生在古代天文历法以及西周年代学研究上的成果。

西周王年论稿

张闻玉 著

广西师范大学出版社
·桂林·

西周王年论稿
XIZHOU WANGNIAN LUNGAO

广西师范大学出版社·大学问
品牌策划 | 赵运仕
品牌负责 | 刘隆进
品牌总监 | 赵　艳
品牌运营 | 梁鑫磊

责任编辑 | 赵　艳　邓进升
营销编辑 | 赵艳芳
责任技编 | 伍先林
封面设计 | 阳玳玮

图书在版编目（CIP）数据

西周王年论稿 / 张闻玉著. —桂林：广西师范大学出版社，2023.1
（张闻玉史学三书）
ISBN 978-7-5598-5537-4

Ⅰ.①西… Ⅱ.①张… Ⅲ.①年代—研究—中国—西周时代 Ⅳ.①K224.07

中国版本图书馆 CIP 数据核字（2022）第 214191 号

广西师范大学出版社出版发行
（广西桂林市五里店路 9 号　邮政编码：541004）
（网址：http://www.bbtpress.com）
出版人：黄轩庄
全国新华书店经销
广西民族印刷包装集团有限公司印刷
（南宁市高新区高新三路 1 号　邮政编码：530007）
开本：880 mm×1 240 mm　1/32
印张：14.25　　　字数：300 千
2023 年 1 月第 1 版　2023 年 1 月第 1 次印刷
印数：0 001~5 000 册　定价：80.00 元

如发现印装质量问题，影响阅读，请与出版社发行部门联系调换。

三代兴衰系于斯（新版序）

张闻玉　张金宝（执笔）

历史，是传统中国人尤其是中国知识分子血脉深处的信仰。历史如《春秋》者，以微言而显大义，如《史记》者，通古今之变而究天人之际，中国人的精神世界以历史为基得以建立。这意味着，历史在中国承担着形而上的功能，它要回应精神世界所面对的无限性、无穷性等问题。

我们一向以中国有悠久的历史而自豪，中华文明从黄帝算起有近五千年。历史不外史时与史事的结合，缺一不可。造字之初，史与事，实为一胎所出。司马迁在《太史公自序》中说："维三代尚矣，年纪不可考，盖取之谱牒旧闻，本于兹，于是略推，作《三代世表》第一。"在两千多年前的汉代，司马迁已经无法精确考证夏商周三代的纪年，所以，共和元年（前841年）就成为中国历史上确切纪年的开始。太史公在《三代世表》中也说："至于序《尚书》，则略无年月；或颇有，然多阙，不可录。故疑则传疑，盖其慎也。"这正体现了太史公实事求是的治学精神。所以，在夏商周三代就存留不少"疑年"供史学家研究。

"夏商周"三代之治，在现代政治思想传入之前，代表着中国传统读书人对于政治的最美好的理想和最终极的诠释，尤其是西周，更是中华文化最重要的源头之一。儒学、道学是对中国社会影响最大的两个思想体系，道家始祖老子曾做过周朝"守藏室之官"（管理藏书的官员），周文化对其影响可以想象，至于孔子，则直接宣称"周监于二代，郁郁乎文哉，吾从周"。夏尚忠、殷尚质、周尚文。"周监于二代"是说周文化是集夏商两代之大成，"郁郁乎文哉"意思是非常茂盛、伟大与光辉的人文思想文化，孔子对周文化评价如此之高。孔子自称他的文化思想是承前启后，发扬周代的文化精神的。所以他说："吾从周。""周"在这里当然指的是西周。所以，弄清楚西周纪年，对于厘清中华文明的源头非常重要。三代纪年研究中，最大的疑年是武王克商，由此引发西周诸王的年代研究，这些内容正是本书重点讨论的课题。

1961年，我撰写的文章第一次刊登在《文汇报》上，古人云："凡著于竹帛者为文章"，如果把这看作我学术生涯的起点，至今已六十年矣。1979年，我到滁州汝舟先生门下进修，随先生学习古代天文历法和声韵学，因此与史学结缘。1985年，北上吉林大学研习《周易》，应陈连庆先生之邀，为东北师大历史系古史研究生讲历术，受陈先生嘱托，将古代天文历法与铜器铭文结合起来，将历术用于考古。回顾起来，自己所走过的历程正是"由文学而经学，由经学而史学"的中国学者之路。在六十年的学术生涯中，除了尽全力宣扬汝舟先生的天文历法观点，力主

"月相定点"说，扩大"三重证据法"在史学界的影响之外，在西周王年研究方面也略有创获，不敢妄自菲薄，在本书中，呈献给学界同仁。

汝舟先生的《西周考年》引领了年代学研究的方向，有具体的研究方法也有确切的结论，在这个基础上，我将汝舟先生的古代天文历法应用于铜器历日考证，在《共孝懿夷王序、王年考》《宣王纪年有两个体系》中提出了自己的观点；对小盂鼎、师虎簋、曶鼎、晋侯苏钟、善夫山鼎、子犯和钟等诸多铜器历日的考订上也都有所创新。虽不敢说是不刊之论，亦如陈寅恪先生所言"未尝侮食自矜，曲学阿世"。

退休之后，除了讲学、著述之外，在我身边还聚集了一批对传统文化感兴趣的年轻学人，他们有的成为我的入室弟子，有的成为忘年交。他们搞讲座，出专著，扩大了汝舟先生思想在学界的影响。我经常对他们说"做学术，务必注意她的生命力，必须要做三百年也不会过时的真学问"。相信书中提到的方法和得出的结论一定会经得起历史的检验。

五千多年来，中华民族之所以能够经受住无数难以想象的风险和考验，始终保持旺盛生命力，生生不息，正是中华民族文化彰显的伟大力量。清代汉学研究从乾嘉算起来到现在已经三百多年，传承至章太炎先生、黄季刚先生，形成近代章黄学派，这是传统学术。今天讲发扬传统文化，绝不是一句空话，而是实实在在承继三百多年的汉学传统，摈弃西化，进一步弘扬中华民族五千年文明。只要中华民族存在，中华文化就永远不会消失，这个自信，就是文化自信。

《西周王年论稿》出版于1996年，当时只印了五百册，很多学人求而不得，作为作者，我也爱莫能助，往往只能将复印本送给求书者。我因出版《古代天文历法讲座》而与广西师范大学出版社结缘，广西师大出版社的领导关注学术，推出了很多质量高、影响大的学术著作。今年广西师大出版社的编辑赵艳女士与我接洽，欲将我关于西周纪年研究的文章整理结集出版。于是以《西周王年论稿》为基础，补充了若干篇相关文章，遂决定以《西周王年论稿》之名付梓。编辑人员为本书的出版劳神费力，着实让人感动。惟愿本书的出版，能够还西周历史本来面目，并以此为基础，使"夏商周"三代的兴衰起伏更加清楚，为中华传统文化的传承和复兴尽绵薄之力。这也是对在我学术生涯中予以莫大指引的张汝舟先生与陈连庆先生最好的报答。

是为序。

2020年8月28日

序一

李学勤

贵州大学张闻玉先生新著《西周王年论稿》一书即将出版,这无疑是对我国年代学研究的一项非常重要的新贡献。

大家都知道,中国是世界上有数的文明古国之一,历史十分久远,可是我国文献中公认为确切的纪年,只能上溯到《史记·十二诸侯年表》托始的西周晚期共和元年,即公元前841年。司马迁说过:"五帝、三代之记,尚矣。自殷以前,诸侯不可得而谱,周以来乃颇可著。孔子因史文次《春秋》,纪元年,正时日月,盖其详哉;至于序《尚书》,则略无年月,或颇有,然多阙,不可录。故疑则传疑,盖其慎也。余读谍记,黄帝以来皆有年数,稽其历谱谍、终始五德之传,古文咸不同,乖异。夫子之弗论次其年月,岂虚哉?"这说明,当时流传的材料中是有不少古史年代记载的,只是分歧较多,彼此不一,以致无法定论。可惜这些记载,绝大多数我们都已经没有办法看到了。

在《史记》以后,历代不知有多少学者曾经努力恢复共和以前的纪年。他们工作的一个重点,就是推求西周列王的年代。这是由于西周的年代是继续上推夏、商以至更古时期年代的基点。西周的年代不明,以上的年代便谈不到了。西汉晚期的刘歆就是这样做的,他利用鲁国世系的记载,试图确定武王伐纣之年。此后的学者,大都只能和刘歆一样,依靠文献里的零星线索,去编排西周的纪年。直到清末,因为西周金文的发现已多,其中若干具有历日,学者们开始通过金文复原西周历谱,出现了种种学说,推进了这方面的研究。

必须承认,西周王年的研究是中国古代年代学上一个非常困难的课题。除了材料不足,这个课题的难点还在于其跨学科的性质。探讨西周王年,既要精研天文历法,又须熟谙金文,而后者不仅属于古文字学的范畴,又同作为考古学分支的青铜器研究密不可分。以往发表的若干学说,其所以尚有缺陷甚至错误,每每是由于学者尽管学有专精,仍有难于兼通之处。特别是中国的天文历法,有其传统的体系和方法,绝非轻易所能问津。

张闻玉先生于天文历法师承有自。他受业于贵州大学老教授张汝舟先生(1899—1982),亲炙多年,登堂入室。张汝舟先生乃黄季刚先生门弟子,国内知名语言学家,精研历算,独辟蹊径,卓然成家,其代表作《二毋室古代天文历法论丛》,就是经张闻玉先生和同门新疆师范大学饶尚宽先生(著有《古历论稿》)等位整理的。张闻玉先生光大师学,著述甚多,部分论文已于1995年辑为《古代天文历法论集》,由贵州人民出版社印行。其间涉及不少出土文物,如随州擂鼓墩一号墓的天文图象,云梦睡虎地十一号墓的秦简《日书》,临沂银雀山二号墓的元光历谱等,皆有新义。现在收入《西周王年论稿》诸文，更体现出以文献、文物两方面研究互相结合，有许多独到的见解。

我一直以为，研究我国古代天文历法问题不能离开传统的天文历法体系。这一体系源远流长，追根溯本，可以探寻到远古时代。《史记·历书》云："盖黄帝考定星历，建立五行，起消息，正闰余，于是有天地神祇物类之官，是谓五官，各司其序，不相乱也。"虽系传说，但反映出天文历法起源之早。《尚书》首篇《尧典》叙述"钦若昊天历象日月星辰，敬授民时"，也与此相合。

由此似可得到两点推论：第一，既然传统的天文历法体系萌芽甚早，到甲骨文、金文所体现的殷商、西周时期，历法应当比较完善了。如果把当时历法讲成非常疏误和原始，恐怕是不对的。第二，传统的天文历法体系自有渊源，虽有因革，但仍一脉相承。不能认为夏、商的历法与周代历法大相径庭，有根本不同之处。细读张闻玉先生的著作，使我加强了这样的信心。

今年五月，国家重大科研课题"夏商周断代工程"正式启动。这是自然科学与人文社会科学相结合、多学科联合攻关的科研项目。张闻玉先生这部《西周王年论稿》的问世，适逢其会，相信一定将得到学术界以及各方面有关读者的欢迎。

1996 年 6 月

草于巴黎

序二

杨升南

闻玉是我中学时的同学，只因班级不同而缺少交往。他在巴中中学高中毕业后考入贵州大学中文系，以优良成绩毕业后，辗转又回到该校任教。我则进入四川大学历史系，毕业后分配到社科院历史研究所工作。

1983年夏，闻玉到东北，路过北京作短暂停留。此前我们中学的老师颜冬申先生曾到北京出差，向我讲起过闻玉在声韵训诂和古代历术研究上的功底和成就，希望我同闻玉联系以扩大自己的知识面。颜老师在贵州财经学院任教，他同闻玉自是常有交流。

和闻玉在北京相会的几天中，我主要是向他讨教历法问题。他向我详细讲解了《史记·历书》的"历术甲子篇"和历法推步知识，引起我极大的兴趣。当时通宵达旦的长谈至今还记忆犹新。

1986年春，闻玉再过北京，我请他到我所在的先秦史研究室就天文与历术问题作了两次学术讲演。他的讲演获得很大的成功,受到热烈欢迎。给大家总的印象是,他那一套天文历术体系确实简明而实用,不难掌握而又能解决实际问题。在他离京行前,我向他建议,历术是一门很精深的学问,一般人不敢问津,你既有这样的功力,何不把研究的重心移向这个领域?

此后我们交往加多,且常在国内一些大型学术会上相见。每次会议,闻玉总是提供有关先秦时期的历术文章。他的论文也总是在会上受到重视和好评。这些年来,闻玉在古代历法和夏、商、周三代年历上的研究,已取得令世人瞩目的成果。前不久已由贵州人民出版社出版了他的《古代天文历法论集》,现在他的《西周王年论稿》又将付梓,实在可贺。

闻玉是个很重友情的人,来信让我为他的这本书写个序。我本一再推谢,但盛情难却,只得写上我的一些想法。

闻玉利用他通晓的天文历法知识,探求先秦时期主要是西周一代的历日与王年,这一选题在学术界的重要意义而今已得到证实。今年五月国务院决定将"夏商周断代工程"列为"九五"国家重点科研课题而正式启动。众所周知,西周王年是这一工程的重点,闻玉的研究,其重大学术价值是自不待言的。

在研究方法上,闻玉秉承师说,强调要三证相结合。这三证就是文献、铜器和天象。这也是"夏商周断代工程"要体现的历史学、考古学与天文学的综合研究方法。本书中的《西周朔闰表》就是明证。作者将文献所记历日,铜器铭文历日系于实际天象而制成此表。这如同是西周一代王年研究的总汇,也是进一步研究西周王年的极好参考和工具。

闻玉对西周一代历日的研究所取得的成果，相信大家读了此书后，自会有所感受。我在这里只提出以下几点，作为我个人的心得。

一是武王克商的年代。就目前所见，已有三十多种不同的说法，作者主张克商在公元前1106年。这虽是重申他的老师张汝舟先生的成说，但作者的论证更加详密、充分。1987年秋在安阳召开的"殷商文化国际学术讨论会"上，闻玉的这一说法，引起了国内外学术界的普遍重视。这篇论文收进《殷墟博物苑苑刊》中，其结论也为殷墟博物苑正式采用，这本身就足以说明该文的价值。

二是对西周列王年数的考定。《昭王在位年数考》一文，不仅扫清了古来对昭王年数的歧说，也廓清了西周前期成、康、昭、穆各王的年次。关于西周中期这一段纪年，历来就是西周史中的一个疑团，学者间或涉及者亦不深刻。闻玉《共孝懿夷王序、王年考》一文，对四王的即位次序和在位年数，作了重点研究，得出了可信的结论。像这样详明的对西周中期列王的专文论述，这些年来，我也只见过这么一篇。

三是在考求王年的同时，凡涉及西周一代有关历日的铜器，作者都有自己的考辨。铜器年代得以明确，又印证了王年的不误。这对铜器断代的研究，无疑是有很大推动作用的。像对小盂鼎、智鼎、善夫山鼎、鲜簋等都有专文加以考证，根据铜器铭文的历日以断其时代，突破已有的成说，令人耳目一新。

四是对月相定点说的肯定和对王国维"四分一月说"的否定。西周文献和青铜器铭文中，有关月相的记载，如既生霸、既死霸等，是专指某一日还是指七八天的一个时段？王国维认为是一个时段，否定自古以来的定点说。闻玉承其师张汝舟先生说，坚持月相必定点，写成《王国维〈生霸死霸考〉志误》，发挥师说。从目前所能见到的古文献材料和青铜器铭文，定点说是言之成理，持之有故的。古文献中不少有关月相的记载，只有用定点说方能解释圆通。目前学术界对月相尚无共识的结论，要是有新的有关月相的文字材料出土，引出一些新的见解也说不定。据说已出土的晋侯苏钟，铭文中就有关于月相的记载。我和闻玉一样，切盼早日见到新材料的公布。

三代纪年是一个难点，所以国务院决定作为一个"工程"来专门研究。闻玉在这一难度很大的领域探讨，有这样多的成果，实在令人钦佩。现在将他的研究成果结集出版，无疑对夏商周年历的研究，进而对三代史的研究，都是十分有益的。相信此书的出版一定会受到学术界的普遍欢迎。

1996 年 6 月 6 日
于中国社科院历史所

前言

张闻玉

1985年冬，我在吉林大学古籍研究所从金景芳先生学《周易》。其间应陈连庆先生之邀，到东北师大历史系给古史研究生讲历术。陈先生要我结合铜器断代讲一讲，并提供若干有历日的西周铜器铭文供我研究。这就让我有机会将历术用之于考古。

1986年春，我路过北京，中国社科院历史所杨升南学兄邀我到他们研究室讲天文、讲历法，与诸位先秦史专家先后切磋了两个下午。这就是我尔后将历术用之于治史的开端。从那以后，陆陆续续，就铜器历日，结合史料，写了不少文字。结集于此的《西周王年论稿》是其中的一部分。可以说，陈连庆先生、杨升南学兄是导引我走上此路的良师。否则，我将用心于其他学术课题。

摆在"西周王年"这一桌上的十多盘"菜肴"，使用了大体相同的若干"佐料"，有如油盐酱醋葱姜蒜，每一种都得用上一些。因为题目是十年间先先后后一个一个地做的，史载文字就那么一些，免不了随手拎来。比如《周书·武成》有关克商的记载，每一个论及西周年代的题目似乎都离不得它。类似如此的反复征引，随文可见。一气将这本论稿读完，会有叠床之感，而单篇文字实又缺之不得。这是我担心读者会感到乏味生烦的地方。

这部《论稿》中有若干引起学术界重视的结论，比如：

1.武王克商在公元前1106年；

2.昭王在位35年；

3.否定王国维"四分一月说"。

凡此种种，都是我师张汝舟先生20世纪60年代初写《西周考年》时就明确提出的，我不过是加以充实、渲染而已。

其他一些引人注目的见解，比如小盂鼎非康王器，关于智鼎的考释，关于西周中期王序、王年的结论，只能看作我对先师《西周考年》的补充与完善。"文革"之后，先师晚年已视听模糊，不可能接触大量的西周铜器资料。要不然，这些题目还轮不到我来动手。

李学勤先生对我有关西周史的文字从来就怀有兴趣，给我很多鼓励。结集成书，又乐于题序，还有杨升南兄的序文，都为本书增色不少。

还应该提到的是：殷都安阳的殷墟博物苑已接受了武王克商在公元前1106年的结论。在它的介绍画册中这样说："公元前一三七八年，商王盘庚从山东'奄'（今曲阜附近）迁都于'殷'，在这里传位八代十二王，历时二百七十三年，史称'殷商'。周灭商，殷商古都逐渐沦为一片废墟，后人称'殷墟'。"其中所引"传位八代十二王"，不仅可参考司马迁的殷王世系，也从殷墟出土的甲骨刻辞中得以证实。所引"历时二百七十三年"及《古本竹书纪年》的记载,已为学术界所信从。从公元前1106年算起,历273年,盘庚迁殷的具体年代就是公元前1378年。

感谢贵州人民出版社李万寿、李立朴先生大力支持本书的出版。我还要特别提到,编辑方家常先生为本书的出版倾注了大量心血,仔细校审全稿,对原稿及引文多所是正,其严谨的学风,令人敬佩。这种以学术为己任的态度,实在难能可贵。

于此,我要向先师张汝舟先生以及陈连庆先生表达我的深切怀念。没有先师的严格教诲,没有陈先生的亲切指导,就不可能有这部书稿的所有文字。

1996年5月17日
于贵州大学宿舍22栋

目 录

三代兴衰系于斯(新版序) / 张闻玉　张金宝(执笔) ... 001
序一 / 李学勤 ... 005
序二 / 杨升南 ... 009
前言 ... 013

上编　理论与方法

西周年代学研究中的几个问题 ... 002
再谈西周王年 ... 016
《鲁世家》与西周王年 ... 034
王国维《生霸死霸考》志误 ... 058
两周昭穆制与王序"共、孝、懿、夷" ... 082
试论金文对号与西周纪年诸问题
　　——评何幼琦先生《金文对号法述评》 ... 092

关于《武成》的几个问题
　　——兼评《释〈武成〉与金文月相》　　... 114
谁揭开了"两度日出"之谜　　... 138

中编　西周王年考

帝辛、文王年代考　　... 142
关于周文王的纪年　　... 152
武王克商在公元前1106年　　... 165
关于成王的纪年　　... 192
昭王在位年数考　　... 206
穆天子西征年月日考证
　　——周穆王西游三千年祭　　... 216
共孝懿夷王序、王年考　　... 233
宣王纪年有两个体系　　... 258

下编　西周王年概览

西周王年足徵　　... 264
西周朔闰表　　... 299

附录

西周纪年研究的一部重要著作
　　——读《西周纪年研究》/杨升南　　... 404

追回逝去的岁月
　　——读《西周王年论稿》/ 常金仓　　　　　　... 416
西周年代研究的新贡献
　　——读《西周王年论稿》/ 汤序波　　　　　　... 420
西周历史年代学的扛鼎之作
　　——我读《西周纪年研究》/ 张金宝　　　　　... 423

新版后记　　　　　　　　　　　　　　　　　　... 427

上编

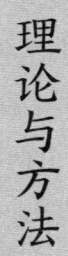

理论与方法

西周年代学研究中的几个问题[①]

"夏商周断代工程"作为国家级研究项目正式启动,其意义十分重大。既有振奋民族精神的政治意义,又有追溯华夏文明源头的学术意义。它的启动,将历史学、考古学、天文学诸学科的综合研究带动起来,有着不可估量的价值。

西周年代是"夏商周断代工程"的基础,没有明确西周年代,就谈不到夏商。"夏商周断代工程"对西周年代有着特殊的要求,必须提出准确的纪年。即武王克商的绝对年代,西周十三王(含共和行政)的在位年数与年代,都必须明确,不容含糊。而当今的现状又是如何呢?那真是言人人殊。一个武王伐纣的年代就有古今中外四十余家的不同说法,而克商的绝对年代又只能是一个,甚至不能容许有两个。西周列王的纪年,共和(公元前841年)以前,也是众说纷纭,并无较为一致的意见。史籍所载,成王有 37 年,康王有 26 年,穆王有 55 年,厉王有 37 年,并未

[①] 本文为笔者 1996 年 10 月 30 日给陕西师大历史系研究生所做的学术报告。整理成文,略有修改,后又刊载于《贵州社会科学》1998 年第 4 期,亦收入《铜器历日研究》《西周纪年研究》。今据《西周纪年研究》录入。

完全为史学界所接受。其余未载年次之王，说法更是多种多样。比如厉王37年，司马迁记得明白，却有人说他当了24年周王，奔彘以后当了13年汾王，只承认厉王在位24年。

西周年代学研究为什么有如此的分歧？多角度的研究本来是件好事，众多学者的参与也有利于研究的深入，而得出的结论却是那么纷乱，令读者无所适从，其症结究竟在何处呢？这正是我们要冷静思考的问题。

一、 关于研究方法

20世纪初，王国维先生对出土器物就予以高度重视，将器物铭文与史籍对照研究，提出了"二重证据法"。他利用出土器物（地下材料）与文字记载（纸上材料）相互取证，研究商周文史，取得了很大的成绩。而今文史界仍普遍采用这一方法，而且证明是行之有效的。

随着时代的推移，出土器物越来越多，铭文中有年月日记载的器物已不少。这就需要将历日进行整理，一是找出它们之间的内在联系，二是利用历日勘合实际天象，以确定器铭所载的年代。应该说，铜器历日是铜器断代的最可靠依据，比形制、纹饰、字体进行断代更有说服力。

历日是反映天象的。西周时代观象授时，天象尤其显得重要。实际天象（主要指历朔干支）在年代学研究中有着举足轻重的作用。舍此不用，无异于舍精取粗，本末倒置了。

正因为如此，近代学者开始编制西周历谱，以图器物历日与天象相吻合，追求铜器的绝对年代。吴其昌先生、董作宾先生，以及日本新城新藏都做过这些工作。不管结果如何，其主观愿望是十分明确的。

张汝舟先生编有《西周经朔谱》，其20世纪60年代初撰写《西周考年》时就明确提出，"二重证据法"之外，还要加上一个"天上材料"即实际天象，做到"三证合一"，结论才算可靠。这就在研究方法上大大前进了一步，使之上了一个新的台阶。

时至今日，如果仍局限于用"二重证据法"研究西周年代，已显得稚幼了。年代学的研究必定要将古史、古器与天象结合起来，走"三证合一"之路。这也是"夏商周断代工程"所要求的历史学、考古学与天文学联合攻关的综合研究方法。这一方法是历史的必然。只有"三证合一"，年代学研究才能取得突破性的进展。

我们已经看到，本书中的《西周朔闰表》，就是"三证合一"的体现。该表将西周三百多年的历朔干支（实际天象）全部列出，将典籍文字与铜器历日标注于各年之下，使之各有归属。这样，建正、置闰、铜器的绝对年代、古史的年月日都令人一目了然。

不妨说，这正是西周王年研究的总汇。

二、 关于文献的利用

研究西周年代,古代有关文献自然是主要的依据。古代文献浩如烟海,涉及西周年代的记载亦多种多样。由于材料来源不同,个人理解不同,加之传抄中的夺衍误倒,古书的记载便出现了其说不一,甚至相互矛盾的地方。我们今天要利用文献,就有一个取舍决断的问题,稍有不慎就会谬以千里。

如武王在位年数,《史记·封禅书》记:"武王克殷二年,天下未宁而崩。"《汉书·律历志》:"武王克殷……后七岁而崩。"《逸周书·明堂》:"既克纣六年而武王崩。"

董作宾先生研究西周年代最为用力,他定周公摄政七年在公元前1098年,完全符合史实。而武王年数,他不用《史记》而用了《汉书》,得出了武王克商在公元前1111年的结论。

张汝舟先生《西周考年》确定周公摄政七年在公元前1098年,因为公元前1098年实际天象与《尚书》所记周公摄政七年历日完全吻合。他不用《汉书》而采用《史记》关于武王在位年数,结论便是武王克商在公元前1106年。如果董作宾先生也用《史记》的材料,结论自然就与张汝舟先生的相同。

这仅是一个取舍不同的例子,而常见的错误却是轻率否定文献,或为了曲就己说而置文献于不顾。这在西周年代学研究中几乎比比皆是。

如穆王在位,《史记·周本纪》明载"穆王立五十五年崩",

《竹书纪年》亦记"五十五年，王陟于祇宫"。而当今的专家们对此则另有说法：何幼琦说穆王在位14年，陈梦家说20年，赵光贤说28年，刘启益说41年，马承源说45年……

众所周知，《史记》与《竹书纪年》在古文献中有重要地位，所记年月可信度最大，关于穆王五十五年一说绝不是史迁的杜撰，而《竹书纪年》所记则更早，两书所记一致，就应该慎重对待。且《尚书·吕刑》亦明记"王享国百年，耄荒，度作刑，以诘四方"。穆王高寿，在位55年，似不当有所异议。

又如厉王在位，《史记》载："三十四年，王益严，国人莫敢言，道路以目……三年，乃相与畔，袭厉王。厉王奔于彘。"这是明白无误的厉王在位37年说。而当今的专家，新城新藏说厉王在位16年，章鸿钊说15年，陈梦家说16年，李仲操说23年，何幼琦说24年，荣孟源说30年。

这还是《史记》明确记载了年次的周王，尚有如此的纷乱，至于《史记》不曾纪年的周王，其说法就更多了。

总之，慎重对待文献，准确地利用文献，仍是西周年代学研究中一个值得注意的问题。

否定文献的疑古派的阴影还不时地作祟，应该引起警觉，而个别史学家以推翻司马迁为荣则也是不可取的。

三、 关于历朔干支

古史、古器记有历日者，自是年代学研究的宝贵材料。历日反映天象，所以实际天象的推求就必不可少。

古历四分术创始行用于战国初期，直至蜀汉皆用之。魏晋以前，古人不知四分术岁实（365又1/4日）与回归年长度（365.2422日）有误差。两汉人只能以"三百年斗历改宪"来解释。南朝祖冲之才揭示出四分术"三百年辄差一日"。

四分术的推演十分简便，如果利用司马迁《史记·历书·历术甲子篇》的数据，只是加减乘法而已。只因为天文历法是一门专业性甚强的学问，一般人难于兼通，不得不望而却步。

历术推求的终极目的是推算出实际天象，推算出任何一年的历朔干支都必须与天象相符。而四分术的使用只是在战国秦汉时期，如果上推东周、西周的历朔，就必须计入误差，也就是说，加入改正值，否则所求就不是实际天象。

刘歆精于四分术，编《三统历》，他用孟统推演周初天象，推算出公元前1122年的天象与古文《武成》所记历日吻合，正月辛卯朔，二月庚申朔，闰月庚寅朔，三月己未朔，四月己丑朔（见《汉书·律历志·世经》），便断定前1122年为克商之年。殊不知，四分术与真值每年有3.06分的误差。他的推算必与实际天象不合。所以，结论便不可靠。

当今科学发达，免除了我们用繁复的高等数学推求历朔之苦。张培瑜先生《中国先秦史历表》[①]（下称《历表》）就足够我们利用了。其中，《冬至合朔时日表》最为宝贵。它将公元前1500年至公元前105年的实际天象全部载入。历朔干支、置闰与

---

① 张培瑜：《中国先秦史历表》，济南：齐鲁书社，1987年。

合朔时分都一一标明。只要正确使用，几乎是一索即得。

正确使用《中国先秦史历表》，需要注意两个问题：一是置闰，一是建正。

《历表》在有闰月之年，列出十三个月朔干支。这就排除了"闰在岁末""闰在岁中""无中气置闰"的种种干扰，具体置闰全在于使用者根据历日干支的正确理解。

《历表》的月序，从冬至月（子月）起至十三月，用了"子正"。具体使用起来，因为有"三正"之说，还有调整的必要。

所谓"三正"是指岁首的不同。建子（子正）为周正（周历），建丑（丑正）为殷正（殷历），建寅（寅正）为夏正（夏历）。这并不是说两周用子正，殷商用丑正，夏代用寅正。不同的岁首反映的事实是：春秋战国时期各国历制岁首不同而已。并无其他。更不可扩大到夏商的历制。战国以前，无推步可言，乃观象授时，随时观察、随时置闰。多置一闰或少置一闰，就影响到岁首的不同。在没有找到十九年七闰的规律以前，当闰不闰，丑正就变为子正，寅正就必为丑正；不当闰而闰，子正就变为丑正，丑正就必为寅正。春秋后期，置闰才有了规律，即十九年七闰。在西周一代，闰月涉及建正。建子、建丑或建寅的不同，都是闰月设置尚无规律所引发的。如果将建正规律化，反而与事实不合。

董作宾先生用四分术加改正值推算西周历朔，也符合实际天象。他本可以取得合乎史实的成绩，但他信了"三正"之说，将西周一代历制的正月固死在子月（冬至月），致若干铜器难以回归到它的真实年代。

我们说，随时观察、随时置闰，必有司历的主观性。当闰不闰，或不当闰而闰，必在情理之中。古器金雕公缄鼎记"佳十又四月既生霸壬午"（戊辰朔），那是一年再闰的事实。只能说置闰无规律可言。如果相信"三正说"，将西周的正月固定在子月上，反而有违事实。

月朔干支周期也是应该提到的。有历术常识的人都知道，干支周期为六十，纪日干支六十天又回复一次，纪年干支六十年又回复一次。月朔干支经三十一年又回复一次。即三十一年后，月朔干支又重复出现。如赵光贤先生根据张培瑜先生《中国先秦史历表》对照《尚书·召诰》历日后说："公元前1036年，则与《召诰》所记月日完全吻合。"并以此确定克商年代。

董作宾先生考证，张汝舟先生也考证，公元前1098年天象与《召诰》历日完全吻合，那是周公摄政七年，也由此推出克商年代。

为什么公元前1036年天象与《召诰》历日吻合，公元前1098年天象也与《召诰》历日吻合？这就是历朔干支周期所致。不仅如此，公元前1067年历朔也与《召诰》完全吻合。西周一代三百余年，有十个年头的月朔干支与《召诰》相合。这就得通盘考虑，上下贯通，做到天象与文献、出土器物"三证合一"才算结论可靠。

赵光贤先生定《召诰》历日为公元前1036年，所以他的周公摄政为公元前1042年至公元前1036年。"武王克商后二年而崩"，他便定武王克商在公元前1045年。这里又涉及古代计数的问题。按中国计数的通例，起讫年月日都得计算在内。相信武王克商后二年而崩，他的克商年代当是公元前 1044 年而不是公元前 1045 年。如果公元前 1045 年克商，武王当是后三年而崩了。

四、 铜器断代之方法

铭有历日，当是考释铜器年代的主要依据。相信历日，这就免不了与现行断代所确认的某些铜器产生矛盾。

现今采用标准器比较断代法，将器形、纹饰、字体大率相同者归为一类，确定出标准器的王世，便可将同类器物断为同一王世。从郭沫若氏始，考古界至今遵用不废。

有历日的器物出土越多，历日的重要越趋明显。且同一时期之器，历日之间必有内在联系。这个内在联系的纽带便是历朔干支。董作宾先生在研究铜器历日时，就借助这种内在联系将铜器归类分为某王铜器组，用历日勘合实际天象，以此确定铜器的绝对年代。

比较起来，这种历日的内在联系更显得重要，对铜器断代具有铁一般的说服力。因为那是铸器人自己明明白白写上的年月日，且所记必有所指，难道不更为可信？

如鲜簋，铭有历日：佳王卅又四祀，佳五月既望戊午。

考古界认为鲜簋是穆王器，是根据形制说的。而历日又明白无误。既望为十六，古今无异词，则五月癸卯朔。查对厉王三十四年即公元前 845 年天象：丑正乙巳……五月癸卯，完全吻合。且鲜簋历日与厉王三十一年𪓰攸从鼎、三十三年伯寛父盨前后连续，丝丝入扣，按董氏方法都归入厉王铜器组。释为穆王器显然不当。

又如善夫山鼎载"隹卅又七年正月初吉庚戌"。国内专家断为宣王器，主要依据是"造型与纹饰与毛公鼎相类，郭沫若院长定毛公鼎为宣王时器"，所以"此鼎铸于宣王卅七年时"。历日明示，三十七年正月庚戌朔，不合宣王三十七年（前791年）天象，也不合厉王三十七年（前842年）天象，而与穆王三十七年（前970年）天象完全吻合。断为厉宣之器，就等于抹去了历日。

当然，铭文历日与形制大体吻合者是绝大多数，但这些认识不一的器物却阻碍着铜器断代的深入研究。我们面对现实，不取回避的办法，也不取简单否定的办法。

只要我们承认历日的重要，承认历日所反映的历朔干支之间的内在联系，那就得以历日为断代的主要手段（当然不是唯一手段），而不必曲从形制、纹饰之类。考古专家在这个问题上应与天文学家携手合作，切忌偏执。因为铜器历日不是今人的臆造，而是周人的自铸，绝不可视而不见。

对于那种偏执而不顾历日的考古家，我得引用常金仓教授的话："青铜器断代是一种专门的学问，历史、考古、古文字学家鲜有兼精历算者，他们不得不借助器形、纹饰、铭文字体和书写风格以及铭文中的人名、史事判断铸器年代。严格说，这不过是一种古董鉴赏家的方法，见多识广、经验丰富的学者准确率也不过十之四五。这种方法本身就忽视了文化发展的复杂性，抛开铭文历日天象去捉摸花纹形状无异于舍粱肉而即糟糠。"他并不是在偏袒历术，因为障碍并不来自这个方面。确实的，铜器断代的方法需要改进，墨守成规已不能适应大量铜器历日呈现的事实。

五、关于月相

古史、古器的历日记有月相，这是正确考释西周年代的锁钥。很多研究西周年代的学人之所以徒费精力与时日，大多与对月相的误解有关。

自古以来，月相都是定点的。《诗经·小明》："二月初吉。"毛传云："初吉，朔日也。"《汉书·律历志》引刘歆《世经》对古文《武成》的旁死霸、既死霸、既旁生霸的解说；《世经》引"古文《月采》篇曰'三日曰朏'"，《尚书》孔传、蔡沈《集传》以及今人曾运乾《正读》对既生霸、旁生霸、哉生明的理解，都是立足于定点。直至晚清俞樾作《生霸死霸考》亦说："使书之载籍而无定名，必使人推求历法而知之，不亦迂远之甚乎？且如成王之崩，何等大事，而其书于史也，止曰'惟四月哉生霸，王不怿'，使哉生霸无一定之日，则并其下甲子、乙丑莫知为何日矣。古人之文必不若是疏。"从古至今，月相定点，定于一个日干支，几无异说，尽管前人的解说未必尽善，刘歆"死霸，朔也。生霸，望也"就并不为后人信从。但定点于一日是十分明确的。

近代王国维先生考求古史、古器历日，用四分术《孟统》推演天象，发现古器月相多与古人定点不合，于是"悟"出一月四分之术。他写道："一曰初吉，谓自一日至七八日也；二曰既生霸，谓自八九日以降至十四五日也；三曰既望，谓十五六日以后至二十二三日；四曰既死霸，谓二十三日以后至于晦也。"这就是影响很大的"四分一月说"。

对王氏"月相四分说"的依据稍加分析就不难发现，他的失误在于用四分术《孟统》推求天象。王氏用刘歆《三统历》，与刘歆一样，不知四分术与实际天象的误差。四分术"三百年辄差一日"，往前推演西周历日，必有几天的误差。王氏所得并非实际天象。如果将王氏所列铜器历日一一按实际天象检验，用张培瑜先生《中国先秦史历表》勘比，王氏之说则不攻自破。

按王氏之说，"一个月相可以代表一月之中七至八天，如此宽泛的月相概念，只能给附会之说提供方便，使西周年代永无定解。"①

饶尚宽教授在《古历论稿·释霸》中指出："王氏此说可伸可缩，面面俱到，好似言之成理，万无一失，其实自相矛盾。'未盛之明'自朏日（初三）已渐生，何不称朏日至望日为'既生霸'？'始生之明'自望后即渐死，何不称既望至晦日为'既死霸'？这样岂不变'月相四分'为'月相二分'！必须明确，古人记月相是为了记日，古历点中的月相名称总是与记日干支相连，这是月相定'点（一日）'，而不是定'段（数日）'的铁证。若依王氏'月相四分说'，古历点中'初吉、既生霸、既望、既死霸'前后的记日干支将怎样解释？如果这些记日干支已经包

---

① 常金仓：《追回已经逝去的岁月——读张闻玉先生〈西周王年论稿〉》，《金筑大学学报》1996年第3期。又见本书附录《追回逝去的岁月——读〈西周王年论稿〉》。

含在'月相四分'之中,古人又何必另外注明,不惮其烦?……用这种伸之既长、缩之可短的理论考释古历点,还有什么准确性可言?"①

董作宾先生有专文讨论"四分一月说",他在《"四分一月说"辨正》中指出,"近治西周年代,详加覆按,觉王说无一是处"。董氏的研究是值得认真对待的。"四分一月说"实无可取。

事理之最明白者,如古文《武成》所记,既死霸不定点,何有"粤五日甲子"?《尚书·召诰》的既望不定点,何有"越六日乙未"?月相定点当是无可怀疑的。

月相定点,定于一个日干支,但允许有一个失朔限度。四分术朔策 $29\frac{499}{940}$ 日。干支记日以整,无法计半日,这个 499 分便是失朔的限度。940 分为一日,499 分约 13 小时。失朔在 13 小时之内,应仍看作合。超过此限,宁可弃而不用。

从文献及器物历日知,西周一代是明白无误的朔望月。其月相记录,也主要是记朔与望及其相近的日子。这就是:

初一:朔、初吉、既死霸(全是背光面)

初二:旁死霸(傍近既死霸)

初三:朏、哉生明(霸)

十五:望、既生霸(生霸尽现,全是受光面)

十六:既望、旁生霸(傍近既生霸)

---

① 饶尚宽:《古历论稿》,乌鲁木齐:新疆科技卫生出版社,1994 年,第 94—192 页。

十七：既旁生霸

朔望相对，月相名词也两两相对。

这就是月相的正确解说。如果按定点解说，已知有历日的西周铜器，都可以求出它的绝对年代，略无龃龉。这难道还不足以说明定点说经得起事实的检验？

清儒有言："例不十，法不立，反对孤证。"有人据晋侯苏钟历日这一条孤证，确认那是"月相四分"，借以否定月相定点。而今晋侯苏钟铭文已经公布，大家都可以研究。在我看来，晋侯苏钟历日连孤证都还算不上，又何能支撑"月相四分说"呢！正如北京一位学者在 1996 年洛阳西周史学术会议上所说，晋侯苏钟历日支持不了"月相四分"，更不能就此否定月相定点。因为只有用定点说才能将古史、古器历日解释得圆满。

再谈西周王年①

"夏商周断代工程"举世瞩目,全世界的中华儿女都在关注,最好有一个一致认同的可靠结论,既追溯了五千年文明的源头,又起到了凝聚海内外华人,团结同心的作用。

"夏商周断代工程"最关键的一步是确定武王克商的年代,尽管至今已有四十多家的不同说法,也只能取其一种。我注意到,一些学者利用甲骨上的"月食"记载,确定了克商年代在公元前1050年至公元前1020年之间,很多专家都追随这一观点,维护其权威性。我的看法不同:1.几片无年无月的卜辞与大量的文献记载无法相提并论,涉及西周年代,文献似更为可信可靠;2.甲骨卜辞分期还在讨论中,并无一致意见,研究的深度与广度也无法与两千年的文献研究相比,不可信一家之说,更不可借以确定西周年代;3.甲骨上刻铭还有一个真伪问题。我也注意到今人对于天象的测算与解说,什么"五星连珠",什么"东面而迎岁",什么"岁星当顶",什么"岁在鹑火"之类,以此来确定

---

① 本文原载于《贵州社会科学》1999年第3期,后又收入《铜器历日研究》《西周纪年研究》中。今据《西周纪年研究》录入。

西周的年代，就如同拿着鸡毛当令箭，未免过分认真看待这些后人的祥瑞之辞了。讲述这些天象的文字，远不如日食与朔日干支的记载准确可靠。

比如昭王十九年（前1023年）的"天大曀"，公元前899年的"天再旦于郑"，以及铜器铭文历日，都是西周年代的铁证。应丢弃如同儿戏的文字，而直面准确无误的记录以进行深入地考求。正确的研究方法应该是从共和元年（前841年）向上追溯，以文献为基础、辅以铜器铭文、校比实际天象（日食、历朔干支），相互取证，完成最后的结论。

下面就西周年代结合铜器、天象、文献再谈一谈我个人的意见。

一、小盂鼎乃昭王卅五年器

小盂鼎实在是很重要的一件铜器，郭沫若氏释为廿五祀，断为康王器，几成定论。1986年初，笔者与东北师大陈连庆先生细审拓本，反复用放大镜琢磨，认定铭文是"卅又五祀"。当时陈老先生喃喃自语"真是三十五啊"，言犹在耳。后读陈梦家氏《西周铜器断代》，陈氏也曾释为"卅又五祀"，他说："昔日在昆明，审罗氏影印本，似应作'卅'。本铭与'卅八羊'之'卅'直立两笔距离，与此略等。"

小盂鼎历日完整："佳八月既望，辰在甲申……佳王卅又五祀。"辰在甲申即甲申朔（校读令彝历日可知），既望即十六己亥。"辰在××"是表达朔日干支的固定格式，有朔日干支，既望干支不言自明。后文"昧爽"是接既望说的。历日当是：三十五年八月甲申朔，既望己亥。这就为我们考校它的绝对年代，进而弄清西周前期各王年数提供了依据。

《史记·秦本纪》张守节《正义》："年表穆王元年去楚文王元年三百一十八年。"楚文王元年即周庄王八年，即公元前689年，加318年，一证穆王元年乃前1006年。

昭王末年当是公元前1007年。是年历日天象，查对张培瑜氏《中国先秦史历表》中的《冬至合朔时日表》（下称《时日表》）：建子，正月丙辰，二月丙戌……七月甲寅，八月癸未11^h33^m。实际用历：七月甲寅，八月甲申（合朔误差半日）。与小盂鼎吻合。知小盂鼎乃昭王三十五年器。

前推，昭王十九年乃公元前1023年。《古本竹书纪年》："昭王十九年，天大曀，雉兔皆震。"这是一次日食天象的记录。查对张培瑜《历表》第245页：公元前1023年寅正五月丙戌朔，儒略历6月10日，确有日食发生，食分0.43，洛阳一带在中午1时之后。

昭王十八年即公元前1024年，有静方鼎，历日"八日初吉庚申，[四]月既望丁丑"。既望十六丁丑，即壬戌朔。查对《时日表》，是年建寅，四月壬戌朔，十六既望丁丑，八月庚申朔。

前推，昭王元年即公元前1041年。

前推，康王末年即公元前1042年。《竹书纪年》康王"二十六年秋九月乙巳，王陟"。公元前1042年即康王二十六年。

康王十二年即公元前1056年。《尚书·毕命》"惟十有二年六月庚午朏",又《汉书·律历志下·世经》:"康王十二年六月戊辰朔,三日庚午。"

查对《时日表》公元前1056年子正月辛丑朔,六月戊辰06^h55^m。初三庚午。康王元年即公元前1067年。

前推,公元前1068年即成王亲政第三十年。《汉书·律历志下·世经》:"后三十年四月庚戌朔,十五日甲子哉[既]生霸。……翌日乙丑,成王崩。"《尚书·顾命》:"惟四月哉生霸,王不怿……乙丑,王崩。"

查《时日表》公元前1068年,实际用历:正月辛巳,二月庚戌,三月庚辰,四月庚戌(定朔己酉7^h20^m)。即四月庚戌朔,初三哉生霸壬子得病,十五既生霸甲子遗嘱,十六乙丑崩。

前推,成王亲政元年当是公元前1097年。《汉书·律历志下·世经》:"成王元年正月己巳朔,此命伯禽俾侯于鲁之岁也。"成王亲政元年,正式封伯禽为鲁侯,此之前,伯禽是代父治鲁。查对《时日表》公元前1097年天象,冬至月朔戊辰22^h10^m。上年周公摄政七年十二月己亥朔,三十日戊辰。本年正月己巳朔(定朔戊辰22^h10^m,余分大,司历定为己巳),正合。

以上《汉书·律历志下·世经》所载历日与实际天象吻合,足见《世经》可信。

二、以《召诰》《武成》考克商之年

《史记·周本纪》载:"成王少,……周公乃摄行政当国。……周公行政七年,成王长,周公反政成王,北面就群臣之位。"

周公摄政七年,《尚书》有明确的历朔记载。这也是历代考求武王克商年代的立足点。摄政七年的年代明确,前推几年,自当是克商之年。

《召诰》载:"惟二月既望,越六日乙未。"

推知:二月乙亥朔,十六日既望庚寅,越六日乙未二十一。

《召诰》又载:"越若来三月,惟丙午朏,越三日戊申。"推知:三月甲辰朔,初三丙午朏,初五戊申。

《洛诰》:"戊辰……在十有二月。惟周公诞保文武受命,惟七年。"推知:十二月己亥朔,三十日戊辰晦。

前已明确,成王亲政元年在公元前1097年,周公摄政七年当是公元前1098年。查对《时日表》公元前1098年天象:冬至月朔乙巳,丑月甲戌 22^h37^m,寅月甲辰……亥月己亥。知是年建子,正月乙巳,二月乙亥(定朔甲戌 22^h37^m,合朔在夜十时后,分数大,司历定乙亥),三月甲辰,四月甲戌……十二月己亥。接下年(成王亲政元年)正月己巳朔……

由此前推,周公摄政元年即成王元年当是公元前1104年。

历代考求克商年代,都是以古文《武成》为主要文献依据。

《武成》云:"惟一月壬辰旁死霸,若翌日癸巳,武王乃朝步自周,于征伐纣。"又"二月既死霸,粤五日甲子,咸刘商王纣"。又"惟四月既旁生霸,粤六日庚戌,武王燎于周庙。翌日辛亥,祀于天位。粤五日乙卯,乃以庶国祀馘于周庙"。

《汉书·律历志下·世经》对这一段文字作了详尽地解说:

"周正月辛卯朔。……明日壬辰。癸巳武王始发，丙午还师，戊午度于孟津。……至庚申，二月朔日也。四日癸亥至牧野，夜阵，甲子昧爽而合矣。"

又说："四月己丑朔[既]死霸。[既]死霸，朔也；[既]生霸，望也。是日甲辰[既]望，乙巳旁之。"

《世经》对月相作了毫不含糊的解说，"至庚申，二月朔日也"，即"二月既死霸（庚申）"。既死霸即朔。正月辛卯朔，"明日壬辰"即一月壬辰旁死霸。旁死霸即初二，取傍近既死霸之义。辛卯朔即既死霸（辛卯）。既死霸为朔，既生霸为望，正是朔望月历制的充分体现。旁死霸为初二，旁生霸当为十六（即既望）。旁生霸之后一日，即既旁生霸指十七。从历日排比知：四月己丑朔既死霸，甲辰十六既望（旁生霸），乙巳旁之即既旁生霸乙巳。

稍加整理：

　　一日：既死霸、朔　　十五：既生霸、望

　　二日：旁死霸　　　　十六：旁生霸、既望

　　三日：哉生霸、朏　　十七：既旁生霸

不难看出，月相是朔望月历制的忠实反映，主要记录朔与望及与其相近的日子，月相必是定点且定于一日。

又，文字记载从一月初二壬辰，一直记到一月戊午二十八师渡孟津。又，四月己丑朔，一直记到二十二庚戌，二十三辛亥，二十七乙卯——从月初干支顺次记到了月末，月相不定点于一日,可能吗?

《武成》给我们的克商之年的历朔十分清楚:

正月辛卯朔,二月庚申朔,×月庚寅朔,×月己未朔,四月己丑朔。

查对《时日表》,公元前1106年实际天象:

建丑,正月辛卯03^{h}55^m,二月庚申,闰月庚寅14^{h}46^m,三月己未(定朔庚申4^{h}10^{m}分数小,司历可定为己未朔),四月己丑14^{h}38^m。

《尚书·金滕》:"既克商二年,王有疾,弗豫。"
《史记·封禅书》:"武王克殷二年,天下未宁而崩。"
武王克商在公元前1106年(丑正)二月初五甲子日,儒略历公元前1106年2月4日。

三、 西周前期周王年寿

我们弄明白了小盂鼎乃昭王三十五年器,进而可大体明了西周前期周王年寿。《礼记·文王世子》:"文王九十七乃终,武王九十三而终。"用上读法①，文王79岁终，武王39岁终。

《史记·周本纪》："西伯盖即位五十年。"

《尚书·无逸》："文王受命惟中身，厥享国五十年。"

推知，文王生于公元前1195年，公元前1166年29岁就位。公元前1117年"帝辛四十一年春三月，西伯昌薨"。(《今本竹书纪年》)在位50年，享年79岁（前1195—前1117年）。

公元前1116年，帝辛四十二年，武王27岁时就位。

公元前1106年，"帝辛五十二年，周始伐殷"(《今本竹书纪年》)，"（武王）十一年庚寅，周始伐商"(《古本竹书纪年》)。

武王十二年（前1105年），《尚书·金縢》："既克商二年，王有疾，弗豫。"《史记·封禅书》："武王克殷二年，天下未宁而崩。"

武王在位12年，享年39岁（前1116年—前1105年）。

"成王少，……周公乃摄行政当国"，"周公行政七年，成王长，周公反政成王"(《史记·周本纪》)。"后三十年四月……成王崩"(《汉书·律历志》)。以既冠亲政计，武王死时成王13岁。成王亲政元年为公元前1097年，后30年崩，死于公元前1068年4月，享年约50岁。康王在位26年。《竹书纪年》："二十六年秋九月己未，王陟。"成王20岁生康王，康王即位约30岁，康王在位26年，死时约56岁（公元前1042年即康王二十六年）。

康王20岁生昭王，昭王即位约36岁。公元前1041年是昭王

---

① 可参考郑慧生：《上读法——上古典籍读法之谜》，《历史研究》1997年3期。

元年。昭王在位 35 年，小盂鼎乃昭王三十五年器。昭王享年在 70 岁以上。

昭王 20 岁后生穆王。公元前 1006 年为穆王元年，"穆王即位，春秋已五十矣"，"穆王立五十五年崩"（《史记》）。穆王享年 105 岁。他是中国真正的长命天子。

《晋书·束皙传》："自周受命至穆王百年。""周受命"指周取代殷，受之天命。公元前 1106 年武王克商至公元前 1006 年穆王即位，正百年之数。

写这一部分很明确，证实昭王在位 35 年，三十五年小盂鼎当是昭王器。昭王享年在 70 岁以上，才有"穆王即位，春秋已五十矣"，什么昭王在位 19 年说、24 年说，都难以成立。

四、关于师虎簋及西周中期王年

我们说，穆王元年即公元前 1006 年，《史记·周本纪》："穆王立五十五年崩。"《竹书纪年》载："五十五年，王陟于祇宫。"《史记》与《竹书纪年》都是史料价值极高的文献，二者记载一致，穆王在位 55 年当是不可否认的。推知，共王元年当是公元前 951 年。

师虎簋："隹元年六月既望甲戌。"（《大系》① 73）月相定

---

① 郭沫若：《两周金文辞大系图录考释》，上海：上海书店出版社，1999 年。下文简称《大系》。

点，既望十六甲戌，即六月己未朔。查对张氏《时日表》公元前951年天象：上年当闰未闰，建亥，正月辛卯，二月辛酉，三月庚寅，四月庚申，五月己丑，六月己未（定朔戊午23^h45^m，合朔在夜半）。

此器王国维氏列宣王，不当。郭沫若氏列共王。历日与共王元年天象吻合。又陕西出土虎簋盖，属穆王器，与师虎簋当属同系列。

趞尊："隹三月初吉乙卯……隹王二祀。"此器历日与共王二年（前950年）天象吻合。

师遽簋："隹王三祀，四月既生霸辛酉。"既生霸为十五，即四月丁未朔。此器历日与共王三年（前949年）天象吻合。

趞曹鼎："隹十又五年五月既生霸壬午。"既生霸为十五，即五月戊辰朔。此器历日与共王十五年（前937年）天象吻合。

共王之后，逆钟："隹王元年三月既生霸庚申。"[①] 既生霸为十五，即三月丙午朔。

师颖簋："隹王元年九月既望丁亥。"既望为十六，即九月壬申朔。

查对《时日表》公元前928年天象，建子，三月丙午朔（丁未01^h50^m，分数小，司历定为丙午）。九月壬申朔（癸酉12^h54^m，失朔近半日）。

[①] 曹发展、陈国英：《咸阳地区出土西周青铜器》，《考古与文物》1981年第1期。

师䖒鼎："隹王八祀正月，辰在丁卯。"① 辰在丁卯即丁卯朔。

查对公元前 921 年，建亥（上年当闰未闰）正月丁卯朔。此器与逆钟当属同一王世。从铭文看，师颕簋为孝王器，则公元前 928 年为孝王元年。

又，舀鼎："隹王元年六月既望乙亥"，"惟王四月既生霸，辰在丁酉"。合前 916 年天象。

公元前 915 年建丑，三月庚寅朔，合王臣簋"隹二年三月初吉庚寅"历日。

公元前 914 年建丑，四月甲寅朔，合柞钟"隹王三年四月初吉甲寅"历日。

这是一组懿王铜器。懿王元年乃公元前 916 年。

夷王元年有蔡簋，历日合公元前 893 年天象。

夷王三年有卫盉，历日合公元前 891 年天象。

夷王五年有谏簋、兮甲盘，历日合公元前 889 年天象。

一经整理，西周中期王序、王年就很明确：

共王元年为公元前 951 年，在位 23 年；

孝王元年为公元前 928 年，在位 12 年；

懿王元年为公元前 916 年，在位 23 年；

夷王元年为公元前 893 年，在位 15 年；

厉王元年为公元前 878 年。

---

① 吴镇烽、雒忠如：《陕西省扶风县强家村出土的西周铜器》，《文物》1975 年第 8 期。

历代对西周中期共—夷的年代说法不一，文献已无依据。

《汉书》的"自周昭王以下无年数"，主要是就这一段王世说的。现今出土的西周中期铜器已很多，通过历日的内在联系，用董作宾先生的方法，可分为四个王世铜器组，细加考校，王序王年就不难明白。详见《共孝懿夷王序、王年考》。①

五、 文献记载的西周年代

中国古代典籍浩如烟海。唐以前的文献，多是言而有据，虽有歧异，却不是随意可以否定的。文献记载的西周年代大体上可分两个系统：一是综合《史记》《汉书》《竹书纪年》可信之说，二是《鲁周公世家》（以下简称《鲁世家》）的完整记载。现分别谈谈。

甲、综合系统

西周后期：厉王37年，共和14年，宣王46年，幽王11年，共108年。穆王在位55年(《史记》《竹书纪年》)。

《史记·秦本纪》张守节《正义》："年表穆王元年去楚文王元年三百一十八年。"

推知穆王元年为公元前1006年，共王元年为公元前951年。

---

① 张闻玉：《铜器历日研究》，桂林：广西师范大学出版社，2022年，第262—285页。又见本书后文。

西周中期（共—夷）：公元前951年至公元前879年，共73年。

西周前期：武王2年（《史记》《尚书》），周公摄政7年（《史记》），成王亲政30年（《汉书》），康王26年（《竹书纪年》），昭王35年（小盂鼎），共100年。正合《晋书·束晳传》"自周受命至穆王百年"。

唯一文献依据不足的是昭王年数。所以小盂鼎卅五年是关键。只有昭王35年才符合《史记》"穆王即位，春秋已五十矣"的记载，也只有昭王35年才符合《晋书》"自周受命至穆王百年"。即（武王）2加（摄政）7加（成王）30加（康王）26加（昭王）35，正百年之数。文献中虽未直接讲明昭王年数，而《史记》《晋书·束晳传》作为内证推论，还是有说服力的。昭王十九年即公元前1023年的日食天象，更让人无可辩驳。

武王年数还有6年说（《逸周书·明堂》有"既克纣六年而武王崩"），7年说（《汉书·律历志》有"武王克殷……后七岁而崩"）。

但历日天象（正月辛卯朔，二月庚申朔）断定武王克商后在位2年，与《史记》《尚书》所记吻合。

以上相加，西周总年数336年。从公元前771年上溯336年，武王克商当是公元前1106年。

乙、《鲁世家》系统

司马迁在《史记·鲁世家》中完整地记载了鲁公年数。只有伯禽在位年数未载，虽未载，却不难推知。《鲁世家》周公"相成王，而使其子伯禽代就封于鲁"。代父治鲁在周公摄政之初，到成王亲政元年，成王正式封伯禽为鲁侯。

《集解》云"康王十六年卒"，知伯禽受封至死，共46年，加代父治鲁7年，共53年。

《鲁世家》有"炀公六年"，《汉书》引作"六十年"。古文𠄡，上读为六十，下读为十六，省作六。这是炀公年数旧有三说的缘由。如果从鲁真公十四年（共和元年）上溯，逐一安排献公、厉公、微公年数，幽公元年即穆王二十年，炀公也必是60年无疑。否则，从伯禽、考公、炀公逐一向下安排年数，中间必有一个无法解说的空档。

《鲁世家》所记西周年数是：

武王2+摄政7+伯禽46+考公4+炀公60+幽公14+微公50+厉公37+献公32+真公30+武公9+懿公9+伯御11+孝公25，总年数也是336年。

武王克商在公元前1106年。

六、 不可回避的几个问题

尽管我们可以确定武王克商在公元前1106年，但研究克商年代的学者可以从各个角度提出若干不同的问题，其中不少是看似有据的。这些问题，只有大胆面对，绝不取断然否定或回避的态度，才能以理服人。

如《竹书纪年》的"西周二百五十七年",陈梦家先生据此推定克商在公元前 1027 年,即 771 加 257 年。西方人多有信从者,因为外人不深究中国古代文献。国内历史文献学家无人会信这个年代。以中国古代影响最大的刘歆公元前 1122 年说、僧一行公元前 1111 年说计算,西周总纪年约 350 年,相去近百年了。如果信公元前 1027 年说,得改动几乎所有的文献记载,中国古代文献中的有关年代记载几成废纸。如果从共和元年(前 841 年)上溯 257 年,正是成王亲政元年,这当然不是偶然的数字巧合。周本西方小邦,商乃"大邑商"。武王虽伐纣,而殷商势力仍不可低估。武王二年崩,周公摄政之后,有武庚之叛,然后东征,几年后封微子于宋,迁殷顽民于成周,才算真正"灭殷"。天下安定,成王亲政。西周年代从成王亲政算起,亦是可行。到厉王奔彘,共和行政,好事者视为西周的结束,故有"西周二百五十七年"之说。董作宾先生说:"西周两位暴君,幽、厉并称。共和以前,王年不明。安知魏史非自灭殷算至厉王共 257 年,以总计共和以前的年数。后人征引者既有'西周'之说,因而把厉王也改为幽王。"这样解说"西周二百五十七年"应是合于情理的。

又如《竹书纪年》的"懿王元年,天再旦于郑",这是不可否认的日全食天象。贵州葛真先生以及美籍华人彭瓞钧、周鸿翔等都先后考求,认定这是指公元前 899 年儒略历 4 月 21 日,丑正四月丁亥朔。早上太阳升起以后发生日全食天象,到 5 点 30 分,天又再亮(再旦)。最大食分 0.97,确是一次罕见的日全食。在观象授时的西周中期,像这样完美的日全食壮观,不可能没有文字记载。日全食发生在公元前899年4月21日是肯定的，是不是懿王元年还值得深究。按照《史记》，王序是共、懿、孝、夷、厉，厉王在位37年，厉王元年在公元前878年，距"天再旦"的公元前899年仅有21年，这中间要容纳懿、孝、夷三个王世，简直是不可想象的。"懿王元年，天再旦于郑"反而成了一枚棘手而又吞不下的苦果。虽然公布了公元前899年日全食这个结果，也无法深进一层作出合理的解说。于是，"天再旦"不是日食就有了市场。"天再旦"的记载受到了今人的大胆怀疑甚至否定。如果我们对西周中期铜器利用历朔进行系联分组研究，明确王序是共、孝、懿、夷，懿王元年乃公元前916年，公元前899年乃懿王十八年。所谓"元年"乃"十八年"，"十八"误合为"元"。这个问题就有了合理的解说。日食的研究成果与典籍记载才能合拍。否则，便只好顾此而失彼，或者就避而不谈。不过，回避总不是办法！这是文献不足徵而借助器铭的极好例证。

此外，还有一个历朔周期的问题。在众多的西周年代考求中，有的学者能正确利用文献，或立足于周公摄政七年的历朔，或依据古文《武成》的历朔，对照张氏《时日表》；或自己运算历朔，能够勘合《召诰》或《武成》，找到了一个较好的克商年代的切入点。如赵光贤先生利用《召诰》历朔，比照张氏《时日表》，惊喜地发现公元前1036年天象与《召诰》吻合，认定这便是周公摄政七年，前推7年，加武王3年，得出武王克商在公元前1045年的结论。江晓原先生依据《汉书》的记载，精心运算，认定公元前1044年天象与《武成》历朔完全吻合，便定克商之年为公元前1044年。刘启益先生从《日月食典》查出公元

1075年朔日干支与《世俘》（三月庚申朔、四月己丑朔）相合，便定公元前1075年武王灭纣。

稍具历术常识就知道，历朔干支每三十一年一轮回。正月甲子朔、二月甲午朔，三十一年又重现一次。周公摄政七年《召诰》历朔二月乙亥、三月甲辰，既合公元前1036年，也合公元前1067年，也合公元前1098年。赵光贤先生用了公元前1036年，刘启益先生用了公元前1067年，张汝舟先生、董作宾先生采用的是公元前1098年。张汝舟先生用了《史记》武王二年，所以定克商之年在前1106年。董作宾先生用的《汉书》"武王克殷，后七岁而崩"，他的克商之年在公元前1111年。如果都用《史记》的材料，结论就会一致。

同样，《武成》历朔（正月辛卯朔、二月庚申朔、四月己丑朔）合公元前1044年（江晓原说），也合公元前1075年（唐兰说、刘启益说），也合公元前1106年（张汝舟先生说，台湾黄彰健先生亦认同此说）。

最后的结论当依据文献而定。因为克商年代不是孤立的，它是西周十三王在位年数向前延伸的终点。如赵光贤先生定克商在前1045年，就无法安插有文献记载的王年，他不得不定成王28年、穆王29年、厉王30年，明显地对文献作了很大改动以曲就己说。同样，定克商在公元前1075年也不合适，也要改动文献所记王年。如刘启益定成王17年、穆王41年，就与文献不合。

这些不同的结论，虽有一定道理，都可用历朔干支周期三十一年给予正确解说。

前面说过，尊重文献、正确利用文献，文献给我们的西周总年数是336年。克商在公元前1106年，与天象吻合，与文献吻合，与铜器历日也吻合。

我相信，这个结论会得到海内外中华儿女的认同，有利于全世界华人的同心同德，有利于加强海峡两岸的交流与统一，进而追溯华夏五千年文明也才有可靠的基础。

1999年2月8—9日

《鲁世家》与西周王年[1]

历代研究西周王年者，没有不重视《史记·鲁世家》有关记载的。因为《鲁世家》将西周一代鲁公的在位年数都一一记下，大体完整。按理说，问题就应该比较简明。相反，因《史记》本身的脱误及后代有关文字与《鲁世家》不尽一致，就引出没完没了的文字纠葛，西周一代的王年就成了越理越乱的麻团。

能不能从《鲁世家》的记载入手，将有关的夺误正确考校，进而探究西周一代王年，得出可信的结论呢？本文的写作就希望达到这样一个目的。

一

《史记·鲁世家》记：

---

[1] 本文原载于《贵州社会科学》1997年第5期。又收入《西周王年论稿》及《西周纪年研究》中。

封周公旦于少昊之虚曲阜，是为鲁公。周公不就封，留佐武王。武王克殷二年，天下未集。武王有疾，不豫……其后武王既崩，成王少，在强葆之中。周公恐天下闻武王崩而畔，周公乃践阼，代成王摄行政当国……于是卒相成王，而使其子伯禽代就封于鲁……伯禽即位之后，有管、蔡等反也。淮夷、徐戎，亦并兴反。于是伯禽率师伐之于肸……遂平徐戎，定鲁。鲁公伯禽卒，子考公酋立。考公四年卒，立弟熙，是为炀公……六年卒，子幽公宰立。幽公十四年，幽公弟溃杀幽公而自立，是为魏公（《世本》作"微公"）。魏公五十年卒，子厉公擢立。厉公三十七年卒，鲁人立其弟具，是为献公。献公三十二年卒，子真公濞立。真公十四年，周厉王无道，出奔彘，共和行政。二十九年，周宣王即位。三十年，真公卒，弟敖立，是为武公。武公九年春，武公与长子括、少子戏，西朝周宣王。宣王爱戏……卒立戏为鲁太子。夏，武公归而卒，戏立，是为懿公。懿公九年，懿公兄括之子伯御与鲁人攻弑懿公，而立伯御为君。伯御即位十一年，周宣王伐鲁，杀其君伯御……乃立称（鲁懿公弟）于夷宫，是为孝公……孝公二十五年，诸侯畔周，犬戎杀幽王。

我们说，以上司马迁所记西周一代鲁公年次，大体是清楚的。历来异议最多的只有两处。

一、伯禽年数。《鲁世家》无载，而卒年在康王十六年是明确的，业已公认。伯禽在位年数，《集解》认为"成王元年封，四十六年，康王十六年卒"，这便是在位46年一说。后之信奉者亦夥。殊不知，这个说法是自相矛盾的。武王崩，成王少，周公摄政，七年而反政成王，"后三十年四月……乙丑，成王崩"（《汉书·律历志下·世经》）。成王实际在位年数当是亲政30年，加周公摄政7年，计37年。再加上康王16年，伯禽在位计53年，不是46年。《集解》一说是从成王亲政算起，30年加康王16年。品味《鲁世家》文字，伯禽代父治鲁是在周公摄政之初，而不是在成王亲政之后。伯禽即位之后，有管、蔡等反，淮夷、徐戎亦反。接着周公东征，伯禽亦率师伐徐戎，定鲁。《鲁世家》还有伯禽治鲁之后"三年而后报政周公"的文字。同时载"太公亦封于齐，五月而报政周公"。引起了周公有"何迟""何疾"之叹。足见周公与太公受封都在武王克殷之后，而伯禽的"之鲁"当在周公摄政之初。大有代行父命的意味。所以，明确了伯禽卒于康王十六年，伯禽在位年数就是明白无误的53年。事实上，成王在位37年（包括周公摄政7年在内）已为史家所共识，伯禽在位53年本不当有任何争议。

二、炀公年数。《鲁世家》记为"六年"，这是最严重的脱误。《汉书·律历志下·世经》讹作"《世家》炀公即位十六年"，同时又记"炀公二十四年正月丙申朔旦冬至"为蔀首之年，至"微（魏）公二十六年正月乙亥朔旦冬至"复为蔀首之年。这就否定了6年说、16年说，这一蔀七十六年中间有幽公14年，炀公在位年数当是60年无疑。汲古阁本《汉书》作"炀公即位六十年"不误。历代史志大体都遵从炀公60年一说，如《帝王世纪》《皇极经世书》《通鉴外纪》《通志》《通考》，等等。

弄明白伯禽、炀公年数，西周一代的王年总数就十分清楚，从武王克商到犬戎杀幽王当是336年：

武王2年+伯禽53年+考公4年+炀公60年+幽公14年+微公50年+厉公37年+献公32年+真公30年+武公9年+懿公9年+伯御11年+孝公25年=336年

这是明白无误的《鲁世家》文字，这就是考校西周一代王年的标尺。舍此而无其他。

二

西周一代总年数336年，从公元前771年犬戎杀幽王上推，克商当在公元前1106年。如果以《鲁世家》鲁公年数为依据，对照公元纪年当是：

公元前1106年　　武王克商（在位2年）；
公元前1104年　　成王元年，周公摄政，伯禽治鲁元年；
公元前1067年　　康王元年，伯禽三十八年；
公元前1052年　　康王十六年，伯禽卒(在位53年)；
公元前1051年　　康王十七年，考公元年(在位4年)；
公元前1047年　　康王二十一年，炀公元年；
公元前988年　　炀公卒，在位60年；

公元前 987 年　　幽公元年（在位 14 年）；

公元前 973 年　　微公元年（在位 50 年）；

公元前 923 年　　厉公元年（在位 37 年）；

公元前 886 年　　献公元年（在位 32 年）；

公元前 854 年　　真公元年（在位 30 年）。

《鲁世家》记："真公十四年，周厉王无道，出奔彘，共和行政。"共和以后的年代，最为明确可靠，我们不妨先将这之后的年代理顺当，这就是：

公元前 841 年　　共和元年，真公十四年；

公元前 827 年　　宣王元年，真公二十八年；

公元前 824 年　　宣王四年，武公元年（在位 9 年）；

公元前 815 年　　宣王十三年，懿公元年（在位 9 年）；

公元前 806 年　　宣王二十二年，伯御元年（在位 11 年）；

公元前 795 年　　宣王三十三年，孝公元年（在位 27 年）；

公元前 781 年　　幽王元年，孝公十五年；

公元前 771 年　　杀幽王，孝公二十五年；

公元前 770 年　　平王元年，孝公二十六年；

公元前 768 年　　平王三年，惠公元年（在位 46 年）；

公元前 731 年　　平王四十年，惠公三十八年；

公元前 722 年　　平王四十九年，隐公元年。

我们不应该忽略《汉书·律历志下·世经》的有关记载，对之加以剖析，仍有助于西周王年的深入研究。《汉书·世经》将西周一代殷历蔀首之年列出，就为我们考证西周王年提供了若干方便。这就是：

（殷历）终六府首（蔀首）当周公五年；
炀公二十四年正月丙申朔旦冬至，殷历以为丁酉；
微公二十六年正月乙亥朔旦冬至，殷历以为丙子；
献公十五年正月甲寅朔旦冬至，殷历以为乙卯；
懿公九年正月癸巳朔旦冬至，殷历以为甲午；
惠公三十八年正月壬申朔旦冬至，殷历以为癸酉。
凡伯禽至春秋，三百八十六年。

周公摄政五年至鲁炀公二十四年为一蔀76年，这中间有考公4年，炀公24年，其余为伯禽48年。伯禽在周公摄政之初受封之鲁，加5年，伯禽在位53年亦得以坐实。

炀公二十四年至微公二十六年为一蔀76年，这中间有幽公14年，微公26年，余下为炀公36年，上一蔀有炀公24年，那么，炀公在位当是60年，不是6年，也不是16年。

微公二十六年至献公十五年为一蔀76年，这中间有厉公37年，微公24年，献公15年。微公在位50年也是明确的。

献公十五年至懿公九年，这中间有真公30年，武公9年，献公17年，懿公9年，计65年，不足一蔀76年之数。《世经》为了弥缝其说，称"《世家》献公即位五十年"，"武公《世家》即位二年"。这样，献公35年，真公30年，武公2年，懿公9年，凑足一蔀76年。改动了《世家》的"献公三十二年卒"，一下子变成了在位50年；武公也只有2年。

懿公九年至惠公三十八年为一蔀，这中间有伯御11年，孝公27年，惠公38年，正是76年。

《世经》如何得出"凡伯禽至春秋，三百八十六年"的？按《世经》的巧排，从周公摄政五年至惠公三十八年，共五蔀380年（76×5），减去周公2年（摄政七年去五年），加惠公8年（惠公在位46年）至隐公。不正是386年吗？

可见《世经》的伯禽纪年是从成王亲政算起的，未计周公摄政七年。又献公在位32年，《世经》记"即位五十年"；武公九年，《世经》记"即位二年"，这些乖错，在于缝合"武王克商在公元前1122年"一说。因为殷历历元在公元前1567年，终六府（蔀）首正是公元前1111年，《世经》视之为周公摄政五年，加上武王克商"后七岁而崩"，克商不正是在公元前1122年吗？又从"伯禽至春秋，三百八十六年"看，隐公元年乃公元前722年，加386年，加周公摄政7年，加武王7年，不也是公元前1122年克商吗？可见刘歆在《世经》中是颇费了一番心思的。

刘歆为什么这样安排呢？时代的局限，他还不知道四分历术有"三百年辄差一日"的正常误差，按他的《三统历》推算，公元前1122年的历日正符合《周书·武成》有关克商文字的记载。公元前1122年入殷历己卯蔀66年，不计先天误差，正月壬辰朔257分。《孟统》比殷历早一日，则正月辛卯朔，二月庚申朔，与《武成》历日吻合。刘氏精于四分历术,他视之为实际天象,便斗胆改动《史记》有关文字,以密合《武成》。于此可见,刘歆对典载历日与天象勘合这一手段的高度重视。

我们说,《鲁世家》不是随意可以改写的,比如武王克商二年而崩,就不得改为"后七年而崩";伯禽于周公摄政之初代父治鲁,而不是成王亲政之后才之鲁就国,伯禽在位当是53年;"献公三十二年卒"更不得说他"即位五十年";武公九年就九年,不是"即位二年"。

对《世经》的剖析使我们益发明确,《鲁世家》所记西周一代总年数336年是难以动摇的,是不可动摇的。

三

武王克商的年月日,《周书·武成》有具体的记载:

惟一月壬辰旁死霸,若翌日癸巳,武王乃朝步自周,于征伐纣。

粤若来三[二]月既死霸,粤五日甲子,咸刘商王纣。

惟四月既旁生霸,粤六日庚戌,武王燎于周庙。

根据这一文字,克商之年的朔日干支当是:

一月辛卯朔,初二(旁死霸)壬辰,初三癸巳。

二月庚申朔（既死霸），初五甲子。

四月己丑朔，十七日乙巳，二十二日庚戌。

是年前几月的朔日当是：

正月辛卯朔，二月庚申朔，×庚寅朔，×月己未朔，四月己丑朔。

二月至四月间必有一闰，刘歆用《三统历》推算出公元前1122年的历日与《周书·武成》文字密合，便断定公元前1122年为克商之年，由此出发，苦心安排西周王年。

我们说，四分术三百年先天一日，刘歆的推演结果并非实际天象，因而不可靠。我们查对张培瑜先生《中国先秦史历表》，公元前1106年实际天象：

冬至干支己丑，冬至月辛酉，二月辛卯 03^h53^m，三月庚申 22^h30^m，四月庚寅 14^h42^m，五月庚申 04^h06^m，六月己丑 14^h55^m，七月戊午 23^h52^m，八月戊子 07^h42^m。

是年行丑正，正月辛卯，二月庚申，闰月庚寅，三月庚申（分数小，司历定为己未），四月己丑，五月戊午……，与《武成》历日吻合，足证克商之年在公元前1106年。

《尚书》中还有涉及周公摄政七年的三个历日，可以佐证武王克商在公元前 1106 年。

武王克商后二年崩，成王元年即伯禽元年（前 1104 年），成王七年即周公摄政七年（前 1098 年）。

《尚书·召诰》：惟二月既望，越六日乙未，王朝步自周，则至于丰。

按：二月乙亥朔，方有十五日望己丑，十六日既望庚寅，越六日二十一乙未。

《尚书·召诰》：越若来三月，惟丙午朏，越三日戊申。太保朝至于洛，卜宅。

按：三月甲辰朔，才有初三丙午，初五戊申。

《尚书·洛诰》：戊辰，王在新邑烝祭岁……在十有二月。惟周公诞保文武受命，惟七年。

按：十二月大己亥朔，有三十日戊辰。
查对张培瑜《中国先秦史历表》，公元前 1098 年实际天象：

冬至日干支辛未，冬至月朔乙巳 03^h33^m，
二月甲戌 22^h41^m，三月甲辰 15^h41^m，
四月甲戌 05^h26^m……

十二月己巳 09^{h}37^m，十三月己亥 03^{h}01^m。

是年行子正，正月乙巳，二月甲戌朔（分数大，合朔夜半，司历定为乙亥朔），是年十三月，年中必置一闰。实际用历当是：正月乙巳，二月乙亥，三月甲辰，四月甲戌……闰月……十一月庚午，十二月己亥大。

《尚书》中所记三个历日与公元前 1098 年天象吻合，这不是周公摄政七年即成王七年又是哪一年？

成王在位 37 年（包括周公摄政七年在内），康王元年为公元前 1067 年，康王在位 26 年，史家无异词。文献有古文《毕命》"惟十又二年六月庚午朏"，公认是指康王的。月相定点，且定在一日，朏为初三，必六月戊辰朔。

查对《中国先秦史历表》，康王十二年即公元前 1056 年实际天象：冬至月朔辛丑，二月庚午，三月庚子，四月己巳，五月己亥，六月戊辰 05^{h}55^m……，与古文《毕命》记载吻合。公元前 1056 年确为康王十二年无疑，足证克商在公元前 1106 年。

史载："自周昭王以下亡年数。"事实上，穆王在位 55 年《史记》已有明文。穆王的确切年代，仍有文字可考。

其一，《晋书·束皙传》载："自周受命至穆王百年。""周受命"，有人认为是文王受命，或武王受命，受殷王之命。正确理解当是指武王伐纣，周取代殷商，受之天命。即武王克商至穆王即位正百年之数。知武王克商在公元前 1106 年，穆王元年当是公元前 1006 年。

其二，《史记·秦本纪》张守节《正义》称："年表穆王元年去楚文王元年三百一十八年。"这一记载是为大多数史家因难于利用而忽视了的。楚文王元年即周庄王八年，合公元前689年。上溯318年，穆王元年当是公元前1006年。

这样，"自周受命至穆王百年"，确实是整数一百年，不是九十多年，也不是百年有余，仍可证成克商在公元前1106年。

穆王元年一经坐实，昭王在位35年亦可以明确，有关昭王年数，请参考拙文《昭王在位年数考》或《关于〈小盂鼎〉》。①

穆王元年在公元前1006年，在位55年，共王元年当是公元前951年亦得以明确。

这就是西周前期武王至穆王的确切年代及各王在位年数，大体是明晰的。然而，麻烦并不在此。

四

西周一代，厉王以后的年代于史有据，眉目清楚。从武王克商（前1106年）到共王元年（前951年）仍有文字依据可以考究，已如上述。唯共王到夷王这一段，即西周中期四王的在位年数，最为棘手，令史家头疼。

《史记·周本纪》于此，记叙简约："穆王立五十五年崩，子共王繄扈立……共王崩，子懿王囏立。懿王之时，王室遂衰，诗

---

① 张闻玉：《昭王在位年数考》，《人文杂志》1994年第2期。后又收入《西周王年论稿》中。《关于〈小盂鼎〉》见《西周纪年研究》。

人作刺。懿王崩，共王弟辟方立，是为孝王。孝王崩，诸侯复立懿王太子燮，是为夷王。夷王崩，子厉王胡立。"这共王至夷王，除了承继关系，几无其他。

共王元年（前951年）至厉王元年（前878年）这中间的73年，后人是如何分配的呢？

共王在位，有10年说（《外纪》），12年说（《今本竹书纪年》），20年说（《帝王世纪》），25年说（《外纪》引皇甫谧说）。

懿王在位，有25年说（《今本竹书纪年》等）。

孝王在位，有9年说（《今本竹书纪年》），15年说（《外纪》）。

夷王在位，有8年说（《今本竹书纪年》），12年说（日本新城新藏），15年说（《外纪》），16年说（《帝王世纪》）。

像这样纷乱的七嘴八舌，多属个人的臆断，徒增今人考证的困难。反不如司马迁的"阙如"，刘歆则干脆说："自周昭王以下亡年数。"晋朝皇甫谧也说："周自共至夷王四世年纪不明。"

事实上，共王至夷王这73年中，已无可靠的文字可供利用，那就不如跳出文献的圈子，用其他手段进行考校。我们说，考究西周年代，得利用天上材料（实际天象）、地下材料（出土器物）、文献资料（纸上材料），做到三证合一，方为可靠。好在这西周中期，于今出土的器物特多，且年、月、日干支、月相四全的器物不少，最便于我们考证。

如果我们利用器物铭文的历日将这些铜器贯穿起来，可以分为四个铜器组，再找出其中的标准器，就可以确定哪一组是共王铜器，哪一组是孝王铜器，哪一组是懿王铜器，哪一组是夷王铜器。再将每一铜器组历日与实际天象勘合，其具体年代就一一昭明。每一王的元年一经确定，在位年数就明白无误。

将铜器利用历日贯穿，分批分组，乃董作宾先生首创，功不可没。

我们将西周中期看似杂乱无章的铜器，用历日系联，可以分为四组。

其一

1.师虎簋：隹元年六月既望甲戌。（《大系》73）

按：既望十六甲戌，必己未朔。

2.趞尊：隹三月初吉乙卯……隹王二祀。（《大系》101）
3.师遽簋：隹王三祀，四月既生霸辛酉。（《大系》83）

按：既生霸十五辛酉，必四月丁未朔。

4.永盂：隹十又二年初吉丁卯朔。（《文物》1972.1）

按：此器有年无月，乃铜器历日自误一例。唐兰先生定为共王器，合共王十年二月丁卯朔。

5.趞曹鼎：隹十又五年五月既生霸壬午。（《大系》69）

按：既生霸十五壬午，必戊辰朔。

十五年趞曹鼎为共王世标准器，与此器系联的上述诸器同为一组，定为共王铜器组。

用张培瑜《中国先秦史历表》一一勘合，那么，元年师虎簋历日合共王元年（前951年）天象：正月辛卯，二月辛酉，三月庚寅，四月庚申，五月己丑，六月己未。（上年当闰未闰，本年建亥，中置一闰）

二年趞尊合共王二年（前950年）天象：正月乙卯，二月乙丑，三月乙卯。（元年置闰，本年建子）

三年师遽簋历日合共王三年（前949年）天象：正月己卯，二月己酉，三月戊寅，四月丁未，五月丁丑……

共王十二年（前949年）无丁卯朔，永盂历日只合共王十年（前942年）天象：二月丁卯朔。足证铭文历日自误，当是"隹十年二月初吉丁卯"。

十五年趞曹鼎历日合共王十五年（前937年）天象：五月戊辰朔。

这样一经勘合，每件铜器都有了明确的位置，共王元年乃公元前951年可以确定，穆王在位55年亦得以坐实。司马迁于穆王在位年数的记载是可信的。

其二

1.逆钟：隹王元年三月既生霸庚申。（《考古与文物》1981.1）

2.师颖簋：隹王元年九月既望丁亥。（《金文通释》152）

按：既生霸十五庚申，必丙午朔。既望十六日丁亥，必壬申朔。排比历日知，两器为同王同年之器。

三月丙午朔，经七个月（中有一闰月）必九月壬申朔。

3. 散伯车父鼎：隹王四年八月初吉丁亥。（《文物》1972.6）
4. 散季簋：隹王四年八月初吉丁亥。（《考古图》卷三）

按：此二器历日全同，人名亦同，定为同王同年之器。

5. 史伯硕父鼎：隹六年八月初吉乙巳。（《博古图》卷二）
6. 师𩛥鼎：隹王八祀正月，辰在丁卯。（《文物》1975.8）

按：考察诸多器物知，"辰在××"即朔日××。辰在丁卯即丁卯朔。"辰在××"为西周表达朔日干支的固定形式。此器定为孝王标准器，与此器相系联的一组铜器，当称之为孝王铜器组。

7. 师毂簋：隹十又一年九月初吉丁亥。（《大系》149）
8. 大簋：隹十又二年二月既生霸丁亥。（《大系》74）

按：既生霸十五丁亥，必癸酉朔。金文中丁亥为大吉之日，有十二年二月既生霸丁亥，则十一年九月必乙亥朔。书乙亥为丁亥，取大吉之义。如郑玄言，凡亥日皆可书为丁亥。

以上为孝王铜器组诸器。利用张培瑜先生《中国先秦史历表》给我们的实际天象进行勘合，逆钟、师颗簋历日合公元前928年天象：冬至月朔丁未，二月丙子，三月丙午，四月乙亥，五月乙巳，六月甲戌，七月甲辰，八月癸酉，闰月癸卯，九月壬申，十月壬寅……

下接四年（前925年）天象：冬至月朔庚申……八月丁亥朔。合四年散季簋、散伯车父鼎历日。

再接六年（前923年）天象：冬至月朔己卯，八月乙巳朔（定朔甲辰22^h40^m，失朔1^h20^m），合六年史伯硕父鼎历日。

下接八年（前921年）天象：冬至月朔丁酉。是年建亥，正月丁卯，二月丁酉，三月丙申……与八年师𩛥鼎历日吻合无误。

再接十一年（前918年）天象：冬至月朔己酉。有九月乙亥朔。十一年师𩛥簋书为"九月初吉丁亥"，知乙亥书为丁亥，取大吉之义。

下接十二年（前917年）天象：冬至月朔癸卯。建子，二月癸酉朔。合十二年大簋历日。

利用以上孝王铜器组诸多铜器历日与实际天象勘合，知孝王元年当是公元前928年。

其三

1. 智鼎：隹王元年六月既望乙亥。
   隹王四月既生霸，辰在丁酉。（《大系》96）

按：王国维氏以为两段所叙为同一年间事。可从。四月朔丁酉，则六月朔丙申，六月十六既望为辛亥。鼎铭书为乙亥，知乙亥亦为吉日。详见拙文《曶鼎王年考》或《关于〈曶鼎〉》。①

2. 王臣簋：隹二年三月初吉庚寅。（《文物》1980.5）

按：此簋历日与曶鼎历日衔接贯穿，故列为同一王世的铜器系列。

3. 柞钟：隹王三月四月初吉甲寅。（《文物》1961.7）

按：有定柞钟为西周后期器物者，而历日与宣、幽各王无一可合，唯与曶鼎、王臣簋历日连贯。

4. 卫鼎：隹九年正月既死霸庚辰。（《文物》1976.5）

按：既死霸为朔为初一，即正月庚辰朔。

5. 大鼎：隹十又五年三月既（死）霸丁亥。（《大系》88）

按："既霸"为历日自误例。有补为"既生霸"者，不可从。当从董作宾氏，补为"既死霸"。上有九年正月庚辰，则十五年三月朔当为乙亥。丁亥为金文中大吉之日，书乙亥为丁亥，取大

---

① 张闻玉：《曶鼎王年考》，《贵州社会科学》1988年第2期。《关于〈曶鼎〉》见《西周纪年研究》。

吉之义。

6.休盘：隹廿年正月既望甲戌。（《大系》152）

按：盘铭有"益公"，为共懿世之权臣。此必共懿器无疑。上接十五年大鼎，下接二十二年庚嬴鼎，历日当是二十年正月丁未朔，才有既望十六壬戌。金文甲与壬，几无区别，形近而误。六年师旋簋，壬寅亦误为甲寅。

7.庚嬴鼎：隹廿又二年四月既望己酉。（《大系》43）

按：既望十六日己酉，必四月甲午朔。与前十五年大鼎、九年卫鼎、廿年休盘前后连贯，知为同一王世铜器。

以上铜器系列，非共王，非孝王，当定为懿王铜器组。

考校元年曶鼎历日，与公元前916年实际天象吻合：冬至月朔戊戌。建丑，正月戊辰，二月丁酉，三月丁卯，四月丁酉，五月丙寅，六月丙申，七月乙丑……

二年王臣簋历日合公元前915年天象：冬至月朔壬戌。建丑，三月庚寅朔。

三年柞钟合公元前914年天象：冬至月朔丁巳。建丑，四月甲寅朔。

九年卫鼎历日合公元前908年天象：冬至月朔辛巳。八年不当闰而闰，建丑转建寅，正月庚辰朔 19^h08^m。九年当闰不闰，接十年建丑。

十五年大鼎合公元前902年天象：冬至月朔丙子。建寅，三月乙亥朔。鼎铭书为"三月既（死）霸丁亥"。

二十年休盘合公元前897年天象：冬至月朔戊寅。建丑，正月丁未朔（定朔戊申 00^h11^m，合朔在夜半，司历定为丁未朔），有既望十六壬戌。盘铭误为"既望甲戌"。

二十二年庚嬴鼎合公元前895年天象：冬至月朔丙申。四月甲午朔，得四月既望十六己酉。亦合匡卣"佳四月初吉甲午"，匡卣铭有"懿王"，故列懿世。

以上铜器系列，当定为懿王铜器组，考知懿王元年为公元前916年。还有《竹书纪年》上一个记载："懿王元年，天再旦于郑。"1980年，贵州工学院葛真教授，1987年，美国彭瓞钧、周鸿翔先生等先后考证了这一"两度日出"的天象发生在公元前899年4月21日。公元前899年当是懿王十八年，知"十八"误为"元"，合二字为一字之误。如同"左师触龙言"误为"左师触詟"一样，古籍中不乏其例。

其四

余下一组铜器，未发现元年器，有

1. 兮甲盘：佳五年三月既死霸庚寅。（《大系》143）
2. 谏簋：佳五年三月初吉庚寅。（《大系》117）

董作宾氏将两器列夷王，同王同年、月、日，可从。

3. 太师虘簋：正月既望甲午……佳十又二年。（《考古学

报》1956.4)

按：正月既望十六甲午，必正月己卯朔。

此数器归之于夷王铜器组。三年卫盉、五祀卫鼎、卫簋等亦当属夷王，为简明起见，诸卫器另有考释，不再列入其中。

五年兮甲盘、諫簋合公元前889年天象：冬至月朔辛酉。建丑，三月庚寅朔。

下接十二年太师虘簋历日，合公元前882年天象：冬至月朔庚戌。建丑，正月己卯（定朔庚辰 02^h06^m）。

从五年兮甲盘前推五年，夷王元年当是公元前893年。这样，依据诸多铜器历日考校，勘合实际天象，可知：

共王元年乃公元前951年，
孝王元年乃公元前928年，
懿王元年乃公元前916年，
夷王元年乃公元前893年。

从而得知：

共王元年为公元前951年，在位23年；
孝王元年为公元前928年，在位12年；
懿王元年为公元前916年，在位23年；
夷王元年为公元前893年，在位15年。

司马迁在世的话，他大概会这样叙述西周中期的王年王序："穆王立五十五年崩，子共王繄扈立，在位二十三年。共王崩，其弟辟方立，是为孝王，在位十二年。孝王崩，诸侯复立共王太子囏，是为懿王，在位二十三年。懿王崩，其子燮立，是为夷王，在位十五年。夷王崩，子厉王胡立。"共、孝、懿、夷，这才是真实的西周王序，详见拙文《共孝懿夷王序、王年考》。①

五

如果我们将鲁公年数及西周王年与公元纪年殷历蔀首来一番对照，结论是十分明确的。

    公元前 1567 年 入殷历甲子蔀（第一蔀）；
    公元前 1111 年 入殷历戊午蔀（第七蔀）；
    公元前 1106 年 武王克商（在位 2 年）；
    公元前 1104 年 成王元年，周公摄政，伯禽（代父治鲁）元年；
    公元前 1098 年 周公摄政七年，伯禽七年；
    公元前 1097 年 成王亲政（在位 37 年）；
    公元前 1067 年 康王元年，伯禽三十八年；

---

① 张闻玉：《西周共孝懿夷王序、王年考》，《人文杂志》1989 年第 5 期。本书中亦有收录，题为《共孝懿夷王序、王年考》。

公元前 1052 年　　　康王十六年，伯禽卒(在位 53 年)；

公元前 1051 年　　　康王十七年，考公元年(在位 4 年)；

公元前 1047 年　　　康王二十一年，炀公元年；

公元前 1042 年　　　康王卒（在位 26 年)；

公元前 1041 年　　　昭王元年，炀公七年；

公元前 1035 年　　　入殷历丁酉蔀（第八蔀）昭王七年，炀公十三年；

公元前 1007 年　　　昭王卒（在位 35 年)；

公元前 1006 年　　　穆王元年，炀公四十二年；

公元前 988 年　　　穆王十九年，炀公卒(在位 60 年)；

公元前 987 年　　　穆王二十年，幽公元年(在位 14 年)；

公元前 973 年　　　穆王三十四年，微公元年(在位 50 年)；

公元前 959 年　　　入殷历丙子蔀（第九蔀）穆王四十八年，微公十五年；

公元前 951 年　　　共王元年，微公二十三年；

公元前 929 年　　　共王卒，在位 23 年；

公元前 928 年　　　孝王元年，微公四十六年；

公元前 923 年　　　孝王六年，厉公元年；

公元前 917 年　　　孝王卒（在位 12 年)；

公元前 916 年　　　懿王元年，厉公八年；

公元前 899 年 4 月 21 日　　懿王十八（元）年"天再旦于郑"；

公元前 894 年　　　懿王卒（在位 23 年)；

公元前 893 年　　　夷王元年，厉公三十一年；

公元前 887 年　　　夷王七年，厉公卒（在位 37 年）；

公元前 886 年　　　夷王八年，献公元年；

公元前 883 年　　　入殷历乙卯蔀（第十蔀）夷王十一年，献公四年；

公元前 879 年　　　夷王卒（在位 15 年）；

公元前 878 年　　　厉王元年，献公九年；

公元前 855 年　　　厉王二十四年，献公卒（在位 32 年）；

公元前 854 年　　　厉王二十五年，真公元年；

公元前 841 年　　　共和元年，真公十四年；

公元前 827 年　　　宣王元年，真公二十八年；

公元前 807 年　　　入殷历甲午蔀（第十一蔀）宣王二十一年，懿公九年；

公元前 781 年　　　幽王元年，孝公十五年；

公元前 771 年　　　幽王十一年，孝公二十五年；

公元前 770 年　　　平王元年，史称"东周"。

王国维《生霸死霸考》志误①

王国维先生在近代学术史上的地位是举世公认、有口皆碑的。正因为他久享盛名，对于他在研究中出现的任何失误，也必将造成无法估量的损失。列为《观堂集林》首卷首篇的《生霸死霸考》就是一个典型的例子。王先生在此文中，深昧古来对于月相的解说，考以出土的西周铜器历日，"悟"出周代有"月相四分"之术。"月相四分说"一起，文物考古界奉若经典，据以考求出土器物及古代典籍中的历日。王氏之说遍及文史各个领域，弥布各类书册文集。影响及于国外，日本学者新城新藏等无不信服，反复征引。六十年来，国内外信从者比比皆是。疑之者间有异议，终语焉不详，大有隔靴搔痒之嫌。董作宾先生虽有专文《"四分一月说"辨正》，亦难以动摇王说之根本，致岿然立于学界。②

---

① 张闻玉：《王国维〈生霸死霸考〉志误》，《贵州大学学报》1992年第4期。

② 董作宾：《董作宾先生全集甲编》，台北：艺文印书馆，1977年，第1—22页。

本文就《生霸死霸考》涉及的三个问题，一一予以辨析，以志王国维先生此文之误。

一、 关于霸、朏的解说

王国维先生《生霸死霸考》首以释"霸"入手，又及于"朏"字。所以，关于霸、朏二字的正确解说，实有探讨的必要。

霸。许慎《说文》云："霸，月始生魄然也。承大月二日，承小月三日。从月䨣声。《周书》曰：'哉生霸。'"段玉裁注："霸、魄迭韵。《乡饮酒义》曰：'月者三日则成魄。'《正义》云：'前月大则月二日生魄，前月小则三日始生魄。'马注《康诰》云：'魄，朏也。谓月三日始生兆朏，名曰魄。'《白虎通》曰：'月三日成魄，八日成光。'按已上皆谓月初生明为霸。而《律历志》曰：'死霸，朔也；生霸，望也。'孟康曰：'月二日以往明生魄死，故言死魄。魄，月质也。'三统说是，则前说非矣。《汉志》所引《武成》《顾命》皆作霸，后代魄行而霸废矣。"

许慎说"霸"已自不清，段氏杂取各家之说，更为含混。

王氏多引各家之说，对霸、朏不得其解，只是说："二字同义，声亦相近。故马融曰魄、朏也。霸为月始生、为月未盛之明。"王氏将霸与朏混而为一，一误。又，王先生以"未盛之明则生"为"生霸"，以"始生之明已死"释"死霸"，且认为"此生霸死霸之确解"，则二误。

说月相，必从"霸（魄）"义说起。霸尚不明，它更何说？霸，从月霏声。《说文·月部·霸》云："霏，雨濡革也。从雨革。"段注："雨濡革则虚起，今俗语若朴。"饶尚宽说："霏为霸字声符，又兼表义。因为雨下皮革，浸湿处变形虚起，未浸处依然如故，正应日照月球，受光面逐渐变白，背光面暗然转黑之形貌。月面明暗相依，变化成形。"① 饶说可信。

霸是什么？霸指月貌，并非月相。亦不必具体释为"有光处"或"无光处"。所以，霸，月貌，泛指月球受光及背光之态势。

由霸进而说到生霸、死霸，就比较好理解。生霸，月球受光面；死霸，月球背光面。《说文·死部·死》："死，澌也。"《白虎通·崩薨》云："死之为言澌，精气穷也。"月球背光面，如精气穷尽，故称"死霸"。与"死霸"相对，月球受光面，称为"生霸"。饶文说："死魄、生魄，相互依存，相辅相成。然而月貌随时变化，天天不同，死魄、生魄并不用来独确指某一固定月相，自然不能记日。"生霸，即王先生所谓"月受日光之处""月有光之处"；死霸，即王先生所谓"月无光之处"。自然不是具体指某日而言。遍查金文，不记"生霸""死霸"，足见"生霸""死霸"非月相。

初一为朔，生霸尽失，死霸全现。到朏，月出，月牙初见，

---

① 饶尚宽：《释"霸"》，《新疆师范大学学报（社会科学版）》1983年第1期。

俗称眉毛月。《白虎通·日月》所谓"月三日而成魄",即月初三见生霸。所以,"朏"才是月相,指月初三,与"霸"义相去甚远。

古人观象授时,凭月相定朔望。两望之间必朔,两朔之间必望。一个朔望月长度为二十九天半还稍多,这个数字是不难掌握的。月相在天,人所共见。肉眼观察也不会把满月的十五说成十六,更不会说成十七;同样,不会把初一说成初二,更不会说成初三。告朔是朝廷大事,颁告朔于邦国,诸侯受乎祢庙,作为吉礼,庄重对待。周代司历已是专职,不可能错记月相,望必在十五,朔必在初一,非定点不可。《说文·月部·霸》所谓"承大月二日,承小月三日",《汉书·王莽传》以"八月载生魄庚子"为初二,那是秦以后的事。四分术的殷历创制于战国初期,行用到秦汉,历法后天,屡有日食在晦的天象,这是用历的事实。《后汉书·律历志》说:"历稍后天,朔先于历,朔或在晦,月或朔见。"故汉人说朏,承大月二日,承小月三日,有两天的活动。同样说"望":月大十六日,小十五日(见《释名》)。这是汉代人对月相的实录,用历与天象不符,便有一天两天的误差。古人直接观天象,西周尚无推步可言,月牙初见为朏,月满圆为望,毫不含糊。月相定在一天,朏无二日之说,望无十六之说。以汉人之见律古,朏或初二、初三,望或十五、十六,实为月相不定点开方便之门。

二、 武王克商的年代

《生霸死霸考》引《周书·武成》所记几个历日月相，以证"月相四分"之说。为了从根本上解决王氏之误，实有必要考求武王克商的具体年代，诠释《武成》所记月相，复其原著者之本义。

《周书·武成》云：

> 惟一月壬辰旁死霸，若翌日癸巳，武王乃朝步自周，于征伐纣。
> 粤若来三〔二〕月既死霸，粤五日甲子，咸刘商王纣。
> 惟四月既旁生霸，粤六日庚戌，武王燎于周庙。

自古以来，说武王克商年月者多至十数家。考其文字，有两点大体相同。其一，武王在位 11 年伐殷；其二，甲子日咸刘商王纣。《尚书》《逸周书》《古本竹书纪年》《史记》，于此皆有记载。1976 年于临潼出土的利簋，铭文有"珷征商，隹甲子朝"，也证实了灭商在"甲子朝"。足见《周书·武成》之说，不是后人编撰，实前朝旧典。

依清人俞樾《生霸死霸考》对月相的解说，则《周书·武成》所记，当为："一月辛卯朔，旁死霸初二壬辰，初三癸巳，于征伐纣。二月庚申朔（既死霸庚申），越五日甲子，武王克商。

四月己丑朔，既旁生霸十七日乙巳，越六日庚戌二十二日，燎于周庙。"

具体年月日的推演，得依历术。关于历术，中国古代有所谓"六历"之说，究其实，"六历"乃东汉人的附会。汉代盛传只有"天正甲寅元"的殷历与"人正乙卯元"的颛顼历。细加考核，乙卯元实为甲寅元的变种，只有历元近距的不同。核校秦汉文献以及出土秦汉竹简所记历日，"六历"的颛顼历只用于秦。古代的四分历就是甲寅元的殷历。据张汝舟先生研究，《史记·历书·历术甲子篇》就是殷历的历法宝典。① 《历术甲子篇》所载七十六年的大余、小余，就是殷历历元太初第一蔀甲子蔀七十六年子月朔日及冬至日干支及余分（小余）。②

殷历二十蔀首表

一	甲子蔀 0	六	己卯蔀 15	十一	甲午蔀 30	十六	己酉蔀 45
二	癸卯蔀 39	七	戊午蔀 54	十二	癸酉蔀 9	十七	戊子蔀 24
三	壬午蔀 18	八	丁酉蔀 33	十三	壬子蔀 48	十八	丁卯蔀 3
四	辛酉蔀 57	九	丙子蔀 12	十四	辛卯蔀 27	十九	丙午蔀 42
五	庚子蔀 36	十	乙卯蔀 51	十五	庚午蔀 6	二十	乙酉蔀 21

将《历术甲子篇》前大余、小余全部列出，就是《历术甲子

---

① 张汝舟先生有关文章，载《二毋室古代天文历法论丛》，杭州：浙江古籍出版社，1987年，第29页。
② 饶尚宽：《〈历术甲子篇〉考释——"古历论稿"之二》，《新疆师范大学学报（社会科学版）》1985年第2期。

篇朔日表》。

历术甲子篇朔日表

1	〇 朔 0	20	三十九 705	39	十九 470	58	五十九 235
2	五十四 348	21	三十四 113	40	十三 818	59	五十三 583
3	四十八 696	22	二十八 461	41	八 226	60	四十七 931
4	十二 603	23	五十二 368	42	三十二 133	61	十一 838
5	七 11	24	四十六 716	43	二十六 481	62	六 246
6	一 359	25	四十一 124	44	二十 829	63	〇 594
7	二十五 266	26	五 31	45	四十四 736	64	二十四 501
8	十九 614	27	五十九 379	46	三十九 144	65	十八 849
9	十四 22	28	五十三 727	47	三十三 492	66	十三 257
10	三十七 869	29	十七 634	48	五十七 399	67	三十七 164
11	三十二 277	30	十二 42	49	五十一 747	68	三十一 512
12	五十六 184	31	三十五 889	50	十五 654	69	五十五 419
13	五十 532	32	三十 297	51	十 62	70	四十九 767
14	四十四 880	33	二十四 645	52	四 410	71	四十四 175
15	八 787	34	四十八 552	53	二十八 317	72	八 82
16	三 195	35	四十二 900	54	二十二 665	73	二 430
17	五十七 543	36	三十七 308	55	十七 73	74	五十六 778
18	二十一 450	37	一 215	56	四十 920	75	二十 685
19	十五 798	38	五十五 563	57	三十五 328	76	十五 93
						77	三十九 0

要推求任何一年的朔闰，需将该年纳入殷历甲寅元某蔀第几年。蔀用《殷历二十蔀首表》（表见前页），年用《历术甲子篇》七十六年年序。

殷历历元太初元年在公元前 1567 年，故甲子蔀首年为前 1567 年，一蔀七十六年，顺次下推。每蔀后列之数字称"蔀余"。《历术甲子篇》只代表四分历一元第一蔀（甲子蔀）七十六年，所余"前大余"为三十九（即太初第七十七年前大余三十九），进入第二蔀为癸卯蔀蔀余，以后每蔀递加 39，就得该蔀之蔀余。如果递加数超过了一甲数 60，则减去一甲数。

如公元前 1122 年，当入殷历己卯蔀第六十六年。己卯蔀蔀余 15。《历术甲子篇》太初六十六年：闰十三，前大余十三，小余 257。蔀余加前大余，小余不变，即为前 1122 年天正甲寅元子月之朔日干支及余分，即子月二十八（15+13）257 分。查《一甲数次表》（见下页），28 壬辰，得子月（冬至月）壬辰朔，合朔分数为 257 分（分母 940 分计一日）。

又如公元前 1111 年，当入殷历戊午蔀第一年。戊午蔀蔀余 54，《历术甲子篇》太初元年：无大余，无小余。蔀余加前大余，小余不变。即公元前 1111 年天正甲寅元子月（冬至月）前大余五十四（54+0），小余 0。查《一甲数次表》，54 戊午。

由于殷历取岁实 $365\frac{1}{4}$ 日，朔望月长度为 $29\frac{499}{940}$ 日，与真值有一定误差。"四分之法，久则后天，以食检之，经三百年辄差一日。"① 因为甲寅元的殷历创制于战国初期,行用于周考王十四年(前427年),往战国之前检之,久则先天,三百年差一日。每年历术先天3分余。如果用甲寅元殷历推算,加上年差分,仍可以得到密近的实际天象(平朔、平气)。

一甲数次表

0 甲子	10 甲戌	20 甲申	30 甲午	40 甲辰	50 甲寅
1 乙丑	11 乙亥	21 乙酉	31 乙未	41 乙巳	51 乙卯
2 丙寅	12 丙子	22 丙戌	32 丙申	42 丙午	52 丙辰
3 丁卯	13 丁丑	23 丁亥	33 丁酉	43 丁未	53 丁巳
4 戊辰	14 戊寅	24 戊子	34 戊戌	44 戊申	54 戊午
5 己巳	15 己卯	25 己丑	35 己亥	45 己酉	55 己未
6 庚午	16 庚辰	26 庚寅	36 庚子	46 庚戌	56 庚申
7 辛未	17 辛巳	27 辛卯	37 辛丑	47 辛亥	57 辛酉
8 壬申	18 壬午	28 壬辰	38 壬寅	48 壬子	58 壬戌
9 癸酉	19 癸未	29 癸巳	39 癸卯	49 癸丑	59 癸亥

---

① (梁)沈约:《宋书》,北京:中华书局,1974年,第308页。

如新城新藏所定武王克商在公元前 1066 年，是年入殷历戊午蔀第 46 年。戊午蔀蔀余 54。查《历术甲子篇》太初四十六年：大余三十九，小余 144 分，得天正子月三十三（丁酉）144 分。是年历法先天 1955 分，逢 940 分进一日，得 2 日 75 分。日加日，分加分，得 33+2＝35，144+75＝219 分，得是年实际天象：子月己亥（35）219 分，丑月戊辰 718 分，寅月戊戌 277 分，卯月丁卯 776 分，辰月丁酉 335 分，巳月丙寅 834 分，午月丙申 393 分，未月乙丑 892 分，申月乙未 451 分，酉月乙丑 10 分，戌月甲午 509 分，亥月甲子 68 分。用之校对《周书·武成》历日，相去甚远。故知新城所定公元前 1066 年非武王克商之年。

又如陈梦家氏依《竹书纪年》定武王克商之年为公元前 1027 年。是年入丁酉蔀第九年。是年历法先天 1836 分。依前法，可求得实际天象（经朔）：子月壬子 918 分，丑月壬午 477 分，闰月壬子 36 分，寅月辛巳 535 分，卯月辛亥 94 分，辰月庚辰 593 分，巳月庚戌 152 分，午月己卯 651 分，未月己酉 210 分，申月戊寅 709 分，酉月戊申 268 分，戌月丁丑 767 分，亥月丁未 326 分。校对《周书·武成》历日，非克商之年可明。

张汝舟先生 1964 年撰《西周考年》，定武王克商在公元前 1106 年，可用历术推演验证。公元前 1106 年入殷历戊午蔀第六年。是年历法先天 2078 分。知公元前 1106 年实际天象是：子月五十七（55+2）辛酉 557 分，丑月辛卯 116 分，寅月庚申 615 分，卯月庚寅 174 分，辰月己未 673 分，闰月己丑 232 分，巳月戊午 731 分，午月戊子 290 分，未月丁巳 789 分，申月丁亥 348 分，酉月丙辰 847 分，戌月丙戌 406 分，亥月乙卯 905 分。校对

《周书·武成》历日，是年丑正，闰二月，完全吻合。正月辛卯朔，二月庚申朔，闰月庚寅朔，三月己未朔，四月巳丑朔（下略）。这就是克商之年的实际用历。如果再验之西周铜器及文献记载，武王克商在公元前1106年这个结论当是完全可信的。①

王先生在文中还说："刘歆不得其说，于是于二月后置闰。然商时置闰皆在岁末，故殷虚卜辞屡云十三月。武王伐纣之时，不容遽改闰法，此于制度上不可通者。"又说："周置闰不在岁终，由《召诰》《洛诰》三月十二日为乙卯，十二月有戊辰知之。若《武成》在武王伐纣时，固不得改闰法也。"这就提出了一个"商闰岁末"，"周置闰不在岁终"的问题。

周代治历，置闰不全在岁终，这不成问题。殷商治历，是否与西周截然相反，闰在岁末呢？

已发现的殷墟卜辞中，武丁卜辞多有"十三月"的记载。祖庚、祖甲时代又有"多八月""冬八月""冬六月""冬五月"和"冬十三月"的刻辞。"多"即闰，"冬"即终，也就是"后"。这说明，殷商时代就有年中置闰，并不"皆在岁末"。落后的周族赓续殷商文化，置闰也不例外，并无截然相反的革新。

随着社会的不断进步，观象授时的阶段，置闰也有一个发展改进的过程。可以设想，"以闰月定四时成岁"的最初阶段，为求方便，闰在岁末当然是简便易行的。随着观测水平的提高，农业生产的发展，要求春夏秋冬四时与朔望月配合协调，就必须随

---

① 张闻玉：《武王克商在公元前1106年》，《殷墟博物苑苑刊》（创刊号），北京：中国社会科学出版社，1989年，第199—208页。

时观测，随时调配，一旦发现相悖就临时安插闰月。有时候，置一闰月还不能协调，就再置一闰，这就有卜辞"十四月"的记载。这也反映出，殷周时代，置闰的规律尚不能掌握。出现再失闰就必得有"十四月"的"再闰"以弥合。置闰是人为的，随时观测就随时可以置闰，所以就有"多八月""冬六月"的卜辞。西周至春秋前期，"三年一闰，五年再闰"已大体认识；春秋中期以后，十九年七闰的规律已经掌握。闰章一经掌握，"闰在岁末"又是可行的了。因为十九年七闰已可使四时与年岁调合起来，足以适应当时农事生产的需要。

总之，武丁时代的"闰在岁末"，刻意求简，无规律可言；之后，才必有"闰在岁中"相辅而行。春秋时代的"闰在岁末"已反映出置闰的规律，两者有本质的不同。前者是任意的，后者是一定的。战国以后，由于二十四节气在指导农事生产中的作用，才有汉代"无中气置闰"的出现来取代"闰在岁末"。到此时，置闰又向更高一级水平发展了。

应该说，殷周时代，置闰并无规律可言，并非如王先生所云，殷代置闰皆在岁末。置闰一经明白，公元前1106年的朔闰当是：冬至月辛酉，正月辛卯，二月庚申，闰月庚寅，三月己未，四月己丑（下略）。刘歆记闰月在二月之后，是据四分术朔闰，并非全是私意安排的无根萝卜。

弄明白武王克商的年代，王先生强拉《周书·武成》所记几个月相历日以证"月相四分"之说就靠不住了。通过克商年月日的推求，只能说明西周一代所记月相都是定点的，而且定在一天，不容许有两天、三天的活动，也不容许有七天、八天的活动。《尚书·召诰》云:"二月既望,越六日乙未。"既望不定点,何以有过六日的乙未?《周书·武成》:"三(二)月既死霸,粤五日甲子。"既死霸不定点,何以有过五日的甲子?

三、 铜器历日的推求

张汝舟先生于《西周考年》中确定了武王克商的年代,还依据铜器及文献记载,考定了西周一代十二王的在位年数,① 并编有《西周经朔谱》。我们利用张汝舟先生的研究成果,可以大大方便我们对西周文史的深入研究。尤其于铜器历日的断代,可取得准确可信的结果。

王先生于《生霸死霸考》中,先后征引了十件铜器铭文以倡"月相四分"之说。其实,这十件铜器铭文不仅不能证明一月四分,反而是月相定点的有力佐证。

王先生首举静敦、宂彝、邾敦等三器以证初吉之为公名。王氏曰:

静敦云:隹(唯)六月初吉,王在莽京,丁卯,王命静司射学宫。

宂彝云:隹(唯)六月初吉,王在郑,丁亥,王格

---

① 笔者依据金文历日核实,仅共、孝、懿三王在位年数尚可讨论(《西周共孝懿夷王序、王年考》,《人文杂志》1989 年第 5 期,又见本书所收《共孝懿夷王序、王年考》)。

大室。

邢敦云：隹（唯）二年正月初吉，王在周邵宫，丁亥，王格于宣榭。

初吉皆不日，至丁卯、丁亥乃日者，明丁卯，丁亥皆初吉中之一日。

至王在莽、在郑、在周邵宫，固前乎丁卯、丁亥也。

按：此三器，初吉与干支间均插入记地词语，王氏以为干支与初吉不连属，视初吉为公名。据金文惯例，初吉与既生霸、既死霸、既望之后如有干支日（此干支日前又无年月连属），则不管中间是否插入其他词语，该干支日都应属于前面"初吉"等记日词语。① 今就静敦历日考求，王氏所谓初吉，实为朔日。

静敦，还有静卣，郭沫若、容庚、杨树达、唐兰皆定为穆王器，吴其昌、董作宾定为厉王器。② 今就静敦历日核校实际天象，实厉王三十五年（前844年）器无疑。

静敦云：

隹王六月初吉，王在莽京，丁卯，王命静司射学宫……八月初吉庚寅，王以吴𢎯、吕犅……射于大沱。静学无致。

静卣云：

---

① 刘雨：《金文"初吉"辨析》，《文物》1982年第11期。
② ［日］白川静：《金文通释》卷二，日本神户：白鹤美术馆，1962年，第123页。

隹四月初吉丙寅，王才（在）莽京，王易静弓。

公元前 844 年（厉王卅五年）入殷历乙卯蔀第 40 年。是年历法先天 1276 分，蔀余加前大余 51+13=64，逢 60 去之。前小余加年差分 818+1276=2094 分。逢 940 分进一日。进 2 日，余 214 分。

公元前 844 年实际天象得：子月六（4+2）214 分，子月庚午 214 分，丑月己亥 713 分，寅月己巳 272 分，卯月戊戌 771 分，辰月戊辰 330 分，巳月丁酉 829 分，午月丁卯 388 分，未月丙申 887 分（下略）。是年丑正，六月丁卯朔。十五个月后，即厉王三十六年（前 843 年），得八月庚寅朔。六月丁卯朔到八月庚寅朔，其间十五个月，八大七小，计 443 日。干支纪日逢 60 去之，余 23。丁卯去庚寅正 23 日。考之实际天象，静卣当为厉王三十年（前 849 年）器。此不赘。

董作宾说："静敦旧说据《史记·周本纪》，宣王名静，定为厉王时器，是也。其铭文涵前后二年之事。"① 惟董氏认为"其事在厉王之三十三及三十四年"，有误。

又，郊敦，郭氏、吴氏、董氏皆断为幽王器。考求幽王二年（前 780 年）实际天象，丑正正月丁亥朔。与郊敦所记合。

惟宄彝（《金文通释》作免觯）缺王年，说多纷繁。免诸器历日合懿王，免器之"井叔"实懿王之重臣。宄彝合懿王二十三

---

① 董作宾：《"四分一月说"辨正》，《董作宾先生全集甲编》，第 1—22 页。

年，六月朔丁亥。

王国维先生更举虢季子白盘等六器，以证月相四分之说。今一一考释，以正王先生之失。

1.**虢季子白盘**：隹王十有二年，正月初吉丁亥。

王氏云："宣王十二年正月乙酉朔，丁亥乃月三日。"

今按：此盘为宣王器。宣王十二年即公元前816年。是年入殷历乙卯蔀第68年。求得天正子月二十二（51+31，逢60去之）。22为丙戌。王国维氏用《三统历》之"孟统"推算，"孟统"比殷历早一日，故王氏得"宣王十二年正月乙酉朔"。王氏不知四分术先天，求宣王十二年实际天象还得加上每年的差分。是年先天1190分，逢940分进一日，先天一日又250分。宣王十二年（前816年）实际天象是：子月丁亥762分，丑月丁巳321分，寅月丙戌820分，卯月丙辰379分（下略），是年冬至日己酉，冬至月（子月）定朔戊子，寅月定朔丁亥。冬至在朔后22日，失闰7日。结论很清楚：丁亥是朔日，非月初三。

2.**师虎簋**：隹元年六月既望甲戌。

王氏云："宣王元年六月丁巳朔。十八日得甲戌。是十八日可谓之既望也。"

今按：此簋王氏定宣王器（实共王器）。历术干支月日以31年为周期，共王历日合宣王。宣王元年（前827年）入殷历乙卯蔀第57年。得天正子月朔庚寅（26）328分，六月丁巳朔。王氏不知四分历先天，故称"宣王元年六月丁巳朔"。是年历法先天1224分。实际天象是：子月辛卯612分，丑月辛酉171分，寅月庚寅670分，卯月庚申229分，辰月己丑728分，巳月己未287

分,午月戊子786分,未月戊午345分(下略)。是年子正,六月己未朔,十六日得甲戌。知既望为十六日,非十八日也。王氏之误甚明。

3.兮伯吉父盘(兮甲盘):隹五年三月既死霸庚寅。

王氏云:"此器有伯吉父之名,有伐玁狁之事。当即《诗·六月》之'文武吉甫'所作,必宣王时器。而宣王五年三月乙丑朔,二十六日得庚寅。"

今按:此盘非宣王器,王氏误。董作宾氏云:"此铭所纪颁赏之日与上器(指谏簋——引者注)同,但省去颁赏仪式,易为叙述兮甲战争而已。若然,则'王在'以下当与谏簋仪式全同。"又说:"以上两器为同年月日,绝非二王。一称朔为初吉,一沿旧习称朔为既死霸。谏簋,吴、郭均列入厉王,因此铭有'司马共',故与师晨、师𠭰二器同属厉王。今按此器月日,绝不容于'厉王组'且足为'夷王组'唯一的证据,亦正因是时共为司马。以'金文组'分列,司马共当在两组,其一为厉王,其一必为夷王。"① 董氏将司马共分属夷、厉二王,可从。误在定夷王在位四十六年。果如此,共任职司马近五十年,又与他器不合。张汝舟先生《西周考年》定夷王元年为公元前893年,夷王在位十五年。兮甲盘与谏簋历日合夷王五年(前889年)而不合董氏所定公元前920年(董定是年为夷王五年)。

公元前889年入殷历丙子蔀第71年。是年历法先天1414分,合一日474分。实际天象是:子月辛酉(57)649分,丑月辛卯

---

① 董作宾:《西周年历谱》,《董作宾先生全集甲编》,第249—328页。

208 分，寅月庚申 707 分，卯月庚寅 266 分，辰月己未（下略）。是年丑正，三月庚寅朔。与兮甲盘、谏簋所记吻合。

查宣王五年（前 823 年）实际天象：子月戊辰 170 分、丑月丁酉 669 分、寅月丁卯 228 分，与王氏所记不合，与铭文历日相去甚远。知王氏误。兮甲盘所记"既死霸"即谏簋所记"初吉"，实为朔日。这是实际天象给我们的结论。

4.吴尊：隹二月初吉丁亥……隹王二祀。

王氏云："宣王二年二月癸未朔，则丁亥乃月五日。"

今按：宣王二年（前 826 年）实际天象：子月乙卯 516 分，丑月乙酉 75 分，寅月甲寅 574 分，卯月甲申 133 分（下略）。二月非癸未朔。王氏误定为宣王器。吴尊所记，不合恭王，不合夷王；董作宾氏列幽王二年，与邿敦历日相悖，仍不合。此器当列穆王。穆王二年二月乙亥朔。用"丁亥为亥日"例，乙亥可记为丁亥。辨见下。

5.师兑簋：隹三年二月初吉丁亥。

王氏云："幽王三年二月庚辰朔，丁亥乃月之八日。是一日至八日均可谓之初吉也。"

今按：幽王三年（前 779 年）实际天象，子月壬子朔，丑月壬午朔，寅月辛亥朔。王氏所推，未得实际天象，结论自误。此器当与师兑簋甲一同考虑。师兑簋甲："隹元年五月初吉甲寅。"此器铭文有"师龢父"其人，实厉王器。考之实际天象，亦合。三年师兑簋同属厉王器。郭氏、吴氏定幽王，董氏定夷王，皆误。

厉王元年（前 878 年）入殷历乙卯蔀第六年。是年历法先天

1380分，合一日440分。实际天象是：子月丁巳（53）799分，丑月丁亥358分，寅月丙辰857分，卯月丙戌416分，辰月乙卯915分，闰月乙酉474分，巳月乙卯33分（定朔甲寅）、午月甲申532分（下略）。实际用历，是年建丑，五月（巳）甲寅朔，正月丁亥朔，合师毁簋"隹王元年正月初吉丁亥"。五月甲寅朔，即师兑簋甲"隹元年五月初吉甲寅"。顺推厉王三年（前876年）实际天象是：子月丙子108分，丑月乙巳607分，寅月乙亥166分，卯月甲辰665分，辰月甲戌224分，巳月癸卯723分，午月癸酉282分，未月壬寅781分（下略）。实际用历，是年建丑，二月乙亥朔，即师兑簋乙："二月初吉丁亥。"

这就是"铜器历日断代条例"中的"丁亥为亥日例"。《仪礼·少牢馈食礼》："来日丁亥。"郑注："丁未必亥也，直举一日以言之耳。《禘于大庙礼》曰'日用丁亥'，不得丁亥，则己亥、辛亥亦用之；无则苟有亥焉可也。"在西周后期的铜器中，亥日记为丁亥，取其吉利，尚有多例。三年师兑敦是将乙亥记为丁亥。亥为朔日初吉，非王氏"月之八日"。

6.颂鼎、颂敦、颂壶皆云：隹三年五月既死霸甲戌。

王氏云："此诸器，自其文字辞命观之，皆厉宣以降之器。而宣王三年六月乙亥朔，三十日得甲戌。是二十六日，三十日，皆得谓之既死霸也。此用为公名者也。"

今按：颂器，王氏、吴氏定宣王，郭氏定恭王，董氏定懿王，唐兰氏定厉王。考以实际天象，宣王三年子月己酉朔，恭王三年子月己酉朔，懿王三年子月丙寅朔。宣王三年六月丁丑朔（子正），建丑丁未朔，非王氏之"六月乙亥朔"，更不可能得出三十日既死霸甲戌。

颂器乃厉世器。厉王三年实际用历：正月丙午，二月乙亥（即师兑敦二月初吉丁亥），闰月乙巳，三月甲戌（定朔甲戌766分），四月甲辰，五月甲戌，六月癸卯（下略）。三月甲戌朔，即师晨鼎"隹三年三月初吉甲戌"。五月甲戌朔，即颂器"隹三年五月既死霸甲戌"。既死霸即初吉，即朔日，别无他解。

王国维先生更以曶鼎历日为据，力主"月相四分"之说。王氏说："曶鼎铭先言六月既望，复云四月既生霸。一器之中，不容用两种记日法，则既生霸之非望，决矣。以既生霸之非望，可知既死霸之决非朔，而旁死霸之非二日，旁生霸之非十六日，又可决矣。"又说："曶鼎纪事凡三节，第一节云'惟王元年六月既望乙亥'下纪王命曶司卜事，曶因作牛鼎之事。次三两节皆书约剂，次节云：'惟王四月既生霸，辰在丁酉。'则记小子䎃讼事。三节则追纪匡人寇曶禾，后偿曶之事。第三节之首，明纪昔馑岁，则首次两节必为一岁中事。今以六月既望乙亥推之，假令既望为十七日，则是月己未朔，五月己丑朔，四月庚申朔，无丁酉，中间当有闰月，则四月当为庚寅朔，八日得丁酉。此既生霸为八日之证也。要之古书残阙，古器之兼载数干支而又冠以生霸死霸诸名者，又仅有曶鼎一器。然据是器，已足破既生霸为望、既死霸为朔之说。既生霸非望，自当在朔望之间；既死霸非朔，自当在望后朔前。此皆不待证明者。"可见，曶鼎铭文既是王先生攻击月相定点说之矛，又是王先生维护"月相四分说"之盾，实有必要对曶鼎历日进行一番考求。笔者已有《曶鼎王年考》① 一文，今撮其要者，以证王先生之误。

"辰在丁酉"之"辰"，即朔日。有令彝、商尊、师𫘤鼎诸器为证。曶鼎"佳王四月既生霸，辰在丁酉"，必须理解为：四月朔日丁酉，既生霸十五，为辛亥。记月相不书干支，金文多例。如补充"辰在××"，月相的干支就明白无误。

曶鼎首节，"佳王元年六月既望乙亥"，即十六日乙亥，必庚申朔。排比历日可知，本年六月庚申朔，去年四月必有丁酉朔，即上年四月辰在丁酉，必下年六月既望乙亥。丁酉朔到庚申朔，其间经历十五个月（含一闰月），八大七小，计443日。丁酉日干支序数为33，庚申日干支序数为56，相去23日。443日正是60个日干支的七个轮回，尚余23日。

这样理解，首节"佳王元年六月既望乙亥"是记实，次节与第三节一样，两个讼案都是追忆。次节所记即前王末年事；第三节用一"昔"字，似当更早。这个元年的新王，就是讼案中的"东宫"太子。

曶鼎历日就这么明明白白，辰为朔日，既生霸为十五，既望为十六。曶鼎只能证明月相定点，与王先生"月相四分说"无涉。

---

① 张闻玉：《曶鼎王年考》，《贵州社会科学》1988年第2期。

四、必不可少的结论

通过以上的考释，我们可以说，智者千虑，必有一失，王先生"月相四分说"确是疏漏了。虽然王先生也说"第一日亦得专其名"，但公名与专名之间又有一个什么界线呢？最终得出的结论还是个人的臆度。董作宾先生说："近治西周年代，详加覆按，觉王说无一是处，而其影响所及，则考定古史年代及金文历朔已有应用之者。"董氏对"四分一月说"的评价不无道理。然董氏月相定点论又不彻底。定旁死霸即哉生霸，即朏，初二或初三，有两天的活动；定既望为十六、十七、十八，可以有三天的活动。月相彼此牵制，既经定点，定在一天，绝无活动余地。月相有两天、三天的活动，与王氏所定七天、八天的活动，又有什么本质区别呢？加之董氏受"三正论"影响，将西周历日建正固死在子月上，致金文历日的断代多有失误。断代之误，又导致对月相旁生霸、既望的误解。故董氏虽对王氏之说一一辨正，而终未从根本上加以动摇。

我们说，月相非定点不可，不定点，月相的记录就毫无价值。所以俞樾《生霸死霸考》说："使书之载籍而无定名，必使人推求历法而知之，不亦迂远之甚乎？且如成王之崩，何等大事，而其书于史也，止曰'惟四月哉生霸，王不怿'。使'哉生霸'无一定之日，则并其下甲子、乙丑莫知为何日矣。古人之文必不若是疏。"① 俞樾主张月相定点。他说："惟以古义言之，则霸者月之光也。朔为死霸之极，望为生霸之极。以三统术言之，即霸者月之无光处也。朔为死霸之始，望为生霸之始，其于古文翩其反矣。"他对刘歆"死霸，朔也；生霸，望也"的解说断然予以否定。俞氏依古文释"霸"为"月之光"，亦未得"霸"之本义。前已述及，霸即明暗相依的月貌，与各执一端的"月之光"或"月之无光"相乖违。俞氏释月相说："一日既死霸，二日旁死霸，三日载（哉）生霸亦谓之朏，十五日既生霸，十六日旁生霸，十七日既旁生霸。"这是应当充分肯定的。俞氏之说，为月相定点奠定了基础。俞氏还说："夫月明生为生霸，则明尽为死霸。是故晦日者死霸也。晦日为死霸，故朔日为既死霸，二日为旁死霸。"俞氏以死霸为晦日，"月明生为生霸"，不可从。死霸为晦，近晦之朔岂不就是旁死霸了？"月明生为生霸"，与"载生明"又有何别？

不管怎么说，俞氏依照古义，系统地阐述了月相定点之说，瑕不掩瑜，功不可没。惜乎王国维先生一代硕学，未加深究，悟出"月相四分"，反"后出转疏"了。

张汝舟先生绍续俞说，弃其粗失，臻之完备，释义至当。他明确指出，古人凭月相定朔望，月相必须定点；两望之间必朔，两朔之间必望；古人最重视的就是朔与望这两个月相，其他月相名称都是由此派生而出，或为异名，或与之相关；生霸、死霸非

---

① （清）俞樾：《曲园杂纂》卷十，《春在堂全书》（第三册），南京：凤凰出版社，2010年，第88页。

月相，分别指月球受光面与背光面。与朔有关的：朔之前一日为晦；朔日又称初吉、吉，取日月交会为吉，朔又称既死霸（死霸之极。既，尽也）；朔后一日为旁死霸（旁，傍也。傍，近也。即靠近既死霸之省）；朔再后一日月始生，名哉生霸（哉，始也），始生霸又叫朏，指初三。与望有关的：十五月圆称望，取义于日月相望，望又称既生霸，取生霸尽现之义；十六既望，又名旁生霸（旁既生霸之省）；十七称既旁生霸，又名哉死霸（与哉生霸相对）。朔与望相对，有关月相也取其相对。惟望之前一日无月相而已。主要就这两个月相，其他上弦、下弦都是后起的。

　　古人凭月相定时日，其重要性可想而知。到了使用四分术殷历的时代，一个月相不仅指具体时日，合朔还得指出时刻分数，那就是《史记·历术甲子篇》所载"前小余"的含义。

两周昭穆制与王序"共、孝、懿、夷"[①]

《论语·为政》载,孔子说:"殷因于夏礼,所损益,可知也;周因于殷礼,所损益,可知也。"他的话体现出夏商周礼制的一脉相承,实则中华文化的源远流长、有本有源。涉及礼制的主体之一的昭穆制,似更能说明问题。

郑玄注《礼记·王制》云:"殷则六庙,契及汤与二昭二穆。夏则五庙,无大祖,禹与二昭二穆而已。"《王制》虽然说:"天子七庙,三昭三穆,与大祖之庙而七。"郑玄理解为仅是"周制",所谓"七","大祖及文王、武王之祧,与亲庙四。大祖,后稷"。不难看出,"亲庙四"还是二昭二穆,周制加了大祖后稷与文王、武王。殷制,契与汤,供奉在中间主位,二而一,还是五庙;周制,后稷与文王、武王,后稷供奉在中间主位,文王、武王分别左右,三而一,依然是五庙。明确"亲庙四",就不必理解为"三昭三穆"。这样,夏商周三代皆立五庙:二昭、二穆与其始祖。

[①] 本文原载于《西周纪年研究》,后又收入《夏商周三代纪年》中。今据《夏商周三代纪年》录入。

夏虽无考，殷人的昭穆制确实是完备的。殷墟考古发掘显示，安阳西北岗殷王陵墓共有十一座大墓，分东西两区，东四座，西七座。东区为昭，西区为穆。这个世次排列，就是张光直提出的"乙丁制"。由商王庙号在世系中的排列归纳为商王室的两大支系，两支轮流隔世执政。

丁组（东区、昭组）：四王——武丁、廪丁、康丁、文丁（廪丁、康丁为兄弟）；

乙组（西区、穆组）：七王——盘庚、小辛、小乙、祖庚、祖甲、武乙、帝乙（盘庚、小辛、小乙为兄弟，祖庚、祖甲为兄弟）。

殷人重祭祀，野外祭祀似更重要，否则十一座大墓的排列就失去意义。

周人重农耕，《周礼·冢人》也讲"先王之葬居中，以昭穆为左右"①，其实更看重室内祭祀。《周礼·小宗伯》云："掌建国之神位，右社稷，左宗庙……辨庙祧之昭穆。"② 《礼记·中庸》载："宗庙之礼，所以序昭穆也。"两周时代，凡国家大事得于宗庙举行祭祀活动加以确认，这就是《礼记》所载"有事于大庙，则群昭群穆咸在而不失其伦"。议定国事、祭禘先祖，宗族成员都得进入庙堂。宗庙里的先祖分昭穆，参与议事的"群昭群穆"宗亲自然也得分别昭穆。"昭穆者，所以别父子远近、长幼亲疏之序而无乱也。"（《礼记·祭统》）可见，周人已有一套缜密的昭穆制度。它上继殷人墓葬分昭穆，又建立宗庙，祖宗神位

---

① （清）孙诒让撰：《周礼正义》卷41《冢人》，王文锦、陈玉霞点校，北京：中华书局，1987年，第1694页。

② （清）孙诒让撰：《周礼正义》卷36《小宗伯》，第1421页。

分昭穆，族人参与祭祀亦分群昭群穆。

两周昭穆制屡屡见于文献。

《尚书·酒诰》云："乃穆考文王，肇国在西土。"① 文王居穆位，故称"穆考文王"。

《诗经·大雅·文王》载："穆穆文王，于缉熙敬止。"即"穆考文王"。

《诗经·周颂·载见》云："率见昭考，以孝以享。"《毛传》："昭考，武王也。"武王居昭位。

《诗经·大雅·假乐》载："穆穆皇皇，宜君宜王。"——歌颂成王的诗，成王居穆位。

《国语·晋语四》载宁庄子言："康叔，文之昭也；唐叔，武之穆也。"康叔，卫国始封君，周文王之子。文王居穆，康叔则"文王之昭"。唐叔，晋国始封君，周成王之弟，也是武王的儿子，故"武之穆也"。

《左传·僖公五年》载："大伯、虞仲，大王之昭也……虢仲、虢叔，王季之穆也。"

其昭穆关系，排列次序很明白：

（昭）大伯、虞仲、王季……武王、康叔

大王

（穆）文王、虢仲、虢叔……成王、唐叔

---

① （清）孙星衍撰：《尚书今古文注疏》卷16《酒诰》，陈抗、盛冬铃点校，北京：中华书局，1986年，第375页。

大王作为始祖，二昭二穆。这就是五世昭穆制。如果将远祖后稷供奉，则后稷与大王并列居中，并不影响二昭二穆。如果再加上显赫的公刘，则后稷、公刘、大王"三位一体"居神位之中，还是明明白白的二昭二穆，不必理解为"天子七庙"。

《左传·定公八年》载："冬十月，顺祀先公而祈焉。辛卯，禘于僖公。"杨伯峻注："禘为合祭群先公之礼，宜于太庙行之。"① 这是五世玄孙鲁定公对五世祖的禘祀。定公乃鲁昭公之弟，上溯五世：襄公、成公、宣公、文公、僖公。僖公，五世祖也。太庙神位的排列应当是：

（昭）文公、成公

僖公

（穆）宣公、襄公

还是体现二昭二穆的五世昭穆制。鲁定公的禘祀没有鲁国始祖周公或者伯禽，鲁僖公神位居中，取代了始祖的位置。《左传》强调"五世其昌"，《孟子》有"君子之泽，五世而斩；小人之泽，五世而斩"的说法，看来也是依据五世昭穆制立说。为什么昭穆制定例五世，而不是四世、六世？这应该与常人的寿命长短有关。人的自然寿命可高达百年，从他往下看，至多可见到他的五世玄孙；从最小一辈往上看，可见到他的五世高曾祖。再往上数的古老前人，毫无印象，对他们进行禘祀已没有任何意义。从

---

① 杨伯峻编著：《春秋左传注》，北京：中华书局，1990年，第1568页。

五世昭穆制来说，中华民族的先辈还是现实主义的。

如果用五世昭穆制来考证几件铜器，更可明确诸多问题。

铜器一：小盂鼎。

小盂鼎载："用牲，禘周王□王成王□□□□。"铭文"成王"之后，泐缺四字，已不可辨识。按五世昭穆制推求，不难明了，当是：用牲，禘周（文）王、武王、成王、康王、昭王。

（昭）武王、康王

文王

　　（穆）成王、昭王

可以断定，小盂鼎不是康王器。铭文有记事历日："隹八月既望……辰在甲申。"八月朔日甲申，十六既望己亥，这是于太庙禘祀的日子，选择吉日既望。主祭人明明白白是周穆王。前文已经考证，小盂鼎的纪年应当是"卅又五祀"，不是"廿又五祀"。其绝对年代是公元前1007年。查对公元前1007年的实际天象：冬至日戊辰，冬至月朔丙辰。建子，七月甲寅朔，司历定八月甲申朔。这个"卅又五祀"，当然是周昭王三十五年。八月之前，"昭王南征而不复"，溺于汉水，周穆王继位于太庙禘祀，理所当然。

铜器二：鲜簋。

鲜簋流于海外，见《中日欧美澳纽所见所拓所摹金文汇编》，日本《东方学报》第58册有载。浅原达郎标名是鲜盘。李学勤先生于海外见到实物，定名鲜簋。历日清楚："隹王卅又四祀，隹五月既望戊午。"

既望十六戊午，必癸卯朔。查对周厉王三十四年（前845年）实际天象：冬至日丁丑，冬至月朔乙亥，建丑，正月乙巳、二月甲戌、三月甲辰、四月癸酉、五月癸卯、六月壬申。这就是鲜簋记录的绝对年、月、日。

更应该说的是，铭文有"王在荐京，禘于昭王，鲜蔑历裸"，关键词语是"禘于昭王"。依据五世昭穆制推断，比照"禘于僖公"，太庙禘祀的神主排位也一目了然：

（昭）穆王、懿王

昭王

（穆）共王、夷王

禘祀的主持正是周厉王。禘祀的吉日在厉王三十四年的五月既望戊午。这又可以明确，昭王、穆王的"昭""穆"谥号，与昭穆制的昭穆并无瓜葛。昭穆制度最早是区分有婚姻关系的两个氏族之间成员的界限，后来用于严格区分相邻辈分的界限，尤其是父子两代人的界限。

昭穆制度涉及兄弟相继为君的昭穆问题。从文献记载考查，春秋时期开始就有了争论。鲁文公"禘于僖公"就引起了一场礼与非礼的讨论。鲁闵公与僖公本为兄弟，鲁闵公在位2年，死，"齐桓公立僖公"。《史记》以为僖公为闵公弟，《左传》言僖公乃鲁庄公妾成风所生，《汉书》以为僖公为闵公庶兄。闵公即位，也就一个七八岁的孩子，似《汉书》确。僖公在位33年，鲁人歌其德政，尊僖公为"圣贤"，其子继位为文公。在这样的背景下，《左传·文公二年》载："秋八月丁卯，大事于大庙，跻僖公，逆祀也。"跻僖公，就是把享祀的僖公神主排位升到闵公之上。兄弟相继为君，僖公在闵公后，依礼制，闵公神位当在上，今升僖公神位于闵公上，就叫"逆祀"。孔颖达《春秋左传正义》依据《春秋经传集解》杜预的注文如是说："礼，父子异昭穆，兄弟昭穆同，僖、闵不得为父子，同为穆耳。当闵在僖上，今升僖先闵，故云逆祀。二君位次之逆，非昭穆乱也。"尽管前代于此众说纷纭，孔氏的说解"兄弟昭穆同"，应该是可以接受的。

不妨再读一读杜预的注文，《春秋经传集解》文公二年"跻僖公"云："跻，升也。僖公，闵公庶兄。继闵而立，庙坐宜次闵下。今升在闵上，故书而讥之。"又注《传》文云："僖是闵兄，不为父子。尝为臣，位应在下。今居闵上，故曰逆祀。"

应该说，我们对太庙里享祀的神主排位大体有个了解了。始祖居中，在最上位。分左右东西，左昭右穆，昭穆体现父子关系。兄弟昭穆同，只是依据即位先后分个上下。神主排位的设立应该是有几个台阶的。可升到上，也可降到下，自然得有台阶。闵公、僖公昭穆同，神位应当是：

  闵公　　　闵公
  —— 或者 ——
  僖公　　　僖公

逆祀，就应该是：

僖公　　僖公
—— 或者 ——
闵公　　闵公

到了鲁定公八年,《春秋经》云:"从祀先公。"杜预注:"从,顺也。先公,闵公、僖公也。将正二公之位次,所顺非一。亲尽,故通言先公。"从祀,就是顺祀。当降退僖公神位在闵公之下。兄弟昭穆虽同,而位次有上有下。人为的因素,也可上可下。鲁文公时期,尊僖公,凸显父子亲亲,人为地把僖公神位升在闵公神位之上。就太庙神位看,原本的君位顺次的桓公、庄公、闵公、僖公,就造成错觉,成了"桓公、庄公、僖公、闵公"了。

前文已经讲到共王、孝王、懿王的王序问题,从铜器历日考求,应当是共、孝、懿,而文献记载的王序是共王、懿王、孝王。如果从昭穆制度考察,也很能说明一些问题。孝王是共王的兄弟,共王的儿子是懿王,懿王的儿子是夷王。周夷王主政时期,太庙神位的排列应该是:

(昭) 昭王、共王、孝王
康王
(穆) 穆王、懿王

孝王神位在共王之下,低一个台阶。周夷王如同后世的鲁文公一样凸显父子亲亲，也为了凸显共王、懿王的父子亲亲，将懿王的神主排位人为地放在与孝王同一个台阶，甚至提升到上一个台阶。这就给后世进入太庙的王公贵族以错觉，王序就成了共王、懿王、孝王。

2003年1月陕西眉县杨家村出土的周宣王时期的铜器逨鼎的文字记录，就已经是"用辟共王、懿王……孝王、夷王"了。到宣王时期，去孝王、懿王已经百余年，谁先谁后，人们的记忆已经模糊，只能从太庙里的神主排位，左右地看，很容易误解成：昭王—穆王—共王—懿王—孝王。如果单从眉县出土的逨鼎铭文看，那仅仅是泛指前朝，述说其先祖如何侍奉共王、懿王，拥戴孝王、夷王，泛泛而言，并非实录。只能说明，西周后期，共、孝、懿、夷的王序已经混乱不清，就更不能责怪《史记》的文字了。《史记》的《三代世表》还明明写着："孝王辟方，懿王弟。"多少透露了"兄终弟及"的信息，你也只能认为是笔误了。

说到"共、孝、懿"的王序，我们还可以找到一些材料来佐证。

《史记·周本纪》载："穆王即位，春秋已五十矣……穆王立五十五年崩。"（《史记·周本纪》）《竹书纪年》记录："五十五年，王陟于祗宫。"

《尚书·吕刑》载："王享国百年，耄荒，度作刑，以诘四方。"[①] 看来穆正在位时间长久，寿高百岁，还是可信的。以此推论，就算穆王30岁才得儿子，共王即位也有70余岁了，共王的

---

① （清）孙星衍撰：《尚书今古文注疏》卷27《吕刑》，第517—518页。

弟弟孝王也不会年轻。共王在位23年，他也是90以上年纪。共王后期，应该是他的弟弟协助他主持朝政。共王过世，其弟自然接班，"兄终弟及"顺理成章。《今本竹书纪年》载，懿王"二十五年王陟"，孝王不可能在懿王之后即位，他不可能活到那个时候了。

又，师𫖮鼎载，师𫖮在穆王时"用乃孔德㻌（逊）屯（纯），乃用心，引正乃辟安德"。按旧说，师𫖮其人当历事穆王、共王、懿王、孝王四代。所以李学勤先生提出疑问，"师𫖮曾立于穆王之朝，且曾告王善道，对穆王有所匡正，足见穆王死时此人的年岁不能很轻，他不可能活到穆王的另一个儿子的第八年"①。事实上，孝王在共王后即位，师𫖮经历穆王、共王，活到孝王第八年，就没有什么疑虑了。

总之，西周中期的诸多铜器铭文所载历日已经将这段理不清的王序、王年揭示得清清楚楚，只是很多人还没有从这个迷宫中走出来罢了。

2008年11月18日

---

① 李学勤：《西周中期青铜器的重要标尺——周原庄白、强家两处青铜器窖藏的综合研究》，《中国历史博物馆馆刊》1979年第1期。

试论金文对号与西周纪年诸问题
——评何幼琦先生《金文对号法述评》①

读了何幼琦先生的《金文对号法述评》②，感到有许多话要说，今择其要者书于后，求教于何先生及海内外学人。

一、金文对号法不容否定

何先生的文章对金文对号法采取了一个全盘否定的态度。如果我们冷静地用客观事实来加以考察，必然得出与何先生相反的结论：金文对号法不容否定。

自汉代以来，出土器物时有发现。如许慎言："郡国亦往往于山川得鼎彝，其铭即前代之古文。"③ 时至近代，随着出土器物的增多，出土器物——尤其是西周铜器的年代问题已引起学人的

---

① 本文原载于《贵州大学学报》1989 年第 4 期。
② 何幼琦：《金文对号法述评》，《江汉论坛》1988 年第 10 期。
③ （汉）许慎撰：《说文解字》，（宋）徐铉校定，北京：中华书局，2013 年。

高度重视。如郭沫若氏所说:"时代性没有分划清白,铜器本身的进展无从探索,更进一步的作为史料的利用尤其是不可能。就这样,器物越多便愈感觉着浑沌,而除作古玩之外,无益于历史科学的研讨,也愈感觉着可惜。"① 如果没有铜器断代的研究,铜器的价值也就可想而知。正因为这样,史学家都将铜器断代视为铜器研究的基础。

何幼琦先生说:"1929年,吴其昌先生发表了《金文历朔疏证》,倡导出金文对号法。他采用《皇极经世》的西周诸王在位年数,又按《三统历》编制成《西周历谱》,作为推算的工具;然后在传世的西周彝铭中,选出155器,其中纪时完整的——铭有年、月、周、日的33器,按照铭辞的纪时,同历谱一一对照,如果符合某一王世的历日,就断为某王时器。这一方法,人们称之为金文对号法……结果是事与愿违,他的尝试以失败告终。"

应当指出,金文对号法并非吴其昌之首创,王国维先生《生霸死霸考》② 早已率先使用。如王氏对静敦等器的考释,先列铭辞纪时历日,"案"后则是他据《三统历》之"孟统"推算出的天象,只不过没有编制成《西周历谱》而已。到了吴其昌手里,才对他的师长王国维先生这一方法大加发挥。

如果我们对吴其昌,还有王国维先生的"失败"进行客观的反思,可以发现,并非金文对号法有什么问题,而是王国维、吴其昌师生按《三统历》推演的西周历日与实际天象不符,总有三

---

① 郭沫若著作编辑出版委员会编:《郭沫若全集·历史编》(第一卷),北京:人民出版社,1982年,第602页。

② 王国维:《观堂集林》,北京:中华书局,1959年,第19—26页。

天两天的误差，进而导致王国维氏"悟"出"月相四分"，贻误后世更大。

如虢季子白盘云："隹十有二年，正月初吉丁亥。"王氏说："宣王十二年正月乙酉朔，丁亥乃月三日。"查宣王十二年即公元前816年天象：冬至日己酉，冬至月朔戊子，丑月丁巳，寅月丁亥，卯月丙辰……若历取建寅，正月丁亥朔，与器铭纪时合。足证初吉即朔。

又师兑敦，王氏说："幽王三年二月庚辰朔，丁亥乃月之八日。"查幽王三年即公元前779年天象：冬至月朔壬子，丑月壬午，寅月壬子，卯月辛巳。何有"二月庚辰朔"？且师兑敦非幽王器。初吉丁亥算到"月之八日"实不可信从。

如果考核实际天象，王国维的"月相四分"将从根本上动摇，吴其昌的《西周历谱》也不能取信于世。怪不得董作宾先生说王氏"四分一月说无一是处"。迷信《皇极经世》的纪年造成吴氏的"失败"当然不是主要的。

在大量的西周铜器中，铭文记有王年、月、月相、日干支的器物已不少见，这是利用历术进行铜器断代研究的极珍贵材料。这些铜器上的历日反映着当时的实际天象，历日本身又告诉了我们铜器制作的绝对年代（编按：铜器制作有后世为前代先人作器之例，其对史事记载属于追溯，故铜器历日不一定是铜器制作的"绝对年代"，此说当修正）。如果我们应用历术考出铜器历日所反映的实际天象，则铜器断代当是万无一失、准确无误的了。这一方法也正是何幼琦先生的追求。

何先生在文章中肯定"吴氏的功绩在于，他在铜器研究中，首先提出了一个科学的课题,即所有彝铭的纪时,都可以借助于历术的推算求得解决"。何先生在这里是本应肯定金文对号法的,可惜他不愿意迈出这决定性的半步,从科学的大门口退缩下来,导致他一连串的失误。因为彝铭的纪时是记录着实际天象的(实际用历与天象大体吻合),而历术推算的终极目的也在于推求实际天象。按照铭辞的纪时与反映实际天象的历谱一一对照,又有什么扞格之处呢?如果纪时与历谱对照下来不相符合,究其原因,不是铭辞纪时的记载有误,就是历术或历谱没有反映实际天象,而不是什么方法问题。很明显,王国维氏、吴其昌氏的失误在于所用《三统历》大成问题;而不少学者,如日本新城新藏氏,还有何幼琦先生本人,历术的推算不误,但对于铭辞纪时的理解不确,误信了"月相四分",同样不能得出正确的结论,导致在铜器断代及探求西周王年的研究方面,最终是"劳而无功"。

如果我们排除王国维氏"月相四分"的干扰,坚持月相定点,且定在一日,按四分历一日940分之古法,误差只允许在半日左右(即499分之内),将彝铭的纪时与实际天象一一对照,就不难发现,金文对号法才可以得出反映当时历制的正确结论,符合彝铭铸造者的初衷。

现今先以共和后有年代可考的实际天象考校大家公认的西周后期铜器历日,以求与何先生达成共识,然后再延伸于其他铜器或文献历日的探索。

例1. 无㠱簋:隹十又三年正月初吉壬寅。(《大系》120)

共和十三年（前 829 年）天象：冬至月朔癸酉，丑月壬寅，寅月壬申，卯月辛卯……

今按：此器有列康王、昭王、懿王、孝王、厉王者。不信月相四分，初吉即朔。历日只合共和十三年天象，建丑，正月壬寅朔。

例 2.不其簋：隹九月初吉戊申。（《大系》89）

宣王八年（前 820 年）天象：冬至月朔庚辰，丑月庚戌，寅月己卯，卯月己酉，辰月戊寅，巳月戊申，午月丁丑，未月丁未，申月丁丑。

今按：此器无年。李学勤氏考定为宣王器①。只合宣王八年天象，建亥，七月戊申，八月丁丑（定朔戊寅 1^h22^m），司历定八月戊寅，九月戊申，误差仅 8^h1^m。

例 3.虢季氏子组盘：隹十又一年正月初吉乙亥。（《金文通释》200）

宣王十一年（前 817 年）天象：冬至月朔癸巳，丑月癸亥，寅月壬辰……

今按：虢季氏子组盘即吴其昌当用而未用者，何先生称之为

---

① 李学勤：《秦国文物的新认识》，《文物》1989 年第 9 期。

"弃材","正是对号法破产的证物"。考校铭辞历日可知,日干支用得最多的丁亥、乙亥、庚寅未必就是实实在在的丁亥、乙亥、庚寅日,多取其吉祥之义。西周中期以后,凡亥日可书为丁亥,亦可书为乙亥。西周后期有寅日书为庚寅者。吴其昌不明其理,不敢贸然对号,只能视为谨慎。宣王十一年建亥,正月癸亥朔,铭辞书为"乙亥",取吉祥义。下接虢季子白盘历日:正月初吉丁亥。

例4.虢季子白盘:隹十又二年,正月初吉丁亥。(《大系》103)

宣王十二年天象:冬至月朔戊子,丑月丁巳,寅月丁亥 8^h41^m,卯月丙辰。

今按:宣王十二年当闰。闰在十一年,十二月戊子,闰月戊午,正月丁亥。这个"丁亥"是实实在在的丁亥日。王国维氏列宣王器,是。

例5.克钟:隹十又六年九月初吉庚寅。(《大系》112)

宣王十六年天象:冬至月朔甲子(定朔癸亥 23^h10^m),丑月癸巳,寅月癸亥……未月辛卯,申月庚申,酉月庚寅,戌月己未,亥月己丑。

今按:宣王十六年若建丑,九月庚寅朔,与克钟历日吻合无误。贯通十八年克盨历日,宣王十六年必建亥,九月辛卯 6^h24^m,司历定为庚寅朔,误差 6^h24^m。

例6.克盨：隹十又八年十又二月初吉庚寅。(《大系》123)

宣王十八年天象：冬至月朔癸丑，丑月壬午……申月戊寅，酉月戊申，戌月丁丑，亥月丁未。

今按：常识告诉我们，有十六年九月初吉庚寅，不得有十八年十二月初吉庚寅。克钟与克盨历日似不相容于一王。吴其昌氏以为"初吉当是既望之误"，说无据。张汝舟先生以为"金文六作介，泐蚀上半，遂成八，宣王二十六年合"，说亦未安。考校历日知，丁亥、乙亥、庚寅均为周人铸器吉日。西周后期，凡戊寅、丙寅可书为庚寅，取其吉祥义。用"庚寅即寅日例"，克诸器历日自可贯通。若拘泥于"庚寅"二字，克盨与克钟历日不容，对号法亦技穷矣，必生若干牵强之念，慎之者又多一"弃材"。宣王十八年建亥，有闰，十一月戊申，十二月戊寅 3^h39^m（铭文书为吉日庚寅），两器皆合。

例7. 趞鼎：隹十又九年四月既望辛卯。(《文物》1979.7)

宣王十九年天象：冬至月朔丁丑 5^h27^m，丑月丙午，寅月丙子，卯月乙巳……

今按：既望十六辛卯，必丙子朔。宣王十九年建亥，上接克盨历日，十二月戊寅，正月丁未，二月丁丑，三月丙午，四月丙子，五月乙巳，合。从克钟历日连贯下来，知宣王十六年以来必建亥。多置一闰，又转入建子。

例8.伊簋：隹王廿又七年正月既望丁亥。(《大系》125)

宣王二十七年天象：冬至月朔庚申，丑月庚寅，寅月己未，卯月己丑……

今按：既望十六丁亥，必壬申朔。此器有夷王、厉王两说，历日皆不合。今用"丁亥为亥日例"，定宣王器。宣王二十七年建子，正月庚申，十六既望乙亥，铭文书为"丁亥"，取丁亥大吉之义。

例9.襄盘：隹廿又八年五月既望庚寅。(《大系》126)

宣王二十八年天象：冬至月朔乙卯 3^h56^m，丑月甲申，寅月癸丑，卯月癸未，辰月壬子，巳月壬午，午月壬子（定朔辛亥 13^h27^m）……

今按：各家列襄盘为厉王器，厉王二十八年历日绝不相容。宣王二十八年建寅，五月（午）辛亥朔 13^h27^m，既望十六丙寅。铭辞书为"庚寅"，取吉祥义。又，宣王二十七年建子，二十八年建寅，由建子转建寅，必再闰。联系《左传·襄公二十八年》"再失闰"之记，宣王二十七年再闰当是不足为怪了。

例10.师旋簋：隹王五年九月既生霸壬午。(《考古学报》1962.1)

幽王五年天象：冬至月朔庚午 17^h42^m，丑月庚子，寅月庚午，卯月己亥，辰月己巳，巳月戊戌，午月戊辰，未月丁酉，申月丁卯，酉月丙申，戌月丙寅，亥月乙未。

今按：师旋簋为西周后期器。月相定点，既生霸为十五（俞樾说）。十五壬午，必戊辰朔。幽王五年建子，七月戊辰，八月戊戌（经朔丁酉），九月定朔丁卯 9^h46^m。司历定九月戊辰，十五壬午。误差过半日，可用。

用实际天象考校铜器历日，我们还可以拿出 10 个、20 个、30 个以上的例证（包括"对号法破产的证物"等几个所谓"弃材"在内）与何先生共同探讨。清儒有言"例不十，法不立"，我们相信，最终的结论只能是：金文对号法必须肯定。应该全盘否定的恰恰是何幼琦先生所信奉的王国维氏"月相四分"法。

二、 正何幼琦先生西周纪年之误

何先生在否定金文对号法的同时，凡涉及西周纪年诸问题，便极力宣张自己在这方面的错误结论。我们就不得不于此加以必要的检讨。

甲、厉王的在位年数

如何先生言："厉王的年数具有关键的意义，厉王一错，势将影响全局，导致诸王的绝对年代和铜器的年代，都不会符合历史的实际。"所以我们先检讨厉王年数。《史记》记为三十七年，何先生想当然地认为"司马迁对于三十七年说尚有疑义"，于是根据自己的"科学推算",厉王的37年当分为两段,前24年是周王,奔彘以后,当了13年的汾王。认为厉王元年为公元前865年,而不是公元前878年。

何先生当然知道,出土铜器中有鄦攸从鼎(《大系》126),其铭辞有"佳卅又一年三月初吉壬辰",用金文对号法,与公元前848年即厉王三十一年三月壬辰朔的天象完全吻合。又,伯寬父盨(《文物》1979.11),铭辞纪时为:"佳卅又三年八月既死辛卯。""既死"二字显系铭辞自误。简报称,观其形制、铭文,当属厉王时器。查对厉王三十三年(前846年)天象,子正十月丁丑朔,既生霸十五辛卯。是年必建寅,有八月丁丑朔,既生霸十五辛卯。"既死"为"既生霸"之误明矣。且此盨与三十一年鼎历日前后连贯,毫不错乱。又,鲜簋(《中日欧美澳纽所见所拓所摹金文汇编》)铭辞有"三十四年五月既望戊午"。既望十六戊午,必癸卯朔。查对公元前845年厉王三十四年天象,建丑,五月癸卯朔,完全吻合。

我们说厉王元年为公元前878年,还有师兑簋两器为证。

师兑簋甲:佳王元年五月初吉甲寅。(《大系》154)
师兑簋乙:佳三年二月初吉丁亥。(《大系》155)

对于两器时代的考释,日本学者白川静的观点很有代表性。他说:"师兑两器既不入于夷、厉之谱,而又在宣幽之前,两器之日辰不相衔接。且铭文中,有一王醽之辞,不得属之二王。"从历术常识知,有元年五月初吉甲寅,必有三年二月初吉乙亥,

上篇 理论与方法 101

不得有丁亥。这便是"不相衔接"之表象。今以"丁亥为亥日例"释之，两器同属一王则无疑义。查对历谱，合厉王元年、三年。厉王元年（前878年）天象：五月甲寅 18^h36^m。厉王三年（前876年）天象：二月乙亥 12^h54^m。两年皆建丑。

只要敢于面对出土铜器的事实，厉王在位37年，厉王元年即公元前878年的结论当是不可动摇的。何来什么前为周王后为汾王之说？①

乙、关于克商之年

考求武王克商的年月日，历来都将《周书·武成》所记历日列为主要依据。其记载是：

> 惟一月壬辰旁死霸，若翌日癸巳，武王乃朝步自周，于征伐纣。
>
> 粤若来三［二］月既死霸，粤五日甲子，咸刘商王纣。
>
> 惟四月既旁生霸，粤六日庚戌，武王燎于周庙。

因为见于《汉书·律历志下·世经》，史家有认为系刘歆伪作而加以否定者。如果参证其他资料，《武成》所记实前朝旧典，藏诸中秘，刘歆录之而已，非伪可明。

《尚书·牧誓》：时甲子昧爽，王朝至于商郊牧野。

---

① 2003年陕西宝鸡眉县杨家村出土的四十二迷鼎、四十三迷鼎与其他宣王世铜器分别构成了宣王纪年的两个系统，由此可见何先生之汾王说在一定程度上成立，详见本书《宣王纪年有两个体系》一文。

《逸周书·世俘》：越若来二月既死魄，越五日甲子朝至接于商，则咸刘商王纣，执矢恶臣百人。

《史记·周本纪》：二月甲子昧爽，武王朝至于商郊牧野。

1976年3月于临潼出土的利簋，更是铁证。铭辞曰：

珷征商，隹甲子朝。岁鼎克闻（昏），夙又商。辛未，王才𣎳，易又史利金。

武王克商在甲子日，验之纸上文献，考之地下器物，千古无异词。《周书·武成》所记历日应该是可信的。

根据《武成》所给的历日，克商之年的朔日当是：

一月辛卯朔。初二旁死霸壬辰，初三癸巳。
二月庚申朔（既死霸），初五日甲子。
四月己丑朔，十七既旁生霸乙巳，二十二庚戌。

是年前几月朔日当是：

正月辛卯朔，二月庚申朔，
×月庚寅朔，×月己未朔，
四月己丑朔。

二月至四月间必有一闰。刘歆据四分术朔闰规律定为闰二月，不无道理。比照公元前1106年天象：

冬至月朔辛酉 8^h25^m，
丑月辛卯 3^h55^m，寅月庚申 22^h31^m，
卯月庚寅 14^h46^m，辰月庚申 4^h10^m，
闰月己丑 14^h58^m，巳月戊午 23^h54^m。（下略）

结论很清楚：是年行丑正，正月辛卯朔，二月庚申朔，闰月庚寅朔，三月己未朔（误差 4^h10^m），四月己丑朔。与《武成》所记历日完全吻合。

武王克商在公元前1106年，而不是何先生考证的公元前1039年。下面继续论证。

丙、关于周公摄政七年

何先生说："《史记》记载，克商之二年，武王去世，周公摄政当国七年。"这当然是于史有据的文字。而何先生仅据《尚书·召诰》"三月惟丙午朏"一句考出公元前1031年是周公七年，于是"上推八年，克商之年当是公元前1039年"，就未免太简单化了。

我们定克商之年在公元前1106年，武王在位2年，周公摄政七年即成王七年当是公元前1098年。考校公元前1098年天象与《尚书》所记三个历日，更见结论之可信。

公元前1098年天象：冬至月朔乙巳，丑月甲戌 22^h41^m，寅月甲辰，卯月癸酉，辰月癸卯，巳月壬申，午月壬寅，闰月辛

未，未月辛丑，申月庚午，酉月庚子，戌月己巳，亥月己亥。

《尚书·召诰》："惟二月既望，越六日乙未，王朝步自周，则至于丰。"从而得知：二月乙亥朔，己丑望，庚寅既望十六，越六日乙未二十一。

《召诰》："越若来三月，惟丙午朏，越三日戊申。太保朝至于洛，卜宅。"得知：三月甲辰朔，初三丙午朏，初五戊申。

《尚书·洛诰》："戊辰，王在新邑烝祭岁……在十有二月。惟周公诞保文武受命，惟七年。"从中得知：周公摄政七年十二月己亥朔，月大，三十日戊辰。

与公元前 1098 年实际天象对号：建子，正月乙巳，司历定二月乙亥（失朔 1^h19^m），三月甲辰……十二月己亥大。完全吻合于文献历日。又知，三月甲辰朔到十二月己亥朔，中必有置闰。西周初期非岁末置闰可明。

为什么何幼琦先生用历术推算会得到一个错误结论呢？除了迷信王国维"月相四分"之外，又误信了日本新城新藏"朏为月首"之说。何先生说："这一年（前1039年）是正月大壬戌朔，甲子朏，是商、周共同的新年。"何先生不审"朏为月首"之非，反而大加发挥，以"三月惟丙午朏"考出周公摄政七年，以此引申出一个无根的克商之年。

何先生难道不知周初令方彝铭文？其铭曰："隹八月，辰在甲申……隹十月，月吉癸未。"据《周礼·地官·族师》郑玄注："月吉，每月朔日也。"排比历日知，十月癸未朔，必八月甲申朔，其间一个大月，一个小月。足证周初月首为朔无疑。事实上，周人最重视月相的观测，铜器记录的月相几乎都是以朔望月

上篇 理论与方法 105

为基础的。且日食、月食是常见的天象，夏商以来就有日食、月食的文字记录。董作宾先生说："知道有日食，就会知道朔；知道有月食，就会知道望。"并列举了《尚书》《逸周书》中的朔望文字。董氏的结论是："朔望名称，至少是周人已经使用过的。"① 出土器物令方彝证实周初制历以朔望月为基础，更是确不可易。

丁、关于成、康、昭、穆的在位年数

成王七年即周公摄政七年，成王在位不得从亲政算。有番匊生壶和文献《尚书·顾命》可证。

番匊生壶：隹廿又六年十月初吉己卯。（《大系》134）

此器郭沫若氏列厉王，董作宾氏列孝王，吴其昌氏列康王，校以实际天象，皆不合。唯合成王廿六年（公元前1079）天象，建丑，十月己卯 16^h34^m。此为何先生所列六个"弃材"之一。

又，《尚书·顾命》云："惟四月哉生魄，王不怿。甲子，王乃洮颒，相被冕服，凭玉几……越翼日乙丑，王崩……丁卯，命作册度。越七日癸酉，伯相命士须材。"校比成王三十七年天象，承上年建子，四月己酉 7^h20^m。初三哉生魄辛亥，王不怿。甲子十六日，王乃洮颒水。十七日乙丑，成王崩。十九日丁卯，命作册度。越七日，二十五日癸酉，伯相命士须材。《汉书·律历志下·世经》作"四月庚戌朔，十五日甲子哉［既］生霸"，亦合。

---

① 董作宾：《董作宾先生全集甲编》，第26页。

成王在位 37 年。康王元年即公元前 1067 年。古文《毕命》载："丰刑曰：惟十又二年六月庚午朏。"① 这是指康王十二年六月庚午朏，古今无异词。庚午朏，初三，必六月戊辰朔。合公元前 1056 年天象，冬至月朔辛丑，建子，六月戊辰朔，初三庚午。公元前 1056 年不正是康王十二年么！成王三十七年说亦可坐实。

康王在位 26 年，各家大体认同。昭王元年即公元前 1041 年。昭王时代铜器甚多，而年、月、日、月相四全者，有小盂鼎。郭氏《两周金文辞大系图录考释》列此鼎为康世，几成定论。细审拓本，末行实为"隹王卅又五祀"，郭氏释为"廿又五祀"，少了十年。三十五年小盂鼎，只合昭王三十五年天象。铭辞云："隹八月既望，辰在甲申……隹王卅又五祀。"

从令方彝知，"辰在甲申"即甲申朔，可视为周人表达朔日干支的一种固定格式，前面"既望"无干支，补充"辰在甲申"，既望十六之干支不言自明。昭王三十五年即公元前 1007 年天象：冬至月朔丙辰，建子，六月甲申，七月甲寅，八月癸未 11^h33^m。司历取七月连大，甲申朔，误差 11^h33^m，在半日之内，仍应看作相合。由此看出人为的连大月设置。从《春秋》经传历日考察得知，连大月设置规律于春秋中期以后始得以掌握。此昭王时代，三十五年六月甲申朔，合朔在中午。八月不当甲申而司历定为甲申，必是七月月相不明，设连大月补及之，故误差近半日。

昭王在位 35 年，穆王元年即公元前 1006 年。《晋书·束皙

---

① 《尚书正义》，载（清）阮元校刻《十三经注疏》，北京：中华书局，2009 年，第 520 页。

传》引《竹书纪年》云:"自周受命至穆王百年,非穆王寿百岁也。"何幼琦先生理解此句为"即文王(不计西伯时期)元年至穆王卒年,包含文、武、周公、成、康、昭、穆七世的总年数,共计100年"。这实在令人不敢苟同。我们说,"周受命"当指克商而言。"至穆王"何以一定就包含了穆王在位之年而成了"至穆王卒年"?何先生平添"卒年"二字未免武断了一点。何先生自己承认:"穆王五十五年和厉王三十七年,还算于文献有征。"果如此,穆王五十五年,还有周公摄政七年,其余文、武、成、康、昭五世就不足四十年了,且小盂鼎记了一个35年,而《史记·周本纪》又明明写着"成康之际,天下安宁,刑错四十余年不用"。成康二世至少在40年以上,已不够何先生分配了。怪不得何先生不惜违背训诂常识,把"成康之际"理解为"成康合计",以弥缝其说。

我们定武王克商在公元前1106年,至穆王元年(前1006年),正百年之数,《竹书纪年》所记不误。

又,《史记·秦本纪》张守节《正义》云:"年表穆王元年去楚文王元年三百一十八年。"楚文王元年即周庄王八年,鲁庄公五年,合公元前689年。"三百一十八"不算外,为三百一十七,加689,这就是穆王元年,公元前1006年。张守节所记必有所本,可信。

何先生否认"于文献有征"的穆王在位55年之说,却又是不可否认的,有铜器善夫山鼎为证。其铭曰:"隹卅又七年正月初吉庚戌。"(《文物》1956.7)有人列此鼎为宣王器,与宣王三十七年天象不合。唯合穆王三十七年即公元前970年天象:冬至月朔辛巳，丑月庚戌 19^h52^m。建丑，正月庚戌朔。

穆王下接共王。穆王在位 55 年，有共王元年师虎簋、二年趞尊、三年师遽簋、十五年趞曹鼎可以证成。

共王元年即公元前 951 年天象：冬至月朔辛酉……辰月己未，巳月戊子。上年当闰未闰，故建亥，正月辛卯，二月辛酉……六月己未。合师虎簋历日："隹元年六月既望甲戌。"（《大系》73）既望十六甲戌，必六月己未朔。郭沫若定为共世器，可信。当年置闰，转下年建子。

共王二年（前 950 年）天象：冬至月朔乙卯，丑月乙酉，寅月甲寅 20^h47^m，卯月甲申。校比趞尊历日："隹三月初吉乙卯……隹王二祀。"（《大系》101）建子，三月甲寅，分数大，司历定为乙卯朔，与定朔误差 3^h13^m，吻合。

共王三年（前 949 年）天象：冬至月朔己酉，丑月己卯。是年建丑，上年不当闰而闰，建子转建丑。实际用历：正月己卯，二月戊申，三月戊寅，四月丁未，五月丁丑。对号师遽簋铭辞纪时："隹王三祀，四月既生霸辛酉。"（《大系》83）既生霸十五辛酉，必四月丁未朔，与天象合。

共王十五年（公元前 937 年）天象：冬至月朔己巳，丑月己亥……辰月戊辰 13^h39^m。是年建子，正月己巳，五月戊辰。对号诸家认同的共王十五年器趞曹鼎："隹十又五年五月既生霸壬午。"（《大系》69）既生霸十五壬午，必五月戊辰朔。郭沫若氏定为共王标准器，可从。

由共王诸器可知，穆王在位 55 年（前 1006 年—前 950 年），地下器物铭辞纪时历历分明，利用对号法与实际天象相合不误，又于文献有征。何先生当是不该怀疑了吧。

西周中期各王在位年数,参看拙稿《共孝懿夷王序、王年考》①。

三、 需要客观与实事求是的态度

我们还想指出的是,何先生的"述评"在不少地方不客观,也不实事求是。如他对前辈学人吴其昌先生治学的评述:"不幸的是,他的经学立场和唯心史观,使他盲目从古人,不知是非,让错误的纪年注定了研究的命运,更不能接受现代的学术思想,找不到科学的探索途径,导致了志大才疏、劳而无功的结局。"又说,"步吴氏之后,用同一方法研究这一课题者,又有几位……他们都未曾总结吴氏的经验,取得应有的教益,从而改弦更张,另辟蹊径……反而不自觉地沿着他开创的道路,一再重蹈覆辙。"又说,"吴其昌先生等都未曾研治历学,最多不过是学点推步,有的还只会排比而不知推步。""他们诸位,如果哪一位懂得历学的话,无须旁征博引,《尚书》中一句'三月惟丙午朏'就解决了。"

在"述评"对号法的特点时,何先生说他们"外行话连篇,臆造一些非历学的用语,如历法组、排比、排列、串接、合

---

① 张闻玉:《西周共孝懿夷王序、王年考》,《人文杂志》1989年第5期及本书后文。

历……历点等",甚至说他们"任何一位学者,都未能用其所断同一王世的几件铭辞,探讨出一件佚史,这就表明其劳动成果,都没有实现什么社会效益"。——何先生不可能读完有关铜器断代的全部文字,就不必将前辈学者的筚路蓝缕之功一笔抹杀。没有王国维、吴其昌、董作宾、郭沫若、陈梦家、唐兰、张汝舟诸先生对铜器历日的探索,就不可能有我们(包括何幼琦先生)今天的若干研究文章。在评述他们的劳动成果和社会效益时,为什么不客观一些呢?

更有甚者,何先生似乎并不认真读别人的书,就哇啦哇啦大发议论。比如张汝舟先生《二毋室古代天文历法论丛》(简称《论丛》)虽在何先生引文之列,而何先生的述评却说:

> 1957年,张汝舟先生在考证屈原生年时,曾经误认摄提格岁是寅年而否认太岁纪年,妄言战国初期已有了干支纪年,曲解《周正》和《夏正》的正月都叫"陬",武断楚历是正月建丑,给屈原推划出了一个楚国正月(建寅)无庚寅日的年份。这是由于不懂历学史而招致的四个错误。

我们查对张汝舟先生《论丛》,就何先生所指斥的四个错误一一寻检,却得到与何先生完全不同的结论。

其一,张氏《论丛》第206页引《淮南子·天文训》:"太阴在寅,岁名曰摄提格,其雄为岁星,舍斗、牵牛。"引《史记·天官书》:"以摄提格岁,岁阴左行在寅,岁星右转居丑。"引《汉书·天文志》:"太岁在寅曰摄提格,岁星正月晨出东方。"

太阴就是岁阴，就是太岁。太阴纪岁就是太岁纪岁。摄提格就是寅年，古籍历历分明，怎么能说张汝舟先生"误认摄提格岁是寅年而否认太岁纪年"？

其二，关于干支纪年。张氏于《历术甲子篇浅释》已解说得明白，又于《论丛》第21页说道："战国时代以摄提格、单阏、执徐、大荒落、敦牂、协洽、涒滩、作鄂、淹茂、大渊献、困敦、赤奋若等代替十二支，从《离骚》《吕览》一直至西汉末，一丝不乱，详见王引之《大岁考》……《尔雅·释天》除十二支的别名外，还有十干的别名：焉逢、端蒙、游兆、强梧、徒维、祝犁、商横、昭阳、横艾、尚章。《史记·历书》所保存的《历术甲子篇》正是用这些别名记年。"张氏《再谈屈原之生卒》引证郭沫若的文字"是魏文侯时已用岁阴纪年"，岁阴即太岁，太岁纪年就是干支纪年。① 战国时代的干支纪年已是事实。《史记·历书》所记冬至点在牵牛初度，正是天文学界公认的战国初期（约公元前450年）的实际天象。这就否定了干支纪年始于东汉的说法，恢复了历学的本来面目。这怎么是"妄言"呢？何先生以功为罪，未免过分了些。

其三，张氏《论丛》说得明白："战国时代各国都是用四分法的殷历——即假殷历、真夏历的《历术甲子篇》……只是托古改制的思想，从而冒名为殷历，实际是夏历。根据见《汉书·律历志》。"② 何先生持"三正"说曲解张氏的殷历为建丑，硬加一

---

① 张汝舟：《二毋室古代天文历法论丛》，第205—226页。
② 张汝舟：《二毋室古代天文历法论丛》，第22—23页。

个"武断楚历是正月建丑"的结论。只要不是别有用意,再粗心的读者都会看出,楚历建寅才是张氏的观点。

其四,关于屈原的生年,张先生考定为:楚宣王二十七年戊寅正月二十一日庚寅。楚宣王二十七年即公元前343年。公元前343年入殷历戊子蔀第九年,当闰。殷历公元前343年各月朔日干支是:子月壬寅22分,丑月辛未521分,闰月辛丑80分,寅月庚午579分。正月庚午朔,二十一日庚寅。张氏所考屈原生年月日与"摄提贞于孟陬兮,唯庚寅吾以降"的寅年寅月寅日合。何先生不顾事实,偏说张氏"给屈原推划出了一个楚国正月无庚寅日的年份",不知根据何在?

何先生强加于人的所谓"由于不懂历学史而招致的四个错误",原来竟是一些不负责任的话,经不起事实的检验。

我们认为,当某一学术问题尚无科学结论之前,还是"百家争鸣"、各抒己见为好。切忌何幼琦先生的这种态度,自己并不掌握真理,却偏要以真理者自居,容不得任何人(不是某一个人)的不同意见。这于学术,于何先生本人都有弊无利。四十年来的学术论争,这方面的教训已是够深刻了,何必一定要"重蹈覆辙"?

注:本文所引实际天象,定朔据张培瑜先生《中国先秦史历表》(齐鲁书社,1987年),经朔用张汝舟先生《西周经朔谱》。

关于《武成》的几个问题
　　——兼评《释〈武成〉与金文月相》①

　　《历史研究》1998年第2期刊发台湾史语所黄彰健先生《释〈武成〉与金文月相》，读后颇多感触。这是一篇意在全面检讨金文月相的长篇大著。自汉代刘歆迄今人的有关解说，基本上都注意到了。其中黄先生也有不少中肯的意见，如认为：既死霸为朔为初一，是一月的开始——这是肯定西周的朔望月历制，否定"朏为月首"说。初吉即朔——这就否定了"初旬吉日""初干吉日"之说。"辰在××"，此辰亦相当于朔日——这是否定"辰为日辰"说。否定王国维"四分一月说"，认同武王伐纣年为公元前1106年，等等。

　　文章有得有失，自在情理之中，因为月相问题的全面清理实属不易。有的失误则属于考证方法的问题。如"哉生霸。《逸周

---

　　① 本文原载于《历史研究》1999年第2期。后又以《涉及〈武成〉的几个问题》为题收入《西周纪年研究》中。今据后者录入，具体表达，略参《历史研究》刊布之文。

书·世俘》作'旁生魄'。《仪礼·士丧礼》'牢中旁寸',郑注:'今文旁为方。'旁、方古通。《广雅》'方,始也。'故'哉生霸'与'旁生霸'同义。"——这是由旁而方,由方而始,辗转释义,将月相"哉生霸"与"旁生霸"合二而一了。又说:"《武成》'惟一月壬辰旁死霸',旁死霸系旁生霸之误。"这就将"哉生霸""旁生霸""旁死霸"三个月相名词误而为一了。由此引申下去,其误在所难免。

本来,学术研究就需要各抒己见,用不着自以为是地去针对别人的失误进行指责。本人历来就信奉各尽所言,不愿卷入是非的争辩。为探求真理,以求共识,就黄先生文章所及,我还是想提出几个值得讨论的问题。希望黄先生及文史界同行有所批评。

一、关于《汉书·律历志下·世经》的校读

1996年我应岳麓书社梅季先生约,点校《汉书补注》的《律历》《天文》二志,得有机会对《汉书·律历志下·世经》做了一番认真地清理,发现其中不少问题,今就有关者概叙于后。

班固《汉书·律历志》多取用刘歆的文字。因为刘歆"作《三统历》及《谱》以说春秋",班固以为"推法密要,故述焉"。这里的"述",并非一字不漏地准确引用,而是经过了他的改作。正如黄先生云"《汉书·律历志》系据刘歆所著《世经》删润"。

我们从班固采用司马迁《史记》的材料可以看出,他不是原

文照录,只是意引,其中自有他自己的理解在内。正因为如此,后人多批评班固,而并不指斥刘歆。

尽管如此,《汉书·律历志·世经》的记载还是为我们研究月相提供了宝贵的文字资料。

《世经》引"《周书·武成》篇:'惟一月壬辰旁死霸,若翌日癸巳,武王乃朝步自周,于征伐纣。'序曰:'一月戊午,师渡于孟津。'至庚申,二月朔日也。四日癸亥,至牧野,夜陈。甲子昧爽而合矣。"

今按:一月壬辰旁死霸,二月庚申朔。推知一月辛卯朔,初二壬辰旁死霸。初三癸巳,二十八日戊午。旁死霸取旁(傍)近既死霸之义。既死霸为朔为初一,是不待说的了。

《世经》接着说:"《武成》篇曰:'粤若来三月既死霸,粤五日甲子,咸刘商王纣。'是岁也,闰数余十八,正大寒中,在周二月己丑晦。明日闰月庚申朔。三月二日庚申惊蛰。四月己丑朔死霸。死霸,朔也。生霸,望也。是月甲辰望,乙巳旁之。故《武成》篇曰:'惟四月既旁生霸,粤六日庚戌,武王燎于周庙。翌日辛亥,祀于天位。粤五日乙卯,乃以庶国祀馘于周庙。'"

这一段文字很重要,不仅解说月相,也将武王克商月朔指示得明明白白。上文言:二月庚申朔,四日癸亥。从既死霸庚申(朔)算起,才有"粤五日甲子"。知"三月"为"二月"之误,这是从历朔干支可以判明的,前人早已指出。二月既死霸庚申,即二月庚申朔,既死霸即朔。有二月庚申朔,才有闰二月庚寅朔,才有三月己未朔,三月初二庚申惊蛰,也才有四月己丑朔。——这是刘歆对《武成》历朔的正确解说。

不难看出，这一段文字也有相当的夺误。其误不在刘歆，而在不知历的班固的转述。

刘歆引《武成》"二［三］月既死霸，粤五日甲子"，前有解说"至庚申，二月朔日也"。知二月既死霸就是二月庚申朔，既死霸即朔。所以"四月己丑朔死霸"当是"四月己丑朔既死霸"，脱一"既"字。同样，"死霸，朔也。生霸，望也"，当是"既死霸，朔也。既生霸，望也"。——这才是刘歆的本义。班固未深究，转述时均脱"既"字而不以为然。

四月己丑朔，十五癸卯（望），十六甲辰（既望），十七乙巳，粤六日有庚戌。知既旁生霸当指十七。

综上所述，既生霸为望为十五，旁生霸为既望为十六，既旁生霸为十七。

《世经》又言："是岁（指周公摄政七年）二月乙亥朔，庚寅望，后六日得乙未。"

今按：二月乙亥朔，己丑望，庚寅既望十六，后六日得乙未。《世经》"庚寅望"，明显又脱"既"字。接着引"《召诰》曰惟二月既望，粤六日乙未"。

《召诰》"二月既望（庚寅）"正足以纠正"庚寅望"之误。

《世经》载：成王元年正月己巳朔，此命伯禽俾侯于鲁之岁也。后三十年四月庚戌朔，十五日甲子哉生霸。故《顾命》曰："惟四月哉生霸，王有疾不豫，甲子，王乃洮颒水"，作《顾命》。翌日乙丑，成王崩。

今按：成王（亲政）三十年四月庚戌朔。则四月十五日甲子望，十六乙丑既望。哉生霸指月初三，月始生霸。前有"［既生霸，望也"，知此处当是"十五日甲子既生霸"。"甲子哉生霸"乃蒙后《顾命》"哉生霸王有疾"而致误。很明白，四月初三哉生霸壬子日，成王有疾，不豫；十五日甲子既生霸乃洮颒水，作《顾命》。十六日乙丑，成王崩。也就是四月初三得病，十五甲子写遗书，十六乙丑死。

如果不能正确校读《世经》，以班固之误去发挥，就会越走越远。不难看出，刘歆对月相的解说都是定点于一日的。这就是：

初一：朔　既死霸

初二：旁死霸

初三：朏　哉生霸

十五：望　既生霸

十六：既望　旁生霸

十七：既旁生霸

月相的记录，主要是记录朔与望及其相近的日子。月相的记录也证实，西周初年已是朔望月历制，而并不存在什么"朏为月首"。汉以后两千年来，古人对月相的认识，大体都遵从了刘歆的解说。出土器物进一步证实刘歆的解说不误。

班固在《世经》中转述刘歆之说，主要失误在于将"既死霸，朔也。既生霸，望也"转写成了"死霸，朔也。生霸，望也"。令后世学人迷惘。因为找不出任何死霸为朔、生霸为望的文献依据。以上所举数处，在班固笔下，都夺了"既"字，可见绝非偶然。《新唐书·历志》称"班氏不知历"。客观地说，班固对月相名词的理解反映了东汉人认识上的局限。刘熙《释名·释天》："望，月大十六日，小十五日。"望或十五或十六，有两天的活动，已不是定点了。班固在《世经》中将"甲辰既望"书为"甲辰望"，将"庚寅既望"书为"庚寅望"，并非笔误，正是这种或十五或十六观念的反映。总之，班固的改写已与刘歆的定点解说相违。

二、关于月相的正确解说

我们没有理由否定刘歆的定点说，因为只有刘歆的定点说才能将文献及出土的西周器物历日解释得圆满。

我们的祖先发明干支纪日，六十个干支历日周而复始，配合月相，成了天象的真实记录。只有如此，今人才得以由此从容地探求殷周时代的文明。只要我们承认历朔干支是实际天象的反映，那就算找到了检验任何历日的标尺。文献及出土器物历日，经过实际天象的检验，才能回到它在历史长河中原有的位置，铜器的价值才能由此体现。

紫金山天文台的张培瑜先生提供的《冬至合朔时日表》①，为我们检验文献及铜器历日提供了准确依据。《冬至合朔时日表》反映的是科学数据，是准确的实际天象。月相名词的正确解说，

---

① 张培瑜：《中国先秦史历表》，第1—118页。

自然也得经过实际天象的验证。

从刘歆到俞樾《生霸死霸考》①，月相定点，定于一日，大体是正确的（只俞氏"晦日死霸"有误）。自王国维"四分一月说"起，徒增混乱。尔后百人百口，众说纷纭，月相成了一个越理越乱的麻团。王国维氏用四分术《孟统》推算西周历朔以勘合铜器历日，由于所得并非实际天象，便"悟"出一月四分。我们用张培瑜氏《时日表》所反映的实际天象一一验证，王氏的误见便一目了然。

文献与铜器所载，没有单用生霸或死霸来记日的。可见生霸、死霸非月相。清儒有言："例不十，法不立。"一个例证都找不出，叫人如何相信它是月相？吾师张汝舟先生说："死霸，指月球背光面；生霸，指月球受光面。"是可信的。霸（魄）并非"白"的假借字。董作宾先生引《孝经说》"魄，白也"，仅是释义，并不证明二字假借。黄先生说"用来指月光"是可以接受的。合理的解说仍然是生霸指月面有光（受光面），死霸指月面无光（背光面）。

月相非定点不可。西周观象授时，全凭月相定朔望。月相的观察与记录因而特别重要。西周乃朔望月历制，两望之间必朔，两朔之间必望。朔望月长度并不难掌握。司历专职，且系世家，勤劬观察，不会将十五说成十六，也不会将初一说成初二。月牙初现为朏为初三，月圆为望为十五，皆可用以调整月大月小。所

---

① （清）俞樾：《曲园杂纂》卷十，《春在堂全书》（第三册），第84—89页。

以，虽系观象授时，月相定点于一日还是不含糊的，不会有两天三天的游移。

今人有采用东汉人之说"承大月二日，承小月三日"来证明西周月相的游移者，那是以今律古的不可取的手法。《后汉书·律历志》："历稍后天，朔先于历，朔或在晦，月或朔现。"这是汉代使用四分术推步而历法后天的实录。故《说文·月部》释"霸"曰"承大月二日，承小月三日"，朏有两天的活动。《释名·释天》："（望）月大十六日，小十五日。"或十六或十五，有两天的活动。这是历法后天造成的必然结果。承大月承小月是汉历的事实，以之律古，则无依据。西周肉眼观察，随时调整，更接近于实际天象。如果一个月相名词可以游移两天或三天，那就与游移七天八天没有本质区别了。

月相必须定点，月相不定点就失去了记录时日的作用。定点必定于一日，不得有两天的活动（如承大月承小月之说），也不会有三天的活动（如董作宾氏释既望，指十六、十七、十八），更不得有七天八天的活动（如王国维氏"四分一月说"）。

《尚书·召诰》云："二月既望，越六日乙未。"既望不固定，何有过六日的乙未？既望定点于十六，才能推知二月乙亥朔，二十一日乙未。《武成》有"二月既死霸，粤五日甲子"，既死霸不固定，何有过五日的甲子？正因为既死霸为朔，才推知初五为甲子，二月庚申朔。

有时候，月相后的干支相错一位，那未必是两天的游移，得看当日余分的大小。如干支乙丑日，余分大，司历可记为丙寅；余分小，司历可定为甲子日。月朔周期是 29 日半还稍多。

上篇　理论与方法　　121

干支计日用整数，这个"半日稍多"就是或甲子或丙寅的正常反映。张培瑜《时日表》（定朔定气）列有合朔的时（h）与分（m），张汝舟先生《经朔谱》①（平朔平气）列有朔日余分，更显得准确可靠，便于使用。董作宾氏《年历谱》② 只列干支，不列余分，就有粗疏之嫌。

比如成王亲政元年（前1097年）天象，子正戊辰 22^h10^m（《时日表》载），张汝舟先生《经朔谱》记为"己巳18分"。表面上干支不合，考虑余分，基本上是一致的。戊辰余分大，合朔在夜十点以后，与己巳相去不到两小时。查对《汉书·律历志下·世经》"成王（亲政）元年正月己巳朔"。己巳朔为实际用历，与天象吻合。四分术朔策29日499分，只要失朔在499分（约13小时）之内，仍应视为相合。

下面就文献与铜器历日各举几个例子，以证明月相必定点于一日。

古文《毕命》："惟十又二年六月庚午朏。"朏为初三，不得为初二，必戊辰朔。古今公认《毕命》记康王十二年事。查康王十二年（前1056年）天象：子正六月戊辰朔，初三庚午。（见《时日表》）

《尚书·召诰》："惟二月既望，越六日乙未。王朝步自周，则至于丰。"今按：二月乙亥朔，十五望己丑，十六既望庚寅，越六日乙未二十一。

---

① 张汝舟：《二毋室古代天文历法论丛》，第228—550页。
② 董作宾：《董作宾先生全集甲编》，第249—328页。

《尚书·召诰》:"越若来三日,惟丙午朏,越三日戊申。太保朝至于洛,卜宅。"今按:三月甲辰朔,初三丙午朏,初五日戊申。

《尚书·洛诰》:"戊辰,王在新邑烝祭岁……在十有二月。惟周公诞保文武受命,惟七年。"今按:十二月大,己亥朔,三十日戊辰。

以上《尚书》三段公认是记周公摄政七年之事。考之实际天象,与公元前1098年吻合。

张培瑜氏《时日表》1098年:

冬至月朔乙巳 03^h33^m,二月甲戌 22^h41^m,三月甲辰 15^h41^m……十三月己亥 03^h01^m。

张汝舟先生《经朔谱》:

子月乙巳朔 113 分,丑月甲戌 612 分,寅月甲辰 171 分……亥月己亥 461 分。

董作宾氏《年历谱》:

正乙巳,二甲戌,三甲辰……十二己亥。

是年有闰是诸家一致的。董氏定"二月甲戌朔,己丑望,十六日庚寅既望,后六日二十一乙未"。当是二月乙亥朔,才有己丑望，十六日庚寅既望。实际天象，三家历谱均是"二月甲戌"，但余分大，合朔在夜晚近十一时。实际用历当是乙亥朔甚明。董氏曲就"甲戌朔"，反乱了数序。

董氏又云："所记月日，与本年密合。"董氏的周公摄政七年与张汝舟先生1964年《西周考年》① 中周公摄政七年均定在公元前1098年，两相一致。董氏的考定无疑也是正确的。他本可以得到真实的克商年代，但他信了《汉书·律历志下·世经》"武王克殷……后七岁而崩"，将克商之年定在了公元前1111年。张汝舟先生依据《史记·封禅书》的"武王克殷二年，天下未宁而崩"，定克商在公元前1106年。如果董氏也采用《史记》，结论自然就与张汝舟先生的相同。

这仅是取舍不同的一个例子。而常见的错误却是轻率否定文献，或为了曲就己说而改动文献。这在西周年代研究中几乎比比皆是。总之，正确利用文献，仍是研究中一个值得注意的问题。

又，铜器趞曹鼎"隹十又五年五月既生霸壬午"（《大系》69），这是共王时期的标准器。查对共王十五年（前937年）天象，子正五月戊辰 13^h39^m，十五日壬午。知既生霸为望为十五。

又，大簋盖"隹十又二年二月既生霸丁亥"（《大系》74）。查公元前917年孝王十二年天象：子正二月癸酉 09^h06^m，有十五日丁亥，推知既生霸为望为十五。

又，兮甲盘"隹五年三月既死霸庚寅"。（《大系》143）查夷王五年（前889年）天象：丑正三月庚寅 03^h08^m，既死霸为朔

---

① 张汝舟：《二毋室古代天文历法论丛》，第158—188页。

为初一。

又，太师虘簋"正月既望甲午……隹十又二年"。(《考古学报》1956.4）既望十六甲午，必己卯朔。查夷王十二年（前882年）天象：丑正庚辰 02^h07^m。合朔在晨两点过，余分小，实际用历正月己卯朔，既望十六甲午。

又，鲜簋"卅又四祀，隹五月既望戊午"。(《中日欧美澳纽所见所拓所摹金文汇编》）历日不合穆王，只合厉王三十四年。查厉王三十四年（前845年）天象：丑正五月癸卯 02^h35^m，有十六既望戊午。

又，遹鼎"隹十又九年四月既望辛卯"（《文物》1979.7）。这是宣王时器。查宣王十九年即公元前809年天象：亥正四月丙子 01^h34^m，有十六既望辛卯。

总之，凡年、月、日、月相、日干支俱全的器物，皆可以据实际天象比照历日落实其具体年代。详见拙著《西周王年足徵》。

月相定点，定于一日。既死霸为朔，旁死霸初二，朏为初三；既生霸为望为十五，既望为十六，旁生霸十六，都可以得到证实。

三、关于公元前1106年天象

武王伐纣的年月日是古今学者都感兴趣的题目。尽管有的学者就伐纣的天象条件进行种种描绘，如"岁在鹑火""东面而迎太岁""岁星当顶""彗星出现""五星联珠"等等，最终还得回到文献中找依据。所以古文《武成》所记历日，始终是古今学人考证克商年代的主要文献依据。

《武成》记：

> 惟一月壬辰旁死霸，若翌日癸巳，武王乃朝步自周，于征伐纣。
> 粤若来三〔二〕月既死霸，粤五日甲子，咸刘商王纣。
> 惟四月既旁生霸，粤六日庚戌，武王燎于周庙。

《尚书·泰誓上》："惟十有一年，武王伐殷，一月戊午，师渡孟津。"

《逸周书·世俘》："惟一月丙午旁生魄，若翼日丁未，王乃步自于周，征伐商王纣。越若来二月既死魄，越五日甲子朝至接于商，则咸刘商王纣，执矢恶臣百人。"

今按：《武成》"壬辰旁死霸"，即初二壬辰，推知正月辛卯朔。《世俘》"丙午旁生魄"，即十六丙午，亦正月辛卯朔。《武成》纪日立足于朔，《世俘》立足于望。日序与朔望是一致的，并无矛盾。黄先生将旁死霸与旁生魄（霸）混一则误。

《左传·庄公八年》："凡师，一宿为舍。"杜注："一舍三十里。"考宗周距殷都五百余公里。癸巳起兵，至甲子日，记三十一日，基本符合。

由此推知，一月辛卯朔，初二壬辰（旁死霸），初三癸巳，武王自宗周起兵，中间当有一段停留。停留到十六日丙午（旁生魄），十七日丁未又出发，到一月二十八日戊午，军队渡孟津。

二月庚申朔（既死霸），初五日甲子朝"至于商郊牧野"。

《武成》"惟四月既旁生霸，粤六日庚戌"，《世俘》作"时四月既旁生魄，越六日庚戌"——月相既旁生霸（魄）是明明白白的。怎么轻易就视"旁"字为衍文呢？既生霸为望为十五，旁（傍）生霸为既望为十六，既旁生霸当为十七。越六日庚戌，是四月二十二，推知四月己丑朔。不管是日序，还是朔望，都绝无紊乱，足见无衍无夺。

克商之年前几月朔日当是：

正月辛卯朔　二月庚申朔
×月庚寅朔×月己未朔
四月己丑朔

二月至四月间必有一闰月。刘歆据四分术朔闰定二月闰。

刘歆精于四分历术，创《三统历》，列为古代三大名历之首。因时代的局限，他不知岁差，不知道四分术有"三百年辄差一日"的正常误差。按他的《三统历》推算，公元前1122年的天象正符合《武成》的历日：正月辛卯朔，二月庚申朔，四月己丑朔。揭示如下：

公元前1122年入《孟统》戊寅蔀第66年（大余13，小余257），戊寅代号14。

所以：13+14＝27（辛卯27）。

得《孟统》：公元前1122年

正月辛卯 257 分

二月庚申 756 分

三月庚寅 315 分

四月己未 814 分

五月己丑……

刘歆闰二月，得四月己丑朔。在刘歆看来，丝丝入扣，这也就是班固所赞的"推法密要"。

《三统历》四分术岁实 365.25 日，而不是真值 365.2422 日。所以积累日久，300 年朔差一日。刘歆推算出的克商之年在公元前 1122 年的历朔并不是正月辛卯朔，用张培瑜先生《时日表》检验便可明了：公元前 1122 年实际天象是，冬至月癸亥朔，丑月癸巳朔，寅月癸亥朔，卯月壬辰朔……

附带一说，王国维氏同样用《孟统》推算西周历朔，得到的并非实际天象，误同刘歆。所以，"四分一月说"在《时日表》面前现出原形，不攻自破。

只有公元前 1106 年的实际天象才与《武成》历日吻合。

张培瑜氏《时日表》：冬至月朔辛酉，二月辛卯，三月庚申，四月庚寅，五月庚申，六月己丑……

张汝舟先生《经朔谱》：子月辛酉，丑月辛卯，寅月庚申，卯月庚寅，辰月己未，闰月己丑……

董作宾氏《年历谱》：正庚寅　二庚申　三己丑　四己未　五己丑　六戊午……

董谱闰在公元前 1107 年末"闰辛酉"。董以"周正庚寅朔"，又三月四月连大，故与实际天象误差在一日之内，基本上相合。

黄彰健先生笃信《武成》历日是周正记事，不想像刘歆那样在二月与四月之间置一闰，就擅改文献"惟四月"为"惟三月"以证成己说，这是无法令人苟同的。因为是年当闰，应置闰无疑，这是实际天象，何可更改？二月庚申朔，四月己丑朔，其间必置一闰，历朔干支才相衔接。置闰以合天，岂能回避？

黄先生对照了董作宾、张闻玉（有《西周朔闰表》，载《西周王年论稿》）、张培瑜三家公元前1106年历朔干支，认为"所定均有不同"。这是误见。实际天象明明白白，只要摒弃错误的"三正"观念，便可看出并无不同。这里将三家历朔对照如下：

张培瑜：辛酉 8^h25^m　辛卯 3^h53^m　庚申 22^h31^m　庚寅 14^h46^m　庚申 4^h10^m　己丑 14^h58^m　戊午 23^h52^m……

张闻玉：辛酉 557 分　辛卯 116 分　庚申 615 分　庚寅 174 分　己未 673 分　己丑 232 分　戊午 731……

董作宾：（闰）辛酉　正庚寅　二庚申　三己丑　四己未　五己丑　六戊午……

是年实际天象：冬至己丑，冬至月朔辛酉是无疑的。董氏在冬至月置闰，已暗用了殷正。

如果考虑到余分大小，丑月辛卯，合朔在早上 3^h53^m，董氏的"庚寅"，相差约四小时，虽干支不同，实则相合。辰月庚申 4^h40^m，张闻玉、董谱均为己未，相差四小时多，虽干支不同，也在失朔限度之内，仍应视为相合。

是年有闰是肯定的。董作宾氏迷信"三正",为了整齐划一地用周正纪日,有意闰上年,定"正庚寅"。结果适得其反,使"正庚寅"成了不折不扣的殷正。周正(子正)当是"正辛酉"。因为冬至月朔是一个界限。冬至日己丑在二十九,是月大,故丑月辛卯。董氏定是月小,冬至日定在庚寅初一,所以他认为冬至之月庚寅朔,"正庚寅"仍是周正。这便是董氏闰上年的缘由。这是推算不够精确所致。检验的依据还是《时日表》,因为它是准确的实际天象。

我定是年闰在辰月后,是依靠四分术殷历无中置闰确定的。公元前 1106 年入殷历甲寅元戊午蔀第 6 年。查《史记·历书·历术甲子篇》太初六年"(后)大余二十六,(后)小余八",可推知天正六月无中气,故闰子正五月。由《武成》历日推知,正月辛卯朔(建丑),二月庚申朔,四月己丑朔。实际用历闰二月或闰三月均可。因为缺载三月历日,已无从考求。刘歆闰二月,可从。

又,对待古文献,尤其像《武成》这样关系重大的文献,要慎之又慎,不宜轻易改动。从历术角度推求历朔,我看不出《武成》"惟四月既旁生霸"有什么衍文,也不觉得"四月"是"三月"之讹。这是与黄先生所不同的。

应当指出,董作宾氏《年历谱》用四分术推算而加入改正值,所以与实际天象还能大体相合。只是董氏迷信"三正"之说,信周代用子正记事,便将正月固死在冬至之月,于是造成诸多失误。诸如"周初实行无中气置闰法","既望包含十六、十七、十八三天"之类,皆不可信从。尽管董先生在同代人中成就算是最大的。

黄彰健先生的文章亦乐道于"三正",认为"三正之说应不误",大概是受了董先生的影响。

西周观象授时,建正受到置闰的牵制。冬至之月为子,张氏《时日表》标注"一月",用了子正(天正)。我的《西周朔闰表》,系校改张汝舟先生《西周经朔谱》而成,整篇用天干十二月建,取代原谱的"子正"纪月。凡涉及文献或出土器物历日者,用数序标出,建子、建丑或建寅都可一目了然,以澄清"三正"之误说。西周尚无推步可言,随时观察随时置闰。当闰不闰,丑正转子正;不当闰而闰,丑正转寅正。从铜器历日考知,宣王八年、九年、十年、十一年还属建亥呢!宣王十一年不当闰而闰,才有十二年的建子。这些都在历术常识范围之内。如果迷信"三正",势必使诸多有历日铜器无所归属,月相亦不可能得到确解。

黄先生不相信周人行用丑正,涉及历日皆用"建子"解说。厉王时代的建丑,有铜器师兑簋、师晨鼎、癲盨、曶攸从鼎、伯寛父盨、鲜簋等可证。若用建子勘合,则扞格难通。以《春秋》经朔验之:隐公三年(前720年)寅月己巳朔,经书"二月己巳日有食之",必是建丑无疑。桓公三年(前709年)未月定朔壬辰,经书"七月壬辰朔日有食之",亦是建丑。以经朔考之,春秋初期多是建丑。这些铁的事实,足以破"三正"之误说。

四、 关于静方鼎的历日

近年来,晋侯苏钟与静方鼎铭文先后公布,引起文史界的普遍关注。两器皆有月相名词,说器铭者多认为是"四分一月说"的证据,并由此得出结论:"所谓月相定点说是不真实的。"关于晋侯苏钟,我已陈述了自己的看法。① 其中我说:如果掌握了简单的推算实际天象的方法,或者正确使用《中国先秦史历表》,我们相信史学界同仁可以毫无困难地求得一个共识:月相非定点不可。文章已刊发,恕此不赘。

静方鼎系日本出光美术馆1996年《馆藏名品选》第三集所载。李学勤先生将拓片及他的释文与写的笔记短文复印交断代办公室邮我,终于一睹为快。

有关静方鼎及相关器物,李先生发表了很好的意见。② 比如定诸器为昭世器,定静方鼎为昭王十八年器,都是确当之论。今就涉及有关的月相及诸器的具体年代,谈一些个人意见,算是对李先生文章的一点补充。

武王克商在公元前1106年,《武成》《世俘》所记克商历日与

---

① 张闻玉:《〈晋侯苏钟〉之我见》,《贵州大学学报》1997年第3期;《晋侯苏钟笔谈》,《文物》1997年第3期;张闻玉:《晋侯苏钟与厉王无涉》,《贵州大学学报》1997年第4期。

② 李学勤:《静方鼎与周昭王历日》《静方鼎补释》,载朱凤瀚、张荣明编《西周诸王年代研究》,贵阳:贵州人民出版社,1998年,第351—357页。

是年天象（丑正辛卯朔，二月庚申朔，四月己丑朔）完全吻合。武王在位2年，有《史记》的记载。周公摄政七年即公元前1098年，其实际天象（二月乙亥朔，三月甲辰朔，十二月己亥朔）与《尚书》中《召诰》《洛诰》所记历日完全吻合。成王三十七年四月庚戌朔（《汉书·世经》载），与公元前1068年天象吻合。康王十二年即公元前1056年，实际天象丑正六月戊辰朔，初三庚午，与古文《毕命》"惟十又二年六月庚午朏"吻合。

康王在位26年，史有明文，昭王元年即公元前1041年。昭王十八年即公元前1024年。

公元前1024年实际天象：冬至月朔甲午 18^h40^m，丑月甲子，寅月甲午，卯月癸亥，辰月癸巳，巳月壬戌，午月壬辰，未月辛酉，申月辛卯，酉月庚申，戌月庚寅，亥月己未。

是年建寅，正月甲午，四月壬戌，八月庚申，十月己未。这就是静方鼎所记"十月甲子……八月初吉庚申……[四]月既望丁丑"有关的几个历朔。十月己未朔，初六甲子；八月庚申朔；四月壬戌朔，既望十六丁丑。

月相定点，定于一日。既望十六，古今一贯。故壬戌朔，有十六丁丑，称既望。静方鼎拓片不明，李先生"竭尽目力"，终能释读全铭。依李先生释文作"月既望丁丑"，校比实际天象，知缺"四"字。李先生将"月既望丁丑"与上"八月初吉庚申"连属，作为月相四分的佐证，令人不安。

器铭缺月，铜器多例。如永盂"隹十又二年初吉丁卯"，缺月。详加考释，校比天象，合共王十年二月丁卯朔（前942年天象）。又，蔡簋"隹元年既望丁亥"，缺月。郭沫若氏认为是"九月既望丁亥"，则与师颖簋"隹王元年九月既望丁亥"（《金文通释》152）历日全同，属孝王器。详加考释，乃夷王元年（前893年）器。是年天象，建子，二月甲申朔，有既望十六己亥。书己亥为丁亥，取丁亥大吉之义。

文献中也有纪时缺月的例子。《逸周书·酆保》"维二十三祀，庚子朔"。文王二十三年即公元前1144年，是年丑正，有四月庚子朔。历日不误则与"王在丰"相悖。历朔周期为三十一年，所以历日亦合公元前1113年天象，四月庚子朔。公元前1113年乃文王受命之第十三年，而文王受命九年薨，此纪年乃因武王继位而未改元之故。详见拙稿《读〈逸周书〉笔记》（见《逸周书全译》）。

静方鼎乃昭王十八年器，历朔分明。鼎铭纯系倒叙法，先记十月，次记八月，再记四月。如同召鼎，先记"隹王元年六月既望乙亥"，次段再记"隹王四月既生霸，辰在丁酉"，末段用"昔"字，所记更在四月之前。王国维氏说，召鼎之四月在六月前，为同一年间事，可从。这正是倒叙法。

依照时序，静方鼎所记当是：1.四月既望丁丑，王在成周大室，令静曰："司女采，司在曾噩师。"2.八月初吉庚申，静从曾噩师回到成周。3.十月初六甲子日，王在宗周，令静省南国，刲（设）应(居)。

静方鼎当作于昭王十八年十月甲子日静受命省南国之后不久。

关于昭王在位，很多人相信"十九年"一说。这里略加讨论，以正视听。

《古本竹书纪年》载："昭王十九年，天大曀，雉兔皆震。"这是昭王十九年所发生的日食天象。查对张培瑜氏《中国先秦史历表》第245页所载，公元前1023年儒略历6月10日丙戌朔有日食发生，合朔时刻13^h17^m，食分0.43（此表第242—245页所有年次皆错位一年，历朔干支与前《时日表》互校，便可一目了然）。这个公元前1023年日食天象，便是昭王十九年的"天大曀"。

《古本竹书纪年》先记"昭王十九年，天大曀，雉兔皆震"，又记"周昭王末年，夜有五色光贯紫微。其年，王南巡不返"。这是明白无误的两码事：十九年日食发生在子正七月即寅正五月初一丙戌日，时间在中午1时之后；昭王末年的奇异天象"有五色光贯紫微"发生在夜间，与日食无关。

到了《今本竹书纪年》，才出现"十九年春，有星孛于紫微。祭公、辛伯从王伐楚。天大曀，雉兔皆震。丧六师于汉。王陟"。这就把日食（天大曀）与彗星出现（有星孛于紫微）、伐楚、丧六师于汉与王陟，都统归于十九年了。昭王十九年与昭王末年就划上了等号，于是就成了昭王在位19年说。这实在是天大的误会。加一春字，尤其浅薄。

我曾写过《昭王在位年数考》①，文中说："昭王二十四年说（日本新城新藏）与十九年说尤其不可信据。首先是它违背了最简单的生理常识。成王年少，周公摄政，七年之后反政成王。若以既冠亲政计，成王亲政三十年，享年约五十岁。康王即位当是

---

① 张闻玉：《昭王在位年数考》，《人文杂志》1994年第2期，后又收入《西周王年论稿》中。

三十岁左右。在位二十六年，享年约五十六岁。昭王即位至多三十六岁，如果在位十九年，享年约五十五岁；如新城说在位二十四年，昭王享年约六十岁。六十岁的昭王怎么能生出一个五十岁的穆王？在位十九年说或在位二十四年说，都是有违常识的。"

我还写过《小盂鼎非康王器》①，小盂鼎历日"八月既望，辰在甲申……隹王卅又五祀"。郭沫若氏误释为"廿又五祀"，断属康王，几成定说。器铭实为三十五年，合昭王三十五年八月既望，己亥，甲申朔（辰在甲申）。这正是公元前 1007 年实际天象：建子，七月甲寅，八月甲申朔（定朔癸未 11^h33^m，失朔半日）。这就是昭王三十五年的绝对年代。

前面讲到，昭王即位约 36 岁，在位 35 年，享年在 70 岁以上，他的儿子穆王即位"春秋已五十矣"，便合于情理。这与"自周受命至穆王百年"（武王克商公元前 1106 年，到穆王元年即公元前 1006 年，正百年之数），与《史记·秦本纪》正义"年表穆王元年去楚文王元年三百一十八年"（照此推算，穆王元年乃公元前 1006 年），都完全吻合。穆王元年的确切年代直接关系到昭王末年。

昭王在位 35 年的结论不当有所疑虑，因为文献、出土器物历日与实际天象（历朔干支）都得以印证无误。昭王三十五年即公元前 1007 年，昭王十八年即公元前 1024 年，静方鼎历日就是绝好的佐证。

---

① 张闻玉：《小盂鼎非康王器》，《人文杂志》1991 年第 6 期，后又收入《西周王年论稿》中。

与静方鼎相近的几件铜器：中方鼎（一）、趞尊、𦉢卣、析尊等，断为昭世器是对的。𦉢卣、析尊明确记有"十又九年""十又九祀"，自不必说。而中方鼎（一）"十又三月庚寅，王在寒次"，趞尊"十又三月辛卯，王在斥"，当属昭王十七年，不得以"王在斥"系联为昭王十八年或十九年。因为昭王十八年建寅，合静方鼎"八月初吉庚申"，知十七年必置闰，有十三月。昭王十八年（前1024年）冬至月朔甲午，丑月甲子。丑月闰，丑月即昭王十七年十三月，甲子朔，庚寅二十七，辛卯二十八。中方鼎（一）与趞尊当断为十七年器方合。

不难看出，要试排出周昭王历日，必须毫不犹豫地摒弃"月相四分说"的干扰。只有依据传统的月相定点来考求西周年代，才会有准确可靠的结论。

谁揭开了"两度日出"之谜

1987年1月8日,美国喷气推进实验室彭飚钧、洛杉矶加州大学周鸿翔和英国达拉谟大学姚克文,在美国天文学年会上,就我国古书记载的西周"懿王元年,天再旦于郑"的奇特天象作出解释,认为是公元前899年4月21日早上太阳升起时发生的日全食现象。这一成果在美国引起很大的轰动,各地报纸电台立即报道了这一消息,"美国之音"制作了专访节目,向美国及国外播出。我国《人民日报》于1月13日第7版有载,国内一些地方报纸也有报道。

其时,笔者正缠绵于西周年代学的考证,对这则消息并不感到新奇。因为,首次揭开"两度日出"之谜的,绝不是什么美英科学家,而是贵州的葛真教授,《贵州工学院学报》1980年第2期83—84页就是铁证。笔者立即撰文予以澄清,可惜没有引起报刊编辑部的应有重视。

事实上,在这篇题为《用日食、月相来研究西周的年代学》的论文中,葛真已说:

  《竹书纪年》是战国时魏国的史书,晋代(279)在汲郡发掘出土，后来失传了。宋代《太平御览》卷 2 引《汲冢纪年书》曰："懿王元年，天再旦于郑。"

  天再亮的现象，极可能是全食。大约当太阳的四分之三被食去的时候，鸽子便飞回窝，母鸡回笼，雀鸟急飞回巢，蚂蚁骚动茫然失去行动的方向。光线逐渐微弱，天空像铅那样灰白，气温降低，使人感到一阵冷风掠过，狗躲藏起来，黑夜降临了，明星出现在天空，有时很黑，呈现出反常的奇特现象。几分钟后，又生光，逐渐复圆。如果日食发生在早上，正是天已亮，又突然黑夜，旋再天亮的奇特现象。古人惊异之，纪曰："天再旦"。

  周懿王的祖父周穆王都于西郑。唐兰考证西郑在陕西凤翔到扶风一带。《御览》引"帝王世纪曰：懿王二年徙都犬丘"。则懿王元年仍都于西郑。

  西郑的地理位置，假定在凤翔岐山之间，大约在东经 $107.5°$，北纬 $34.5°$ 处。在这一地点，在大约懿王元年的时间，应当看见一次日食。

  查奥泊尔子《日月食典》，有两次日食值得注意，它们都发生在早上。

  我们用《日月食典》介绍的近似公式，粗略地验算了在给定地方发生日食的最大食分的时间和最大食分。计算证明：

  公元前 925 年格里历 8 月 25 日（子正的）九月丙戌（23）朔，当地时间早上 5 点 30 分日出，8 点 06 分可见极大食分（0.81）的日偏食。当时日环食带通过陕北。

公元前899年格里历4月13日（子正的）五月丁亥（24）朔，当地时间上午4点30分天已大亮，5点18分太阳即将出山时，日食发生了，最大食分0.97，天黑下来。5点30分太阳带食而出，天又亮了。当时日环食带起自河南南阳，若在新郑，则可见日环食的壮观。

我们认为，把周懿王元年放在925B.C.或899B.C.年是最好不过的了。

文中已经用计算证明了古书中"天再旦"现象是一次日食的记载。事实说明，葛真的工作比美国人彭瓞钧等的工作早7年。

应该补充的是，笔者据西周众多有历日铜器考定，懿王元年当是公元前916年而不是公元前899年。发生"两度日出"的公元前899年，只合懿王十八年。古文"大"，后世误为"元"，合二字为一字之误。欲知其详，请参考拙稿《䚅鼎王年考》①。

笔者至今仍感到惊叹的是，应该引起很大轰动的贵州葛真教授对"天再旦于郑"的推算，不仅默默无闻，而我们的电台报纸却在几年之后报道国外同行对这一迟到的结论的欢呼。要是笔者这篇小文能公布于写出一年以后的某日，自然也会感到某种快意，葛教授本人当与国人同享这一迟到的小小的补偿。这毕竟也是我们中国人可引以自豪的吧。

---

① 张闻玉：《䚅鼎王年考》，《贵州社会科学》1988年第2期。

中编

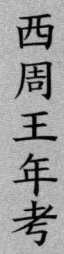

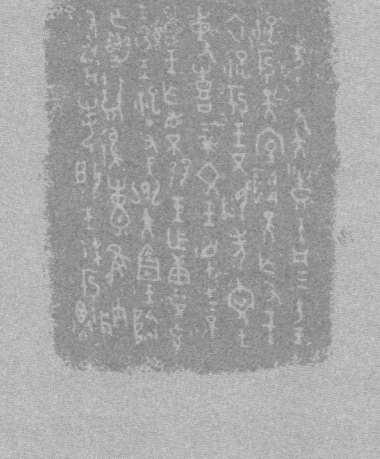

西周王年考

帝辛、文王年代考[①]

商纣王及西周文王的年代是史学界争鸣不决的老问题。就武王克商的具体年月日，已出现近30家不同的结论，而克商年月日只能是一个。西周始年尚无头绪，帝辛及文王年代更何从谈起？所以谈帝辛年代，必以克商年月做基础，否则，所谈无根，无从取信于人。

张汝舟先生1964年撰《西周考年》，考定武王克商在公元前1106年，这是对学术界一个很大的贡献。[②] 笔者近年清理西周一代铭有历日的铜器一百多件，进一步证实克商之年在公元前1106年，已另文述及。[③] 可以说，考求帝辛、文王的年代，已有了一个可靠的起点。

笔者过去推求实际天象，是以殷历四分术做基础，加上历术先天的年差分而得。所得为密近实际天象的平朔，或者径直用张

[①] 张闻玉：《帝辛、文王年代考》，《殷都学刊》1990年第3期。后又收入《西周王年论稿》中。
[②] 此文收入《二毋室古代天文历法论丛》，第158—188页。又收入田昌五主编《华夏文明"西周卷"》，北京：北京大学出版社，1990年，第360—383页。
[③] 详见本书《武王克商在公元前1106年》与《共孝懿夷王序、王年考》。

汝舟先生编制的《西周经朔谱》，有时也参照董作宾先生的《西周年历谱》①。近年有张培瑜同志《西周历法和冬至合朔时日表》② 可供利用，校比历日就大为方便了，免去推考之繁，且准确可靠。一张殷末西周的真实历表，是我们考求帝辛、文王年代的工具。用《时日表》查对，"千岁之日至，可坐而致也"③。

一、 文王的纪年

周武王十一年克商，为公元前 1106 年。向前推 10 年，公元前 1116 年为武王元年。武王在位 12 年。现在看文王的纪年。文王在位年数，已有记载：

《尚书·无逸》：文王受命惟中身，厥享国五十年。
《史记·周本纪》：西伯盖即位五十年。
《韩诗外传》卷三：文王……凡莅国五十一年而终。

如果从武王元年前推 50 年，文王当于公元前 1166 年左右即位。记载文王时期的历日可以找到两个。

---

① 张汝舟：《西周经朔谱》，载《二毋室古代天文历法论丛》。董作宾：《西周年历谱》，载《董作宾先生全集甲编》。
② 张钰哲主编：《天问》，南京：江苏科学技术出版社，1984 年，第 25—91 页。
③ 详见《孟子·离娄下》。足见战国已用历术推演历朔及至日，当是使用四分术无疑。

1.《逸周书·小开》：维三十有五祀。王念曰：多□，正月丙子，拜望食无时，汝开后嗣谋。

按：指文王三十五年正月望日丙子发生了"无时"之月食。十五为望，丙子望则必正月壬戌朔。查对张培瑜《西周历法和冬至合朔时日表》，公元前1132年实际天象：冬至月朔壬戌，合朔 01^h08^m。是年建子，得正月壬戌朔，十五日望丙子。与《逸周书·小开》所记合。定是年为文王三十五年，则文王元年在公元前1166年。

2.《酆保》：维二十三祀，庚子朔。

按：此历日缺月。董作宾氏断为"此夺'正月'，庚子为是年殷正月朔日"①。查对《西周历法和冬至合朔时日表》，公元前1144年即文王二十三年的实际天象：冬至月朔壬寅，丑月壬申，寅月辛丑，卯月辛未，辰月庚子（定朔 08^h44^m）。建子则五月庚子朔，建丑则四月庚子朔。董氏断为正月，其误已明。

这两个历日都证实公元前1166年即文王元年。公元前1166年至公元前1117年，文王即位50年。下接武王元年即公元前1116年。

这里还涉及一个文王受命的问题。

《帝王世纪》：文王即位四十二年。岁在鹑火，文王更为受命之元年，始称王矣。

这个受命之年，与受命九年卒的记载吻合。卒年仍在前1117年，在位50年。

---

① 董作宾：《董作宾先生全集甲编》，第96页。

《尚书·武成》:"我文考文王,克成厥勋,诞膺天命……惟九年大统未集。"孔安国注:"言九年而卒。"

《文传》:"文王受命之九年,时维暮春,在鄗,召太子发。"

这样一来,《史记·齐太公世家》记:"十一年正月甲子,誓于牧野。"《史记·鲁世家》云:"十一年伐纣,至牧野,周公佐武王,作《牧誓》。"将武王誓于牧野记在文王受命之十一年,便不可依从了。按《史记·周本纪》载:"盖受命之年称王而断虞芮之讼,后十年而崩。"文王崩后4年,即受命之11年,武王伐纣。这便是《史记》的说法。通盘考核文王、武王纪年,司马迁所记是应该给予纠正的。

二、 帝辛的纪年

帝辛纪年无历日可供校比,只《今本竹书纪年》:"帝辛四十一年春三月,西伯昌薨。"足资与文王、武王纪年联系起来。文王崩于公元前1117年,是年为帝辛四十一年,则帝辛元年当为公元前1157年。武王克商在公元前1106年,知帝辛在位52年。帝辛五十二年二月五日甲子,商灭。

帝辛时代记有历日的器铭,有:

　　䣄其卣甲:丙辰,在正月,佳王二祀。
　　䣄其卣乙:乙巳,己酉,在四月,佳王四祀。
　　䣄其卣丙:乙亥,在六月,佳王六祀。

邑斝：癸巳，隹王六祀，肜日，在四月。戊辰彝：戊辰，在十月一，隹王廿祀。

商尊：隹五月，辰在丁亥，帝后商庚姬贝卅朋。

前5个历日，有年有月有日干支，无月相记载，便无从确知历朔，当以帝辛年月实际天象排定。商尊历日未记年，其"辰在丁亥"当指朔日丁亥。笔者就已出土的20余器"辰在××"考求，知"辰"即朔日。"辰在××"乃晚殷到西周期间表达朔日干支的一种固定形式。① 当以晚殷各年实际天象，确定商尊的年代在前1111年。

按：劤其卣有指为伪器者。今放于此考其历日，无伤大局。

三、 帝辛、文王、武王年表

公元前1166年文王元年：冬至月朔己酉。

公元前1157年帝辛元年、文王十年：冬至月朔丙辰。

丑月丙戌，寅月丙辰 04^h49^m。

按：《逸周书·宝典》："维王元祀二月丙辰朔"，其记事之王旧指武王。其历日，有作"三祀"者②，查武王元年、三年，皆不合。此历日合帝辛元年建亥，二月丙辰朔。当是帝辛之历日，

---

① 张闻玉：《释"辰"》，《贵州大学学报》1994年第2期。

② 《宝典》各本作"维王三祀"，《唐书》引作"元祀"，必有所本。董作宾氏亦用作"维王元祀"。

因错简而误系武王之事。《逸周书》保存不少晚殷及周初史事，而所记驳杂。此历日可视为张冠李戴者乎？姑系于此。

公元前 1156 年帝辛二年、文王十一年：冬至月朔辛亥 10^h24^m。

按：珷其卣甲，二年正月丙辰。是年建子，正月辛亥朔，初六丙辰。上年必有置闰。

公元前 1154 年帝辛四年、文王十三年：冬至月朔庚午，丑月己亥，寅月己巳，卯月戊戌 08^h33^m，辰月丁卯 17^h00^m。

按：珷其卣乙，四年四月乙巳、己酉。查《西周历法和冬至合朔时日表》是年建子，四月戊戌朔，初八乙巳，十二己酉，合。如建丑，不合。

公元前 1152 年帝辛六年、文王十五年：冬至月朔戊子 15^h37^m，丑月戊午，寅月丁亥，卯月丁巳，辰月丙戌，巳月乙卯，午月甲申。

按：珷其卣丙，六年六月乙亥。邑罕，六年四月癸巳。从两历日知，四月至六月间必置一闰，是年闰，则上年（帝辛五年）当闰不闰。故帝辛六年建亥，正月戊午，二月戊子，三月丁巳（定朔戊午 05^h47^m），四月丁亥，五月丙辰（定朔丁巳 01^h30^m），闰月丙戌，六月乙卯。四月丁亥朔，初七癸巳，合邑罕。六月乙卯朔，二十一乙亥，合珷其卣丙。只要确证邑罕、其卣是帝辛器，则晚殷非岁终置闰可明。

公元前 1144 年帝辛十四年、文王二十三年：冬至月朔壬寅 13^h42^m，丑月壬申，寅月辛丑，卯月辛未，辰月庚子 08^h44^m，巳月己巳 15^h52^m。

按：《逸周书·酆保》："维二十三祀，庚子朔。"所记缺月，合辰月庚子朔。是年建子，必五月庚子朔，合。

公元前 1138 年帝辛二十年、文王二十九年：冬至月朔丙申 19^h10^m，丑月丙寅，寅月乙未，卯月乙丑，辰月甲午，巳月甲子，午月甲午，未月癸亥，申月癸巳，酉月壬戌，戌月壬辰，亥月壬戌 00^h00^m。

按：戊辰彝，二十年十一月戊辰。是年建丑，正月丙寅朔，十一月辛酉（定朔壬戌 00^h00^m）朔，初八戊辰。合。

公元前 1132 年帝辛二十六年、文王三十五年：冬至月朔壬戌 01^h08^m，丑月辛卯，寅月辛酉。

按：《逸周书·小开》："维三十有五祀……正月丙子，拜望食无时。"丙子望，必正月壬戌朔。是年建子，正月壬戌朔。合。初稿成就，得知刘朝阳《晚殷长历》所记纣二十六祀正合文王三十五祀。惟刘氏推是年"一月一日甲子"则与《小开》绝不合。刘氏必以克商为公元前 1122 年，纣王五十二祀。则纣王二十六祀当为公元前 1148 年。查《西周历法和冬至合朔时日表》，公元前 1148 年：冬至月朔甲午 19^h52^m，丑月甲子 09^h29^m。建丑，正月甲子朔。刘氏所推合于天象，但十三得丙子，不得谓望，与《小开》历日去二日。其误在克商之年失实，非公元前 1122 年可明。

公元前 1125 年帝辛三十三年、文王受命元年。

按：《帝王世纪》："文王即位四十二年，岁在鹑火，文王更为受命之元年，始称王矣。"岁在鹑火取意于周之分野，是姬周后裔假天象以言天命。假托于文王，纯系附会。但"受命之元年，始称王"还是可信的。

公元前 1123 年帝辛三十五年、文王受命三年：冬至月朔己亥 20^h07^m。

按：《今本竹书纪年》记："三十五年，周大饥。西伯自程迁于丰。"《逸周书·大匡》："惟周王宅程三年，遭天之大荒。"一用帝辛纪年，一用文王受命纪年。

公元前 1122 年帝辛三十六年、文王受命四年：冬至月朔癸亥 16^h54^m，丑月癸巳 08^h46^m，寅月癸亥 01^h24^m，卯月壬辰 18^h11^m。

按：自刘歆始，定是年为克商之年。是年天象与《尚书·武成》历日绝不合，其误已明。《今本竹书纪年》："三十六年春正月，诸侯朝于周，逐昆夷。"《尚书大传》："四年伐畎夷。"一用帝辛纪年，一用文王受命纪年，正合。

公元前 1117 年帝辛四十一年、文王受命九年。

按：《文传》："文王受命之九年，时维暮春，在鄗，召太子发。"《毛诗疏》云："文王九十七而终，终时受命九年。"《今本竹书纪年》："（帝辛）四十一年春三月，西伯昌薨。"《尚书·无逸》："文王受命惟中身，厥享国五十年。"《史记·周本纪》："西伯盖即位五十年。"

公元前 1116 年帝辛四十二年、武王元年：冬至月朔己丑 14^h40^m。

按：《逸周书·柔武》："维王元祀一月既生魄，王召周公旦曰：呜呼，维在王考之绪功。"孔晁注："此文王卒之明年春也。"

公元前 1115 年帝辛四十三年、武王二年：冬至月朔癸未 14^h10^m。

按：《逸周书·小开》："维王二祀一月既生魄，王召周公旦曰：呜呼，余夙夜忌商，不知道极，敬听以勤天命。"

公元前1114年帝辛四十四年、武王三年：冬至月朔丁未 09^h09^m，丑月丁丑，寅月丙午。

按：《逸周书·宝典》："维王三祀二月丙辰朔，王在鄗，召周公旦。"《唐书》引作"元祀"，校比武王三年天象，不合。亦不合武王元年天象。历日合成王三年天象。信"维王三祀"则必记成王事。

公元前1111年帝辛四十七年、武王六年：冬至月朔庚申 03^h05^m，丑月己丑，寅月己未，卯月戊子，辰月丁巳，巳月丁亥，午月丁巳。

按：是年建丑，五月丁亥朔。商尊："隹五月辰在丁亥"，与此年天象合。器铭无年，以实际天象系于此。唐代僧一行推定此年为克商之年，董作宾氏从之。勘以《周书·武成》历日，尚有一天的误差，近是而非是。商尊作于此年，非克商之年可明。

公元前1106年帝辛五十二年、武王十一年：冬至月朔辛酉 08^h25^m，丑月辛卯 03^h55^m，寅月庚申 22^h31^m，卯月庚寅 14^h46^m，辰月庚申 04^h10^m，巳月己丑 14^h58^m，午月戊午 23^h54^m。

按：《今本竹书纪年》："五十二年（庚寅），周始伐殷。"《古本竹书纪年》："（武王）十一年庚寅，周始伐商。"《尚书·泰誓上》："惟十有一年，武王伐殷。一月戊午，师渡孟津。"《周书·武成》："惟一月壬辰旁死霸，若翌日癸巳，武王乃朝步自周……粤若来三［二］月既死霸，粤五日甲子，咸刘商王纣……惟四月既旁生霸，粤六日庚戌，武王燎于周庙。"《逸周书·世俘》载:"惟一月丙午旁生魄,若翼日丁未,王乃步自于周,征伐商王纣。越若来二月既死魄,越五日甲子朝至接于商,则咸刘商王纣……时四月既旁生魄,越六日庚戌,武王朝至燎于周。"①

是年建丑,正月辛卯朔,旁死霸初二壬辰,初三癸巳,《武成》说:"武王乃朝步自周,于征伐纣。"十五既生魄乙巳,十六旁生魄丙午,十七丁未,《世俘》说:"王乃步自于周,征伐商王纣。"历日顺次吻合,并不乖违。应该是,癸巳起兵伐纣,行军十余日,中途停留数日,丁未又继续行军。一月二十八戊午,师渡孟津。二月庚申朔,既死霸(魄),初五甲子,咸刘商王纣。亦合利簋:"珷征商,隹甲子朝。"闰月庚寅朔,三月己未朔(定朔庚申,误差4小时10分),四月己丑朔,十七既旁生霸(魄)乙巳,二十二庚戌,武王燎于周庙。《世俘》不伪。

公元前1105年武王十二年:冬至月朔乙酉。

按:中国计算年月日,把起年起月起日计算在内,古今一贯。武王克商后在位二年。《尚书·金縢》:"既克商二年,王有疾,弗豫。"《史记·封禅书》:"武王克殷二年,天下未宁而崩。"《逸周书·作雒》:"(武)王既归,乃岁十二月崩镐,殡(珲)于岐周。"武王崩于公元前1105年十二月。

公元前1104年成王元年:冬至月朔己卯。

按:《逸周书·作雒》:"元年夏六月,葬武王于毕。"

---

① 用卢文弨《抱经堂校定本逸周书》。顾颉刚《写定本》改合《武成》文字,不可从。顾文载《文史》第2辑。

关于周文王的纪年[①]

惊世的"清华简"逐渐整理出来了,《保训》篇算是"文王遗言",有"隹王五十年,不豫"的记载;《程寤》篇与《逸周书》中仅存篇名相同,证实就是已经失传的《程寤》。其中有"隹王元祀正月既生霸"的文字,这就引起有关周文王纪年的讨论。为探究真相,故撰文谈谈我的看法。

一

《史记·周本纪》记载:"西伯盖即位五十年。"《尚书·无逸》也说文王"享国五十年",也就是《保训》篇的"隹王五十年"。周文王在位50年似不当有任何异议。这里仅涉及两个问题需要弄清楚:文王在位的确切年代?文王是否在位就称"王"?

[①] 本文原载于《叩问三代文明:中国出土文献与上古史国际学术研讨会论文集》(北京:中国社会科学出版社,2014年)及《正学》(第1辑)(北京:中国社会科学出版社,2013年),后收入《夏商周三代纪年》中。今据《夏商周三代纪年》录入。

要明确文王在位的具体年代，首先得弄清楚西周的完整纪年。如果不迷信"夏商周断代工程"的结论，可以从传世文献、出土器物记载的年代入手进行探究。

《史记》的西周纪年，从共和元年（前841）起才有可靠记录，之前，的确需要详加考证。好在《鲁世家》完整记载了鲁公的在位年次，参照《汉书》有关文字，西周总年数还是明白的。这就是：

武王2年+周公摄政7年+伯禽46年（《史记集解》）+孝公4年+炀公60年（《汉书》）+幽公14年+微公50年+历公37年+献公32年+真公30年+武公9年+懿公9年+伯御11年+孝公25年＝336年

司马迁《鲁世家》记"炀公六年"，显然是误记，班固引证确切，汲古阁本《汉书》作"炀公即位六十年"，历代史志如《通志》《通考》等都遵从"炀公六十年"一说。

确定西周总年数为336年后，从公元前771年犬戎杀幽王上推，则武王克商当在公元前1106年。

支持这一结论的材料还有很多：

《晋书·束晳传》引《竹书纪年》文字"自周受命至穆王百年"。此处的"受命"是文王受命，还是武王受命，史家理解不一。从"清华简"透露的简文看，应当指武王克商。也就是说，克商至穆王，有百年之数。联系《史记·秦本纪》张守节《正义》云："年表穆王元年去楚文王余年三百一十八年。"查对历史年表，楚文元年在公元前 689 年，上溯 318 年，穆王元年为公元前 1006 年，加克商"至穆王百年之数"，武王克商还是公元前 1106 年。

记录武王伐纣的文字，比较权威的是《汉书·律历志》所引《周书·武成》，其文云：

惟一月壬辰旁死霸，若翌日癸巳，武王乃朝步自周，于征伐纣。

粤若来三［二］月既死霸，粤五日甲子，咸刘商王纣。

惟四月既旁生霸，粤六日庚戌，武王燎于周庙。翌日辛亥，祀于天位。粤五日乙卯，乃以庶国祀馘于周庙。

月相定点：既死霸为朔为初一，旁死霸初二，朏为初三；既生霸为望为十五，旁生霸、既望十六，既旁生霸为十七。

因此不难明白，克商之年的朔日当是：

一月辛卯朔，初二壬辰，初三癸巳。

二月庚申朔，初五甲子。

四月己丑朔，十七乙巳，二十二庚戌，二十三辛亥，二十七乙卯。

以实际天象勘合，与公元前 1106 年完全吻合。实际天象用张培瑜《中国先秦史历表》，第 34 页载：1106，冬至月（子月）辛酉 08 时 22 分，二月（丑月）辛卯 03 时 53 分，三月（寅月）

庚申 22 时 30 分，四月（卯月）庚寅 14 时 42 分，五月（辰月）庚申 04 时 06 分，六月己丑 14 时 55 分……

是年建丑，正月辛卯，二月庚申，三月庚寅，闰月庚申，四月己丑……

以实际天象确证，克商之年也在公元前 1106 年。

《尚书》记载，涉及周公摄政七年有三个历日：

《尚书·召诰》："惟二月既望，越六日乙未，王朝步至周，则至于丰。"

《尚书·召诰》："越若来三月，惟丙午朏，越三日戊申。太保朝至于洛，卜宅"。

《尚书·洛诰》："戊辰，王在新邑……在十有二月。惟周公诞保文武受命，惟七年。"

具体朔日也很清楚地说明了问题：二月乙亥朔，既望十六庚寅，二十一日乙未；三月甲辰朔，初三朏丙午，初五戊申；十二月己亥朔，三十日戊辰。校比张培瑜《中国先秦史历表》，与公元前 1098 年实际天象完全吻合。知周公摄政在公元前 1104 年至公元前 1098 年。

周公摄政 7 年之后，成王亲政 30 年，康王在位 26 年。有古文《毕命》载："惟十又二年六月庚午朏。"史家公认记是康王的。朏为初三，初三庚午，则六月戊辰朔。查对《中国先秦史历表》第 39 页，公元前 1056 年实际天象：六月戊辰 05 时 54 分，于《毕命》记载吻合。这就证实康王十二年确为公元前 1056 年，亦证武王克商在公元前 1106 年。

《史记·封禅书》载："武王克殷二年，天下未宁而崩。"《逸周书·作雒》载："（武）王既归，乃岁十二月崩镐，殪（瘗）于岐周。"武王克商后 2 年，公元前 1105 年十二月崩。武王克商必在公元前 1106 年。

二

基于上述结论，武王的在位年代也可以进行推考。

《古本竹书纪年》载："（武王）十一年庚寅，周始伐商。"《尚书·泰誓上》："惟十有一年，武王伐殷。一月戊午，师渡孟津。"因此武王在位元年应该是公元前 1116 年。

文王"享国五十年"，前推五十年，文王元年应该是公元前 1166 年。

其时，主宰天下的是纣王，不是文王、武王，纣王的纪年更显得重要。

《今本竹书纪年》载："五十二年（庚寅），周始伐殷。"可以明确，纣王五十二年即武王十一年。

有了这个对应关系，可以推知，武王元年即纣王帝辛四十二年，即公元前 1116 年。《今本竹书纪年》载："帝辛四十一年春三月，西伯昌薨。"文王崩于公元前 1117 年，是年为帝辛四十一年，则帝辛元年当为公元前 1157 年。武王克商在公元前 1106 年，知帝辛在位 52 年。

由此可知，《古本竹书纪年》用的是周王的纪年体系，而《今本竹书纪年》用的是商王的纪年体系。

又，《今本竹书纪年》云："帝辛四十一年春三月，西伯昌薨。"而《毛诗疏》云："文王九十七而终，终时受命九年。"可知《毛诗疏》用的是文王纪年系统。

纪年问题向来十分复杂，因此不能轻率地作结论，还有进一步深入细致地进行探讨的必要。

《尚书》是集体创作，与《吕氏春秋》《淮南子》一样，作者是各色人等，内容庞杂不说，文字水准也参差不齐，有的晦涩至"佶屈聱牙"，有的晓畅而"文辞不古"；篇目繁多又体例不一，有自创，有改写，有抄录，有编撰，阅读起来并不顺当。仅就纪年来说，也可算是五花八门。因此它的记载，也不能说是十分可靠，必须综合考察其他文献。

涉及文王、武王的纪年，就有一个即位与封王的问题。文王在公元前1166年即位，即文王元年，那是殷文丁时候，文丁乃武乙之子，名托，甲骨文作文武丁。殷王武乙曾赏赐文王父亲季历土地、美玉、良马。文丁时期，周季历勤劳王事，助殷征燕京戎（今山西静乐东北）、余无戎（今山西长治西北）。文丁命季历为牧师。公元前1167年，文丁杀周季历。文丁死，子帝乙即位，金文作文武帝乙。帝乙将其妹嫁姬昌，封姬昌为西伯，文王因此而得专征伐。帝乙在位二十余年，公元前1158年去世。子帝辛即位。帝辛名受，又称纣或受辛，是殷商王朝最后一位国君。纣王纪年是明明白白的。其元年即公元前1157年，即文王十年。

《逸周书·酆保》记："维二十三祀，庚子朔。"历日缺月，以实际天象考求，公元前 1144 年冬至月朔壬寅 13^h42^m，丑月壬申，寅月辛丑，卯月辛未，辰月庚子 08^h44^m。从文王元年算，公元前 1144 年正是文王二十三年，可见《逸周书·酆保》是文王纪时系统。

《逸周书·小开》记："维三十有五祀……正月丙子，拜望食无时。"这是文王记年，合公元前 1132 年，实际天象正月壬戌 01^h08^m，望日十五，壬戌朔，丙子望，发生"无时"之月食。

纣王无道，囚西伯姬昌，逐商容出朝。囚姬昌时间应该在帝辛三十一年即文王四十年。四十一年，文王于羑里演《易》。四十二年，纣王释西伯，使专征伐，文王因受命称王。《帝王世纪》载："文王即位四十二年，岁在鹑火，文王更为受命之元年，始称王矣。"这就有了受命称王的记年系统，当然是以受命元年为起点的。

《今本竹书纪年》云："三十三年，密人降于周师，遂迁于程。"这是帝辛三十三年，即文王受命元年，周文王迁程。

《今本竹书纪年》云："三十五年，周大饥，西伯自程迁于丰。"《逸周书·大匡》载："惟周王宅程三年，遭天之大荒。"这个"三年"，自然是受命称王三年，这与纣王"三十五年，周大饥"是一致的。

《今本竹书纪年》云："三十六年春正月，诸侯朝于周，逐昆夷。"《尚书大传》载："四年伐畎夷。"逐昆夷、伐畎夷是一回事。《尚书大传》以文王受命纪年，帝辛三十六年即文王受命四年。

《今本竹书纪年》云："帝辛四十一年春三月，西伯昌薨。"《逸周书·文传》载："文王受命之九年，时维暮春，在鄗，召太子发。"《毛诗疏》云:"文王九十七而终,终时受命九年。"

因此,文王受命称王的纪年系统是不可轻易否定的。

清华简《保训》云:"惟王五十年,不豫,王念日之多历,恐坠宝训……"这个"惟王五十年"引发出很多问题:"提示我们周文王称王的时间可能并非在其晚年","使我们怀疑周文王在即位之初即已称王","如果文王真的是在其即位之初就已称王,这将是周代历史上的一个重大事件"。①

果真周文王继位就称王的话,就足以否定前面引证的诸多传世文献。我们认为,仅此一例还不足以支撑"文王继位就已经称王"的假定,否定文献又不可取法,那就看"惟王五十年"该怎么释读了。

其实,清华简《保训》与《逸周书·文传》一样,都是"文王遗言",只是作者不同,采用的纪年系统不同。《保训》用的文王受命称王的纪年系统,《保训》作者的意思其实也很清楚:"王五十年"强调的是"王"在位已经五十年,不能释读为"称王五十年"。

笔者历来认为,否定文献就等于否定了历史,文献有误记、有歧义,只能通过校读来解决,而不能轻易否定。《史记》所引用的文献,有不少文字错误,甚至有自相矛盾的地方,但司马迁是照录不误,"立此存照"。他的态度是慎重的,不能说他糊涂。今人有以推翻司马迁为荣,只能说是相当浅薄,相当轻率。

---

① 刘国忠:《〈保训〉与周文王称王》,《光明日报》2009年4月27日,第12版。

三

清华简《程寤》简文本身也值得深入研究。《程寤》本是《逸周书》里的一篇，久已亡佚，只存篇目。对照有关文字，清华简的一篇正是亡佚的《程寤》。其开篇云：

> 佳王元祀正月既生霸，大姒梦见尚廷佳棘，乃小子发取周廷梓树于厥间，化为松柏棫柞，寤惊，告王，王弗敢占，召大子发……占于明堂。王及大子发并拜吉梦，受商命于皇上帝。①

这个"佳王元祀"应该是指文王受命的元年，而不是文王继位的元年。这一点，笔者与《走近清华简》作者的见解迥然不同。

这其中的"大子发"就足以说明问题。文王嫡妻大姒有十子，这在文献上的记载是有名有姓的：伯邑考、武王发、管叔鲜、周公旦、蔡叔度、曹叔振铎、成叔武、霍叔处、康叔封、聃季戴。文王继位元年有太子的话，当是嫡长子伯邑考而不是姬发。文王囚羑里期间，纣王杀伯邑考，此后才会有"大子发"。这个元年自然是受命称王的元年，也就是文王继位的四十二年。

---

① 刘国忠：《走近清华简》，北京：高等教育出版社，2011年，第82页。

《逸周书》的纪年系统，以上所引，都是使用的受命称王的纪年体系。至于《尚书·酒浩》："惟天降命肇我民，惟元祀。"元祀，还是指文王受命元年。受命称王，意味着天降命于周，即"肇国于西土"。"惟元祀"，置于句尾是金文的惯用形式，与置于句首一个意思。小盂鼎"隹王卅又五祀"甚至放在铭文篇末。"惟元祀""惟王元祀""隹王卅又五祀"句法全同，把"惟元祀"理解为"大祭祀"实在很牵强。

文王、武王的确切年龄，文献中是有记载的。《毛诗疏》云："文王九十七而终，终时受命九年。"《礼记·文王世子》云："文王九十七乃终，武王九十三而终。"河南大学郑慧生教授用上读法解读："文王七十九乃终，武王三十九而终。"① 文王、武王都是九十多的高寿，那是后世儒家学人的期许。武王 39 岁而终是可信的。武王死时，他的儿子成王还在幼年，周公摄政七年才返政成王。如果 20 岁亲政，武王死，成王应该是 13 岁左右。不可能有 93 的武王育有一个 13 岁的儿子。从这个角度说，把《程寤》"惟王元祀……"的"元祀"解读为文王即位元年，就不好理解。文王继位元年，应该 29 岁，此时姬发恐怕还没有出世呢。所以《程寤》所记，自然指文王受命元年之事。

文中"受商命于皇上帝"，是个"吉梦"，其实就是受命称王的预兆，说的还是受命称王元年之事。

---

① 郑慧生：《上读法——上古典籍读法之谜》，《历史研究》1997 年第 3 期。

四

涉及文王的纪年,笔者还想谈谈《逸周书·酆保》,其开篇云:

> 维二十三祀,庚子朔,九州之侯咸格于周。王在丰,昧爽,立于少庭。王告周公旦:"呜呼!诸侯咸格来庆,辛苦役商,吾何保守,何用行?"旦拜手稽首曰:"商为无道,弃德刑范,欺侮群臣,辛苦百姓,忍辱诸侯,莫大之纲福其亡,亡人惟庸。王其祀,德纯礼明,允无二,卑位柔色金声以合之。"王乃命三公九卿及百姓之人曰:"恭敬齐洁,咸格而祀于上帝。"商馈始于王。因飨诸侯,重礼庶吏,出送于郊,树砥于崇。

内容很清楚,各地诸侯都来到周地。武王时在丰邑,黎明时候,立于后庭。武王求问周公旦说:"哎呀!诸侯都来庆贺,大家都苦受商王的役使,我们当怎样保国守土,用什么办法呢?"周公旦行叩拜之礼,说道:"商王无道,抛弃道德,违背法度,欺侮群臣,辛苦百姓,残忍并侮辱诸侯,只任用逃犯,让莫大的福分亡失。大王要重祭祀,使道德纯正、礼仪周到,诚信不二,以谦恭的心意、柔和的容貌、严肃的态度,团结上下内外之人。"武王就命令三公、九卿及众贵族,说:"你们要恭谨整洁,都来祭祖上帝。"祭祀完毕，分赏祭物从武王开始。接着武王宴飨诸侯，隆重招待其随从，送他们到丰邑郊外，并在崇墟立了一块石碑作纪念。

这个"王"，我认为是武王而不是文王。从周公旦的说话语气完全表露出来。周公不是向父王进言，而是有告诫、规劝兄长的口吻。"王"用咨询、请益的口气与周公旦说话，也只能是武王。

还有"王在丰"，《史记·周本纪》记载："伐崇侯虎，而作丰邑。"《今本竹书纪年》云："三十五年，周大饥，西伯自程迁于丰。"纣王三十五年即文王受命称王第三年，文王迁丰邑。从前面纪年"二十三祀"看，不会是记文王之事，因为文王继位四十二年"受命称王"，"终时受命九年"。如果是文王二十三年的话，何来丰邑？文王受命称王纪年，更不可能有什么"二十三祀"。

记武王之事，武王何来在位二十三年呢？所以这个"二十三祀庚子朔"，就值得认真研究。笔者认为只有两种可能：要么"维二十三祀，庚子朔"是一支错简，在传抄中乱了次序；要么是文字有误。

我们用历术考求"庚子朔"的具体年代，可以使扑朔迷离的史实明朗起来。在文王、武王时代，可供选用的有"庚子朔"的具体年代是公元前1144年、公元前1113年。公元前1144年为文王继位二十三年，似乎吻合"二十三祀"，但与"王在丰"相悖，故不可取，只能考虑公元前1113年。此年为武王继位第四年，即帝辛四十五年。如果从文王受命纪年系统顺延，则为文王受命十三年。历日"二十三祀"应该是"一十三祀"。

这就透露一个讯息，武王继位之后还在继续使用文王受命纪年系统，没有立即用自己的纪年，大有"代父行政"的意味。

到了继位第四年，纣王册封姬发为"西伯侯"正式承袭父职，还是"受命称王"，才有"诸侯咸格来庆"，"咸格而祀于上帝"。武王于是在崇墟丰邑举行了一场盛大而隆重的庆祝仪式，祭祀天地，宴飨诸侯，树碑纪念。因为来了"九州之侯"，还有他们的从人"庶吏"，还有周地的"三公九卿"、有姓氏的贵族，可以说，轰轰烈烈、盛况空前。这就是《酆保》前段的文字。

文王死后，武王在等待商王的正式册封，继续使用文王受命纪年体系，表明是"代父行政"而已。这与后来伯禽"代父治鲁"有些类似。《史记·鲁世家》载，武王克商后"封周公旦于少昊之虚曲阜，是为鲁公。周公不就封，留佐武王"。又载："武王克殷二年，天下未宁而崩。"于是"（周公）相成王而使其子伯禽代就封于鲁"。到成王亲政，成王正式册封伯禽为鲁侯。《汉书·律历志下》载："成王元年正月己巳朔，此命伯禽俾侯于鲁之岁也。"此前，周公摄政七年，伯禽在鲁的确也是"代父行政"。有武王"代父行政"在先，故伯禽代父治鲁可资效法。

因此，如果将文王、武王时期的纪年体系论述清楚，则《逸周书》以及清华简中涉及的文王、武王纪年就不致众说纷纭了。

武王克商在公元前 1106 年[①]

一

考求武王克商的年代,有几个主要问题需要首先明确,这就是:月相名词的解释,周历的建正,推演实际天象的便捷方法。下面一一简要述说。

月相名词

对月相名词的解说,在文史界影响最大的当推王国维氏"月相四分"法。新城新藏推定武王克商在公元前 1066 年,吴其昌氏定武王克商在公元前 1122 年,周法高先生新定武王克商在公元前 1045 年,都用王氏"月相四分"为依据。[②]

王氏月相四分是误用刘歆《三统》之"孟统"来推求西周铜器历日,所"悟"出的结论。王氏所得并非实际天象,故王氏之说不可信。

---

① 本文原载于《殷墟博物苑苑刊》(创刊号)及《大陆杂志》第 94 卷第 1 期(1997 年 1 月),后又收入《西周王年论稿》《西周纪年研究》及《夏商周三代纪年》中。

② 王氏"月相四分说",见《观堂集林·生霸死霸考》卷一。

在王氏之前，晚清俞樾有《生霸死霸考》①，算是月相定点说较为可信者。张汝舟先生以俞说立意，后出转精，月相定点说始臻完备。称：

生霸、死霸非月相。生霸为月球受光面，死霸为月球背光面。②

月相主要取朔与望两日，其余皆与朔望相关或相近的月相。

一日既死霸、朔、初吉（既死霸，取死霸尽现之义）。

二日旁死霸（旁近既死霸之义）。

三日哉生霸、朏（取月牙始见之义）。

十五日既生霸、望（既生霸，取生霸尽现之义。既，尽也）。

十六日既望、旁生霸（取旁近既生霸之义）。

十七日既旁生霸（取义于旁生霸之后一日。既，已也）。

周代并非子正

为考求西周铜器历日，董作宾先生依据实际天象编制《西周年历谱》，这是董氏长于同代人而又最值得称许的地方。他本可以将西周铜器历日一一考释，得出近于事实的结论。但董氏惑于"三正论"，相信"周用子正"，将历日的建正固死在冬至所在的子月。这就导致不少载有历日的铜器无所归属，不得不动摇自己的月相定点说以曲就"子正"，这就大大影响了董氏在铜器断代上所应取得的成就。

按"三正论"的解释，夏代历用寅正，殷代历用丑正，周代

---

① （清）俞樾：《曲园杂纂》第十，《春在堂全书》（第三册），第84—89页。
② 张汝舟：《西周考年》，载《二毋室古代天文历法论丛》，第158—188页。

历用子正。这实在是春秋后期"三正论"者所编造的神话。如果考求《春秋》经传历日，不难发现，春秋前期历用丑正，少数失闰才建寅建子；春秋后期历用子正，少数失闰才建丑建亥。核对冬至时日干支，失闰都不会超过一月，大都在半月之内。春秋前期的丑正，自何而来？必是接续西周。西周不用丑正，《春秋》所记前期的丑正就无法解释。

大量铜器历日可以证明，西周用丑正，不用子正，少数失闰才建寅建子。从现存文献典籍发现，西周用历实为建丑。我们可以将《尚书·尧典》《大戴礼记·夏小正》《诗经·七月》《礼记·月令》等书的有关文字，依据相同的天象条件排列为一张表，比照内容，先民观象授时的概况就可了如指掌。一经对照，我们可以发现，《尚书·尧典》全年仲月星象正与《大戴礼记·夏小正》《诗经·七月》《礼记·月令》季月星象相应。可见《尚书·尧典》用寅正，其余用丑正。足见春秋以前的西周非子正。关于《诗经·七月》的用历，用丑正解说，则无不通达。

历术的便捷推算

时人总以为推步最难，不免望而却步。欲深究者，多不得法，徒费时日，致事倍功半。殊知，任何科学的东西都应该简明而实用。战国以前，古人尚以目测观象授时，并无高深的数学知识，必有最简便的推演之法。

据张汝舟先生古天文说，中国最早使用的历法是称"天正甲寅元"的殷历，"古六历"之说是东汉人的附会。秦历托名颛顼，仍是四分。四分术的殷历普施于战国各国，所不同者，唯岁首与建正而已。① 这个甲寅元的殷历就是司马迁给我们保存下来的《史记·历书·历术甲子篇》，《汉书·律历志下·岁术》之"次度"就是制定殷历的天象依据。《历术甲子篇》所列前大余即子月（冬至月）朔日干支，前小余即合朔分数；所列后大余指冬至日干支，后小余指冬至时分数。《历术甲子篇》仅列历元太初甲子蔀一蔀七十六年之朔日，及冬至日干支及余分。由此一蔀可推知殷历一纪二十蔀所有朔日、冬至日干支②。

天正甲寅元的殷历取岁实为 $365\frac{1}{4}$ 日，其朔望月长度为 $29\frac{499}{940}$ 日。实际的回归年长度为 365.2422，误差积累 128 年则气差一日；实际的朔望月长度为 29.530588 日，误差积累 307 年朔差一日。要利用四分术的殷历求出实际天象的朔日干支，得将误差计算进去。一日记为 940 分，则每年误差为 3.06 分。

读懂了《历术甲子篇》，掌握了四分术殷历的推演，再计算出历术先天的误差，就可以很便捷地求出任何一年的实际天象（经朔）。③

现今可资利用的依据实际天象编制的西周历谱，已见的有三种：

---

① 闻南馨：《驳"三正论"》，《重庆师院学报（哲学社会科学版）》1984年第4期。

② 饶尚宽：《〈历术甲子篇〉考释——"古历论稿"之二》，《新疆师范大学学报（社会科学版）》1985年第2期。

③ 具体推算，参考《西周七铜器历日的推算及断代》，《社会科学战线》1987年第2期，《铜器历日研究》亦有收录。

1. 董作宾先生《西周年历谱》
2. 张汝舟先生《西周经朔谱》
3. 张培瑜先生《西周历法和冬至合朔时日表》①

我们自己掌握一套推步技术，再参照上述三家之历谱，武王克商之年可定，西周铜器断代必将有所突破，整个西周王年便可明了，这对西周一代的文史研究将大有裨益。

二

考求武王克商的年月日，历来都将《周书·武成》所记历日列为主要依据。其记载是：

> 惟一月壬辰旁死霸，若翌日癸巳，武王乃朝步自周，于征伐纣。
> 粤若来三［二］月既死霸，粤五日甲子，咸刘商王纣。
> 惟四月既旁生霸，粤六日庚戌，武王燎于周庙。

因为又见于《汉书·律历志下·世经》，史家有认为系刘歆伪作加以否定者。如果参证其他资料，《武成》所记实前朝旧典，藏诸中秘，刘歆录之而已，非伪可明。

---

① 董氏谱载《董作宾先生全集甲编》，张氏谱载《二毋室古代天文历法论丛》，张氏《时日表》载张钰哲主编《天问》。

《尚书·泰誓上》：惟十有一年，武王伐殷，一月戊午，师渡孟津。

《尚书·牧誓》：时甲子昧爽，王朝至于商郊牧野。

《吕氏春秋·简选》：武王虎贲三千人，简车三百乘，以要甲子之事于牧野，而纣为禽。

《吕氏春秋·首时》：（武王）立十二年，而成甲子之事。

《逸周书·世俘》：越若来二月既死魄，越五日甲子朝至接于商，则咸刘商王纣，执矢恶臣百人。

《史记·周本纪》：二月甲子昧爽，武王朝至于商郊牧野。

1976年3月于临潼出土的利簋，更是确不可易的铁证，铭文是：

珷征商，隹甲子朝。岁鼎克闻（昏），夙又商。辛未，王才𥺌，易又史利金。

武王克商在甲子日，验之纸上，考之地下，千古无异词。《周书·武成》所记历日应该是可信的。

根据《周书·武成》所给的历日，克商之年的朔日当是：

一月辛卯朔，初二（旁死霸）壬辰，初三癸巳。
二月庚申朔（既死霸），初五日甲子。
四月己丑朔，十七日（既旁生霸）乙巳，二十二日庚戌。

是年前几月朔日当是：

正月辛卯朔，二月庚申朔，
×月庚寅朔，×月己未朔，四月己丑朔。

二月至四月间必有一闰月。刘歆据四分术朔闰定二月闰，不无道理。王国维氏《生霸死霸考》云："刘歆不得其说，于是于二月后置闰。然商时置闰皆在岁末，故殷虚卜辞屡云十三月。武王伐纣之时，不容遽改闰法，此于制度上不可通者。"

这就牵涉一个殷周用历置闰的问题。事实上，商代置闰并非"皆在岁末"。武丁以后的卜辞，就少有十三月的记载，可见已行"岁中置闰"。西周一代的闰月设置尚不可能遵从十九年七闰的"章法"，失闰已是司空见惯，更不可能行用"无中气置闰"。

无中气置闰是在掌握了"十九年七闰"规律之后，较春秋中期以后的"岁末置闰"更高一级的置闰方式，那正是汉武帝太初改历的内容之一。[①] 认识到这一点，结合西周的建正，虽以丑正为主，而岁首不会绝对固定，推求铜器历日就不致墨守拘囿。王国维氏将商周两代的置闰截然分为两种形式，显然于史未合。

我们根据《周书·武成》得出克商之年的朔闰如次：正月辛卯朔，二月庚申朔，闰月庚寅朔，三月己未朔，四月己丑朔。

[①] 张闻玉：《古代历法的置闰》，《学术研究》1985年第6期。

比勘某某年的实际天象，克商之年就可以得出结论。

刘歆用他的《三统历》推定武王克商在公元前 1122 年，当然是不足信的，因为公元前 1122 的实际天象并不如他之愿。

张汝舟先生定公元前 1106 年为克商之年，是年入殷历甲寅元戊午蔀第六年。是年历术先天 2079 分。

公元前 1106 年的实际天象（经朔）是：

子月朔五十七 558 分

查《一甲数次表》，辛酉 57。则：

子月辛酉 558 分，
丑月辛卯 117 分，
寅月庚申 616 分，
卯月庚寅 175 分，
辰月己未 674 分，
闰月己丑 233 分，
巳月戊午 732 分，
午月戊子 291 分，
未月丁巳 790 分，
申月丁亥 349 分，
酉月丙辰 848 分，
戌月丙戌 407 分，
亥月乙卯 906 分。

依四分术殷历，如果行无中气置闰，太初六年当闰在辰月后。

查张培瑜先生《西周历法和冬至合朔时日表》①，公元前1106年：冬至干支己丑。

冬至月辛酉 08^h25^m，
二月辛卯 03^h55^m，
三月庚申 22^h31^m，
四月庚寅 14^h46^m，
五月庚申 04^h10^m，
六月己丑 14^h50^m，
七月戊午 23^h54^m，
八月戊子 07^h44^m，
……
十三月乙卯 11^h37^m。

查董作宾氏《西周年历谱》，公元前1106年：

正庚寅，二庚申，
三己丑，四己未，

---

① 张氏《西周历法和冬至合朔时日表》将晚殷西周四百三十年的冬至合朔时刻列出，并换算到中国的地方时和纪日干支。所用的计算方法及得出的结果比较合乎天象，准确可靠（张钰哲主编《天问》，第25页）。

五己丑，六戊午，
七戊子，八丁巳，
九丁亥，十丙辰，
十一丙戌，十二乙卯。

董谱闰在公元前 1107 年末，即"闰辛酉"。董以"周正庚寅朔"，又三月、四月连大，故与实际天象误差在一日之内，基本上相合。

经过推算并以三家历谱考校，结论很清楚：是年行丑正，实际天象与《周书·武成》所记历日完全吻合。足证武王克商在公元前 1106 年。

《尚书》中还有涉及周公摄政七年的三个历日，仍可以佐证武王克商在公元前 1106 年。

武王十二年克商，十三年（前 1105 年）崩。成王元年即鲁伯禽元年（前 1104 年），成王七年即周公摄政七年（前 1098 年）。

《尚书·召诰》：

惟二月既望，越六日乙未，王朝步自周，则至于丰。

按：二月乙亥朔，十五日望己丑，十六日既望庚寅，越六日，即二十一日乙未。

《尚书·召诰》：

越若来三月,惟丙午朏,越三日戊申。太保朝至于洛,卜宅。

按:三月甲辰朔,初三丙午,初五戊申。

《尚书·洛诰》:

戊辰,王在新邑烝祭岁……在十有二月。惟周公诞保文武受命,惟七年。

按:十二月大己亥朔,三十日戊辰晦。

考之实际天象,公元前 1098 年当入殷历戊午蔀第十四年。是年历术先天 2053 分。公元前 1098 年的实际天象(经朔)如下:

子月乙巳朔 113 分,

丑月甲戌 612 分,

寅月甲辰 171 分,

卯月癸酉 670 分,

辰月癸卯 229 分,

巳月壬申 728 分,

午月壬寅 287 分,

闰月辛未 786 分,

未月辛丑 345 分,

申月庚午 844 分,

酉月庚子 403 分,

戌月己巳 902 分,

亥月己亥 461 分。

查董作宾氏《西周年历谱》,定公元前 1098 年为周公摄政七年。是年朔闰为:

正乙巳,二甲戌,

三甲辰,闰癸酉,

四癸卯,五壬申,

六壬寅,七辛未,

八辛丑,九庚午,

十庚子,十一己巳,

十二己亥(公元前 1097 年,正己巳)。

董氏定"二月甲戌朔,己丑望,十六日庚寅既望,后六日,二十一乙未",定"三月甲辰朔,三日丙午朏",定"十二月大己亥朔,三十日戊辰晦"。董氏云:"所记月日,与本年密合。"并说:"今更推是年三月小,二十九壬申雨水,寅月中气;闰月月大,无中气,十六日戊子惊蛰,卯月节气;四月小,癸卯朔,春分卯月中气。可证周初实行无中置闰法,故本年十二月晦,乃有戊辰。"

按:董氏定公元前 1098 年为周公摄政七年,不误。定公元前 1097 年为成王亲政元年,误。周公摄政七年即成王七年,不当更有亲政元年之说。又，董氏定"二月甲戌朔，己丑望，十六日庚寅既望"，当是二月乙亥朔，乃有己丑望，十六日庚寅既望。显系改朔以就已谱。又，董氏以为"周初实行无中置闰法"，并无可靠依据，不可从。

查张培瑜先生《西周历法和冬至合朔时日表》，公元前1098年：

  冬至干支辛未，
  冬至月朔乙巳 03^h33^m，
  二月甲戌 22^h41^m，
  三月甲辰 15^h41^m，
  四月甲戌 05^h26^m，
  五月癸卯 15^h59^m，
  六月癸酉 00^h18^m，
  七月壬寅 07^h32^m，
  八月辛未 14^h39^m，
  九月庚子 22^h27^m，
  十月庚午 07^h37^m，
  十一月己亥 19^h08^m，
  十二月己巳 09^h37^m，
  十三月己亥 03^h01^m。

张氏《时日表》已换算为中国的纪日干支和地方标准时，比较准确可靠。如二月甲戌 22^h41^m，合朔已在夜晚十点钟以后，司历定为乙亥朔，失朔在一小时二十分之内。这是完全允许的。

考之《西周经朔谱》，二月甲戌 613 分（定朔 860 分）。分数大，司历定为乙亥朔，也合情合理。依定朔，失朔仅 80 分，相当于两小时两分三十四秒。司历肉眼观测，允许失朔在一日之内，一般均在半日之内。因为朔望月长度为 29 天半稍多，月大 30 日，月小 29 日，不可计"半"，误差在半日左右仍应看作相合。

是年有闰月是肯定的，且十二月己亥朔必是年中置闰，不在岁末，如此而已。"无中气置闰"并无确证。其时，闰章规律尚未掌握，历术水平如何能达到如此高度？

公元前 1098 年（成王七年，即周公摄政七年）实际用历当是：

正乙巳，二乙亥，
三甲辰，四甲戌，
五癸卯，六癸酉，
七壬寅，闰壬申，
八辛丑，九辛未，
十庚子，十一庚午，
十二己亥大。

这就是《尚书》所记的三个历日。它与公元前 1098 年实际天象吻合。这不是周公摄政七年，即成王七年，又是哪一年？这就进一步证实了武王克商之年在公元前 1106 年。

张汝舟先生在《西周考年》中，还以"纸上材料"（即文献记载）证实这一结论。他写道："（《史记·鲁世家》）鲁公伯禽卒，子考公酋立。考公四年卒，立弟熙，是谓炀公。六十（原误六，据《世经》正）年卒，子幽公宰立。幽公十四年，幽公弟溃杀幽公而自立，是为魏（一作微）公。魏公五十年卒，子厉公擢立。厉公三十七年卒，鲁人立其弟具，是为献公。献公三十二年卒，子真（一作慎）公濞立。三十年，真公卒，弟敖立，是为武公。武公九年春，朝周。夏，武公归而卒，戏立，是为懿公。懿公九年，伯御杀懿公自立。即位十一年，宣王伐鲁，杀伯御，立孝公。孝公二十五年，犬戎杀幽王。"伯禽在位年数，《鲁世家》没有记载，但有交代。即"伯禽即位之后，有管、蔡等反也"。《汉书·律历志下·世经》有"鲁公伯禽推即位四十六年，至康王十六年而薨"，完全可信。成王在位37年加康王16年，共53年，这就是伯禽在位年数。刘歆妄作摄政七年，成王亲政后纪元，所以说四十六年。武王克商，在位2年。幽王十一年，西周亡，在公元前771年。

$$1106-770=336（年）$$

这就是西周总年数。我们把《鲁世家》鲁公纪年加起来：

孝25、伯御11、懿9、武9、真30、献32、厉37、魏50、幽14、炀60、考4、伯禽53、武王2

正等于336年，完全吻合。所以公元前1106年确是克商之年。

又，《史记·秦本纪》张守节《正义》云："年表穆王元年去楚文王元年三百一十八年。"楚文王元年，即周庄王八年，合公元前689年。318+689=1007。不算外，穆王元年当是公元前1006年，距克商之年公元前1106年正是"自周受命至穆王百年"。一证克商在公元前1106年。

武王克商在公元前1106年，成王元年即公元前1104年，成王二十六年即公元前1079年。有铜器番匊生壶铭文可证："隹廿又六年十月初吉己卯。"①

郭沫若氏定为厉王器，吴其昌氏定为康王器，董作宾氏定为孝王器。查《西周经朔谱》，厉王二十六年（前853年）子月壬辰313分……酉月戊午104分，戌月丁亥603分。与番匊生壶铭文历日不合，非厉世器可明。

查《西周经朔谱》，康王二十六年（前1042年）子月己酉769分……酉月乙亥560分，戌月乙巳119分。与番匊生壶铭文历日不合，非康王器可明。

查张培瑜先生《西周历法和冬至合朔时日表》，公元前1079年实际天象如下：

　　冬至干支庚戌，
　　冬至月甲申 11^h10^m
　　二月甲寅，三月甲申，
　　四月癸丑，五月癸未，
　　六月壬子，七月壬午，

---

① 详见《贞松堂集古遗文》卷七。

八月辛亥，九月庚辰，

十月庚戌，十一月己卯 16^h34^m，

十二月己酉 03^h36^m，十三月戊寅 16^h54^m。

是年行丑正。十月己卯朔，与铭文所记吻合。十月以内无闰，亦证周初并非行用无中气置闰，董氏之说误矣。按无中气置闰当闰子正七月，即丑正六月。

验之实际天象，番匊生壶实成王二十六年器。一证克商之年在公元前 1106 年。

康王在位年数，诸家之说无异，计二十六年。文献有《尚书·毕命》："惟十又二年六月庚午朏。"朏为初三，必戊辰朔。合康王十二年（前 1056 年）天象：建子，六月戊辰朔。是年冬至月朔辛丑，二月庚午，三月庚子，四月己巳，五月己亥，六月戊辰（定朔戊辰 05^h55^m）。

康王铜器有宜侯夨簋："隹四月辰在丁未。"（《考古学报》1956.2）辰在丁未，即丁未朔。合康王二十六年天象：冬至月朔己酉 769 分（定朔己酉 10^h06^m），丑月己卯，寅月戊申，卯月戊寅，辰月丁未，巳月丁丑……建丑，四月丁未朔，合。

康王的确切年代证明，武王克商在公元前 1106 年。

昭王的年代诸说不一。《今本纪年》记 19 年，《帝王世纪》为 51 年。我们据穆王元年在公元前 1006 年，定昭王在位 35 年。有虢季氏子组盘铜器可证。

小盂鼎："隹八月既望，辰在甲申……隹王卅又五祀。"（《大系》35）

按：此器诸家释为"廿五祀"，定为康王器。细审拓本，实"卅又五祀"，非康王器可明。合昭王三十五年（前1007年）天象：冬至月朔丙辰529分（定朔丙辰 03^h48^m）。是年建子，七月甲寅 00^h19^m（定朔），八月甲申（定朔癸未 11^h33^m）。八月失朔 12^h27^m，在500分之内，是允许的。一见为观象授时之实录，非推步制历。小盂鼎历日唯合昭王，定昭王器。大盂鼎亦定昭世。

昭王的确切年代证明，武王克商之年在公元前1106年。

穆王在位55年，史有明文。至近代始有异说，多不可信。穆王铜器甚多，兹举三例。

牧簋：隹王七年十又三月既生霸甲寅。（《大系》75）

按：既生霸十五甲寅，必庚子朔。穆王七年（前1000年）冬至月朔乙巳 19^h10^m。建子，正月乙巳，二月乙亥，三月甲辰，四月甲戌……十二月庚午，十三月（即前999年冬至月）庚子86分（定朔己亥 19^h00^m）。此器有列共王、孝王者，皆不合。

此鼎：隹十又七年十又二月既生霸乙卯。（《文物》1976.5）

按：既生霸十五乙卯，必辛丑朔。简报认为此鼎的"造型纹饰是厉宣时期流行的型式"，定为宣王器。但其与宣王历日不合，与宣王诸器——如十六年克钟、十八年克盨之历日绝不相容。唯合穆王十七年（前990年）天象：冬至月朔丁丑927分（定朔丁丑 14^h32^m）。建丑，置闰，正月丁未486分……十二月辛丑831分（定朔辛丑 12^h11^m）。可见以所谓"流行型式"定王世是靠不住的。

善夫山鼎：隹卅又七年正月初吉庚戌。（《文物》1956.7）

按：朱捷元定此器为厉宣时器，仍根据"其造型和纹饰"。

西周在位37年的王，前有成、穆，后有厉、宣。考校实际天象，与成王、厉王、宣王三十七年不合，唯合穆王三十七年。穆王三十七年（前970年），冬至月朔辛巳538分（定朔辛巳08^h14^m），丑月庚戌19^h53^m（定朔）。是年建丑，正月庚戌。合。这当然不是某种偶然的巧合，历象在天，非人力所能作伪。

穆王的确切年代说明，武王克商在公元前1106年。

这样一经考证，西周初期各王年数就明白无误：武王2年，成王37年，康王26年，昭王35年，至穆王元年（前1006年）正百年之数。

这样，经过实际天象的推求（天上材料），加之出土器物的实证（地下材料），结合文献典籍的记载（纸上材料），做到了"三证合一"，武王克商在公元前1106年这一结论，当是准确无误的了。笔者认为，这应是最后的结论。

三

历来说武王克商年月者有二十余家[①]，其影响较大者有五家。今一一以实际天象校正，以定是非。平朔用张汝舟先生《西周经朔谱》，定朔用张培瑜先生《西周历法和冬至合朔时日表》。

---

① 周法高《西周年代新考——论金文月相与西周王年》列二十四家，参见《古文字学论文集》第349页，香港中文大学编。又《武王克商之年研究》一书已收1997年5月1日之前克商年份之说凡44种，亦可资参考。详北京师范大学国学研究所主编《武王克商之年研究》，北京：北京师范大学出版社，1997年。

甲、公元前1122年说

此说以刘歆《世经》开端,历代多用之,辗转抄袭,影响至大。

刘歆用《三统历》之"孟统"推算。是年入孟统之戊寅蔀第66年。戊寅蔀蔀余14。太初六十六年:闰十三,前大余十三,小余257分。蔀余加前大余,得子月朔二十七。查"一甲数次表"辛卯27,刘歆《三统历》排公元前1122年朔闰为:周正月辛卯朔,二月庚申朔,闰月庚寅朔,三月己未朔,四月己丑朔(下略)。置闰在二月(丑)后,是依据四分术太初六十六年朔闰所定,这样的历朔,自与《周书·武成》所记密合。

刘歆《三统历》乃四分术,虽经他编制而从未施行。刘氏更不知四分术与真值之差在"三百年辄差一日",故与实际天象有三天的误差。

刘歆用《三统历》所推朔闰,并非公元前1122年的实际天象。刘氏所定克商之年自然是不可信据的。

乙、公元前1111年说

唐僧一行在《大衍历议》中指出:"今《三统历》自太初至开元,朔后天三日。推而上之,以至周初,先天,失之盖益甚焉。"一行知刘歆之误,推定武王克商在公元前1111年。此说经董作宾氏在《武王伐纣年月日今考》中大加渲染,影响不能说不大。

董氏迷信"三正论",误以为周代行无中置闰法,不得不用"脱"字、"讹"字,弥缝一行之说,发明"改月"以曲就《周书·武成》。①

考求公元前 1111 年实际天象,可知董氏之误。是年入殷历戊午蔀第一年,历术先天 2093 分,合 2 日 213 分,知公元前 1111 年实际天象:

子月庚申 213,

丑月己丑 712,

寅月己未 271,

卯月戊子 770,

辰月戊午 329,

巳月丁亥 828,

午月丁巳 387,

未月丙戌 886,

申月丙辰 445,

酉月丙戌 4,

戌月乙卯 503,

亥月乙酉 62 分。

与《西周经朔谱》合。

校对《西周历法和冬至合朔时日表》,公元前 1111 年:冬至月庚申 03^h05^m,二月己丑 13^h24^m,三月己未 00^h06^m,四月戊子 11^h32^m,五月丁巳 23^h53^m,六月丁亥,七月丁巳,八月丙戌,九

---

① 董作宾:《武王伐纣年月日今考》,载《董作宾先生全集甲编》,第 86 页。

月丙辰，十月丙戌，十一月乙卯，十二月乙酉。经朔辰月戊午与定朔戊午 23^{h}53^m 仅有 7 分钟的相差，其余全合。

实际天象如此。二月己丑，四月戊子，合朔在中午，朔日确不可易。董氏定：正月庚申，二庚寅，三己未，四己丑，五戊午，六戊子，七丁巳，八丁亥，九丙辰，十丙戌，十一乙卯，十二乙酉。前两月用殷正："正月庚寅朔，二月己未朔。"后一月用周正："四月己丑朔。"董氏先改朔，改丑月己丑朔为庚寅，改卯月戊子朔为己丑；又"改月"，先用建丑，接以建子。"改月"之说出自私意，反谓一行"具有卓识"。改朔以申己说，更不可取。

1976 年于扶风庄白大队出土的铜器中，有商尊。铭文是"隹五月，辰在丁亥。帝后赏庚姬贝卅朋。逖丝廿乎，商用乍文辟日丁宝䣅彝。冀。"现已考定为晚殷之器。商尊历日正合公元前 1111 年丑正五月丁亥朔。"辰在丁亥"之"辰"为朔日，可由令彝、师酓鼎诸器证成。商尊历日只合此年，不合公元前 1106 年之前晚殷各年。公元前 1111 年尚属晚殷，非克商之年。

丙、公元前 1066 年说

这是日本新城新藏考定的结论。新城自排西周历谱，与实际天象吻合。唯迷信王国维先生"月相四分说"，致不能得到确真的克商之年。

新城历谱：公元前 1066 年，建丑。一月戊辰朔

　　壬辰二十五日　旁死霸
　　癸巳二十六日　武王出发

二月戊戌朔

　　戊午　二十一日　渡孟津
　　庚申　二十三日　既死霸
　　癸亥　二十六日　夜陈
　　甲子　二十七日　诛纣

三月丁卯朔
四月丁酉朔

　　丙午　十日　　既生霸
　　庚戌　十四日 ⎫
　　辛亥　十五日 ⎬ 祝凯捷记
　　乙卯　十九日 ⎭

新城的历谱合天象。由于信"月相四分"曲解《周书·武成》历日，"以致枉费了一番考证功夫"①。张汝舟先生《西周考年》，着重剖析了新城氏武王克商在公元前1066年说之误，此不赘述。

丁、公元前1027年说

陈梦家先生作《西周年代考》，据《古本竹书纪年》定克商之年为公元前1027年。由于《通鉴外纪》三引"《汲冢纪年》西

---

① 董作宾：《武王伐纣年月日今考》，载《董作宾先生全集甲编》，第107页。

周二百五十七年"，《纪年》出之地下，较史籍记载可信。公元前1027年说在西方学术界颇有市场。

《古本竹书纪年》涉及西周年代者有三条：

一、周武王　十一年庚寅，周始伐商。（《新唐书·历志三上·日度议》）

二、穆王　自周受命至穆王百年。（《晋书·束皙传》）

三、晋文侯　（十年）伯盘与幽王，俱死于戏。自武王灭殷以至幽王，凡二百五十七年。（《史记·周本纪》注《集解》引、《通鉴外纪》卷三引）

周武王十一年始伐商，克商在武王十二年。"庚寅"乃僧一行推算加上的，非《竹书纪年》原文。克商在公元前1106年，即武王十二年。

"自周受命至穆王百年"，非穆王寿百年。此百年不包括穆王在位年数。武王克商在公元前1106年，《西周考年》定穆王元年在公元前1006年，正百年之数。其间，武王2年，成王37年，康王26年，昭王35年，计百年。

至于"西周二百五十七年"该如何理解？若从共和元年（前841年）起算，加上257，是公元前1098年，正是周公摄政七年，成王亲政前一年，《尚书》中曾大书特书。若从成王亲政算至厉王末世，正257年。武王克商在公元前1106年，在位2年崩；公元前1104年成王元年，周公摄政，然后有武庚之叛，周公东征，诛管蔡、杀禄父，封微子于宋，才算真正的"灭殷"。天下安定，成王亲政。"灭殷"从成王亲政起算，也好理解。董作宾氏以为"西周两位暴君，幽、厉并称。共和以前，王年不明。安知魏史非自灭殷算至厉王共 257，以总计共和以前的年数。后人征引者既有'西周'之说，因而把厉王也改为幽王"①。董氏的解说，合情合理。《晋书·束晳传》"厉王既亡"正误为"幽王既亡"，足见董说非臆度。

陈梦家先生的考定，是以幽王十一年（前 771 年）为起点，上推 257 年，得武王灭殷之年在公元前 1027 年。在这 257 年中，又来分配各王年数。他用了数学上最简单的加减法，必然导致失误。他分配厉王在位 16 年，就无法解释厉世铜器：三十一年鬲攸从鼎及三十三年伯寏父盨等；他分配康王在位 20 年，昭王在位 19 年，就无法解释三十五年（旧作"廿又五祀"）小盂鼎等铜器。按陈氏对王年的分配，二十年以上的"高龄铜器"，将无所归属。如二十二年庚嬴鼎，二十六年番匊生壶，二十七年伊簋，二十七年卫簋，二十八年寰盘，三十七年善夫山鼎等等，将何从？

又，相信《竹书纪年》西周"凡二百五十七年"说，势必与《晋书》所引《竹书纪年》"自周受命至穆王百年"一则相违背。已知共和元年到幽王末年计 71 年，穆王元年之前已百年，除头去尾之外，只剩下 86 年了。穆王元年要迟到公元前 927 年，其间还有共王、懿王、孝王、夷王、厉王，六个王的年代是无论如何也容纳不了的。已发现厉王铜器有记三十几年历日的，厉王三十七年说自可成立。这样一来，86 年再减去厉王年数，穆、共、懿、孝、夷五个王的年代就不足五十年了，谁人相信？如果我们相信穆王高寿，相信《史记》所记穆王在位 55 年，那就只有将

---

① 同上书，第 111 页。

西周中期各王一笔勾销。《竹书纪年》原书已失，别书引用，辗转传抄，错讹难免。西周"凡二百五十七年"则当是明显的别有所指。以此作为西周一代的总纪年，必与史实不合。

更主要的，公元前1027年的实际天象与《周书·武成》历日乖违，陈氏的结论便不攻自破，是年当入殷历丁酉蔀第九年，其实际天象：

子月壬子918分，丑月壬午477分，
闰月壬子36分，寅月辛巳535分，
卯月辛亥94分，辰月庚辰593分，
巳月庚戌152分，午月己卯651分（下略）。

查《西周经朔谱》，合。查《西周历法和冬至合朔时日表》，公元前1027年，冬至月壬午，二月壬子，三月壬午，四月辛亥，五月庚辰，六月庚戌（下略）。《时日表》闰在上年（四分术置闰未计入岁差），故"冬至月壬午"。《谱》与《表》合。

校以实际天象，公元前1027年非克商之年，十分明白。

戊、公元前1057年说

这是近年来出现的克商年代之新说，因为利用了天文学上的资料，最为引人注意。此说出自张钰哲与张培瑜先生，[①] 其引《国语·周语》"昔武王伐纣，岁在鹑火"，《太平御览》"商纣之时，五星聚于房"，《淮南子》"武王伐纣，……彗星出"等天象

---

① 张钰哲、张培瑜：《殷周天象和征商年代》，《人文杂志》1985年第5期。

记载，并加以考释，以证成其说。其实，这些记载乃战国秦汉人的附会之词，难以作为伐纣的天象依据。此说的主要毛病在误释月相，他们对《周书·武成》历日进行分析，误将"三〔二〕月既死霸（庚申）"到"四月既旁生霸（乙巳）"简单地计为"相距45天"，未考虑到还有闰月夹在二、四月间的可能。因为从《尚书·召诰》《尚书·洛诰》周公摄政历日知，西周一代行岁中置闰。二月到四月间置一闰，庚申到乙巳就不是45天，而应是105天了，这样对月相"既死霸"的解说又当不同。由此，他们将一月分为两半，上半月称生霸，下半月为死霸，误以为周初用历以朏为月首。引申开去，就越走越远了，结论自不可信从。

不妨看看公元前1057年的实际天象。是年入殷历戊午蔀第55年，历术先天1928分，合2日48分，得公元前1057年实际天象：子月丁丑121分，丑月丙午620分，寅月丙子179分，卯月乙巳678分，闰月乙亥237分，辰月甲辰736分，巳月甲戌295分（下略）。与《西周经朔谱》合。

校对张培瑜先生自己的《西周历法和冬至合朔时日表》。公元前1057年：冬至月丙午，二月丙子，三月乙巳，四月甲戌23^{h}14^m，五月甲辰（下略）。《时日表》闰在上年，"十三月丁丑"。《经朔谱》闰月乙亥，合《时日表》"四月甲戌"，失朔仅46分。合。

实际天象告诉我们，公元前1057年非克商之年。两先生之新说，误。不管几十家说法各是如何，真的武王克商之年只有一个，那就是公元前1106年。这是张汝舟先生1964年于《西周考年》中给我们考定的。

关于成王的纪年[1]

一

涉及西周年代学问题,"月相"的解说是不可回避的。我们说:月相必定点,且定在一日,不得有两天的活动(如朏为初二或初三,望为十四或十五),也不得有三天的活动(如董作宾氏说既望,可以指十六、十七、十八),更不得有七天八天的活动(如王国维氏"四分一月说")。月相定于一个日干支,但允许一个失朔限度。以古历四分术推演,失朔限当在 499 分之内。940 分为一日,499 分相当于 13 小时。一个朔望月是 $29\frac{499}{940}$ 日,干支计日以整,不得谓半,在 499 分限度内,可称吻合。超过此限度,宁可弃而不用。

古人于月相的解说,自古就是定点。试想,月相若不定点,记录月相有什么价值?如古文《武成》所记,既死霸若不定点,

---

[1] 此文原载于《金筑大学学报》1996 年第 3 期,后又收入《铜器历日研究》《西周纪年研究》中,今据《西周纪年研究》录入。

何来过五日的甲子？既旁生霸若不定点，何有过六日的庚戌？

可以明确：生霸、死霸非月相，生霸指月球受光面，死霸指月球背光面。记录月相，主要是记录朔与望及与其相关的日子。

初一：朔、初吉（日月交会为吉）、既死霸（死霸尽现之义）。

初二：旁死霸（傍近既死霸之义）。

初三：哉生霸、朏（月牙初见）。

十五：望、既生霸（生霸尽现）。

十六：既望、旁生霸（傍近既生霸之义）。

十七：既旁生霸、哉死霸。

朔与望相对，月相名词也两两相对。可见，古人记录月相主要是记朔与望。周代是明白无误的朔望月，而不是所谓"朏为月首"。

令彝是公认的成王器，其纪日干支有：八月辰在甲申，十月月吉癸未。"辰在××"是周人表达朔日干支的固定格式，已有二十余例可证。"月吉"为朔，自古无异说。排比历日。八月甲申朔，十月必癸未朔，中间无闰月可插。无论九月是大月或小月，都是如此。这足以否定西周"朏为月首"一说。

董作宾氏言：知道日食，就会知道朔；知道月食，就会知道望。朔望月当追溯到殷商。

观象授时，两望之间必朔，两朔之间必望。朔望月是不难掌握的。何况司历专职，勤勉观察，不会将初一说成初二，更不会指为初三。

简言之,月相必须定点,且定在一日。西周历制是明白无误的朔望月,而不是"朏为月首"。离开了这两点,便无讨论的基础。

二

成王在位37年,这是自古就有的结论。其依据当然是司马迁的《史记》与《汉书·律历志下·世经》。

《史记·周本纪》载:"武王有瘳,后而崩。太子诵代立,是为成王。成王少,周初定天下,周公恐诸侯畔,周公乃摄行政当国。管叔、蔡叔群弟疑周公,与武庚作乱畔周。周公奉成王命,伐诛武庚、管叔,放蔡叔……周公行政七年,成王长,周公反政成王,北面就群臣之位。"

司马迁在这里强调了两点:1.周公摄行政当国,奉成王命行事。周公并未称王,群弟也只是"疑"周公可能称王。2.周公摄政七年就反政成王。这与《尚书·洛诰》所记"惟周公诞文武受命惟七年"是一致的。

《汉书·律历志下·世经》在记载了周公摄政七年之后说:"成王元年正月己巳朔,此命伯禽俾侯于鲁之岁也。后三十年四月庚戌朔,十五日甲子哉[既]生霸。故《顾命》曰'惟四月哉生霸,王有疾不豫,甲子,王乃洮颒水',作《顾命》。翌日乙丑,成王崩。"刘歆在这里将周公反政后称"成王元年",给成王重新纪年。他又记了"后三十年……成王崩",摄政七年加成王亲政的30年,这便是成王在位37年说。

成王在位37年是可信的。《史记·周本纪》载:"成康之际,天下安宁,刑错四十余年不用。"这个成康之际的四十余年,当包括成王后期二十余年与康王年数。武王之后,周公摄政,武庚作乱,周公东征,然后经营洛邑,又"毖殷顽民迁于洛邑","纪历三纪,世变风移,四方无虞"——这是康王十二年《尚书·毕命》上的记载。从康王十二年上溯三纪36年,那是成王十四年,亲政后第7年,周王朝已进入一个稳定的兴盛时期。成王后期二十余年,加康王二十余年,就是司马迁所记成康之际刑错不用的四十余年。

三

有关成王时期记事的历日,《尚书》的记载是至关重要的。

《尚书·召诰》:"惟二月既望,越六日乙未,王朝步自周,则至于丰。"

按:既望十六,过六日乙未二十一,则二月乙亥朔,十五日望己丑。

《尚书·召诰》:"越若来三月,惟丙午朏,越三日戊申。

太保朝至洛，卜宅。"

按：如《汉书·律历志下·世经》云："古文《月采》篇曰'三日曰朏'。"初三丙午，过三日初五戊申，则三月甲辰朔。

《尚书·洛诰》："戊辰，王在新邑烝祭岁……在十有二月。惟周公诞保文武受命，惟七年。"

按：十二月大己亥朔，三十日戊辰晦。
《尚书》所记周公摄政七年这三个历日，即二月乙亥朔，三月甲辰朔，十二月大己亥朔，给我们考证周公摄政七年的具体年代提供了依据。

校比实际天象，用张培瑜先生《中国先秦史历表》，公元前1098年：冬至干支辛未。

冬至月朔乙巳 03^h33^m，　　二月甲戌 22^h41^m，
三月甲辰 15^h41^m，　　　　四月甲戌 05^h26^m，
五月癸卯 15^h59^m，　　　　六月癸酉 00^h18^m，
七月壬寅 07^h32^m，　　　　八月辛未 14^h39^m，
九月庚子 22^h27^m，　　　　十月庚午 07^h37^m，
十一月己亥 19^h08^m，　　　十二月己巳 09^h37^m，
十三月己亥 03^h01^m。

张氏的《冬至合朔时日表》已换算为中国的纪日干支和地方

标准时,比较准确可靠。如二月甲戌 22^h41^m,合朔已在夜晚近十一点钟,司历定为乙亥朔,失朔在一小时二十分之内,这是完全允许的,仍应视为吻合。

公元前1098年(即周公摄政七年),实际用历当是建子(子正),年中置闰:

正乙巳	二乙亥	三甲辰
四甲戌	五癸卯	六癸酉
七壬寅	闰壬申	八辛丑
九辛未	十庚子	十一庚午
十二己亥(下年正月己巳朔)		

董作宾先生《西周年历谱》,定公元前1098年为周公摄政七年,排是年朔闰为:

正乙巳	二甲戌	三甲辰	闰癸酉
四癸卯	五壬申	六壬寅	七辛未
八癸丑	九庚午	十庚子	十一己巳
十二己亥(公元前1097年正己巳)			

按:董氏定周公摄政七年为公元前1098年,不误。定公元前1097年为成王亲政元年,系采用刘歆之说。又说:"二月甲戌朔,己丑望,十六日庚寅既望。"当是二月乙亥朔,才有己丑十五望,十六庚寅既望。董氏持定点说,但以为既望可以指十六、

十七、十八，有三天的活动，明显失误。又，董氏以为"周初实行无中气置闰法"，并无可靠依据。若以四分术闰法，无中置闰的此年当闰在午月后，即子正的七月，不是董氏的闰三月。

赵光贤先生《武王克商与西周诸王年表》定"灭商当在公元前1045年"，其主要依据之一就是确定周公摄政七年在公元前1036年，他"由此上推十年（周公摄政七年加武王三年），得出武王灭纣之年在公元前1045年"。

赵光贤先生利用《召诰》历日，核对张培瑜先生《中国先秦史历表》，"公元前1036年，则与《召诰》所记月日完全吻合"。为什么公元前1098年天象与《召诰》吻合，公元前1036年天象也"完全吻合"？因为历朔周期是31年，即经31年，月、日干支又重复一次。公元前1098年至公元前1036年，正经历两个历朔周期。不仅如此，公元前1067年的历朔也与《召诰》完全吻合。西周一代三百余年，有十个年头的月朔干支与《召诰》相合。这就得通盘考证，以求上下贯通，做到天象、文献与出土器物"三证合一"才算可靠。董作宾氏对周公摄政七年的具体年代考证无疑是正确的，他本可以得到真实的克商年代，但他信了《逸周书·明堂》"既克纣六年而武王崩"，将克商定在了公元前1111年。我们还应当注意《汉书·律历志下·世经》有关成王的两个历日："成王元年正月己巳朔，此命伯禽俾侯于鲁之岁也。后三十年四月庚戌朔，十五日甲子哉生霸。故《顾命》曰'惟四月哉生霸，王有疾不豫。甲子，王乃洮颒水'，作《顾命》。翌日乙丑，成王崩。"

一个是成王亲政之日，一个是成王崩日。

周公摄政七年之后，成王亲政。周公摄政七年即公元前1098年，成王亲政元年（前1097年）实际天象：建子，正月己巳朔。张培瑜《中国先秦史历表》该年子正，正月戊辰22^h10^m，合朔在夜晚十时后，司历定为己巳朔，失朔一小时五十分，仍应视为吻合。刘歆所记"成王（亲政）元年正月己巳朔"，当是于史有据的，不得视为作伪。且与《尚书》所记周公摄政七年三个历日上下衔接，非人力所能妄为。

"后三十年四月庚戌朔，十五日甲子哉生霸"。后三十年，即成王亲政三十年，公元前1068年，实际天象：子正庚辰910分（四分历），四月己酉527分（定朔己酉7^h20^m）。实际用历当是：正月辛巳（庚辰分数大，司历定为辛巳），二月庚戌，三月庚辰，四月庚戌（失朔413分）。从中可窥见周初历制，非推步制历，仍是观察授时，取月大月小相间，亦有连大月安排。

四月庚戌朔，十五日甲子既生霸。刘歆《世经》作"哉生霸"，显系因《顾命》所记"四月哉生霸"而误。

综观《世经》与《顾命》所记：成王亲政三十年，四月庚戌朔，初三（哉生霸）壬子生病，有疾不豫。十五日甲子既生霸，王乃洮颒水，作《顾命》。翌日乙丑，成王崩。

有关成王生病及崩日，记载得明明白白。这难道是可以轻易窜改或捏造的吗！《顾命》实在是中国古代保存下来的第一篇遗嘱文字。

关于成王崩日的记载，俞樾《生霸死霸考》说："使书之载籍而无定名，必使人推求历法而知之，不亦迂远之甚乎？且如成王之崩，何等大事，而其书于史也，止曰'惟四月哉生霸王不怿',使哉生霸无一定之日,则并其下甲子、乙丑莫知为何日矣。古人之文必不若是疏。"这里的"定名"就是月相定点,定于一日。

成王在位37年,即公元前1104年至公元前1068年。

《史记·周本纪》《集解》引《封禅书》:"武王克殷二年,天下未宁而崩。"所以克殷当在公元前1106年。已有专文论及,恕此不赘。

四

《汉书·律历志下·世经》载:"成王元年……此命伯禽俾侯于鲁之岁也。"这里所指乃亲政元年。事实上,伯禽之鲁是在周公摄政之初。

据《史记·鲁世家》,武王伐纣后"封周公旦于少昊之虚曲阜,是为鲁公。周公不就封,留佐武王"。武王死后,周公"于是卒相成王,而使其子伯禽代就封于鲁"。伯禽之鲁当在周公相成王的当年,即摄政元年。

又记:"鲁公伯禽之初受封,之鲁,三年而后报政周公,周公曰:'何迟也!'……太公亦封于齐,五月而报政周公,周公曰:'何疾也!'……及后闻伯禽报政迟,乃叹曰:'呜呼,鲁后世其北面事齐矣!'"既然伯禽"三年而后报政周公",周公仍摄政当国。伯禽之鲁实在是在周公摄政之初。

又记:"伯禽即位之后,有管、蔡等反也。淮夷、徐戎,亦并兴反。于是伯禽率师伐之于肸，作《肸誓》……遂平徐戎，定鲁。"这是与周公东征相配合的一次军事行动。足见伯禽之鲁是在周公摄政之初，并不是成王亲政元年。

《世经》所记"成王元年……此命伯禽俾侯于鲁之岁也"是指成王亲政后，正式封伯禽为诸侯。所以颜师古注："俾，使也。封之使为诸侯。"武王封周公于鲁，不就封，没有去。武王死后，周公相成王，"使其子伯禽代就封于鲁"。很明白，伯禽是代父治鲁。此时的伯禽并未受封于鲁，是"代"的。到成王亲政元年，才由成王封伯禽为诸侯。

关于伯禽卒年，《集解》引"徐广曰：皇甫谧云：'伯禽以成王元年封，四十六年，康王十六年卒。'"这就是伯禽在位46年一说。

很明显，伯禽受封于鲁为诸侯在成王亲政元年，此前的七年是"代就封于鲁"，是代父行政。伯禽在位年数当是46年加周公摄政七年，即53年。

伯禽在位年数牵动甚大。过去一贯持46年说，忽略了他代父治鲁的7年。《鲁世家》完整地记载了西周一代鲁公的在位年数，研究西周年代的学者，大都以《鲁世家》为标尺来探讨西周王年。从刘歆开始都在利用鲁国世系的文字。

如果我们客观地将《鲁世家》清理一下，西周一代整个纪年当是：

武王2年+周公摄政7年+伯禽46年+考公4年+炀公60年+幽公14年+微公50年+厉公37年+献公32年+真公30

年+武公 9 年+懿公 9 年+伯御 11 年+孝公 25 年＝336 年。

这就是西周一代总年数 336 年，武王克商在公元前 1106 年是明明白白的。

五

我在释读《逸周书·宝典》时，对"维王三祀二月丙辰朔"作过校比，发现这并非有关武王的纪年，而是成王时代的历日。成王亲政元年是公元前 1097 年，亲政三年即公元前 1095 年实际天象建子，二月丙辰朔。

《宝典》各本作"维王三祀"，《新唐书》引作"元祀"，董作宾先生亦用作"维王元祀"。"元祀"与武王、成王纪年不合。信"维王三祀"则为记成王事。对《宝典》通篇考查，实为周公旦与成王的交谈。是周公给成王讲述王者应有的修养，重点是信、仁、义，即所谓"宝"。从末段王拜曰："格而言"看，也只能看成是周公对成王的训导，不像武王与周公的对话。此篇有主有从，实是一位长辈对年轻人的启迪与训诫。一个娓娓道来，一个洗耳恭听，最终是年轻的王者表示要"维子孙之谋，宝以为常"，牢记长者语重心长的教诲。这位年轻的王，不是成王又是谁？

我从中得到一点启发，载籍文字关于成王时代历日的表述，似乎都是从亲政之后纪年的。如《逸周书》，如刘歆，如裴骃，包括《集解》所引的徐广与皇甫谧，《汉书·律历志下·世经》采自刘歆，自然也包括其中。司马迁《史记》记载周公摄政7年，明确是"奉成王命"行事，并不称王，而于亲政后的纪年无涉，实属两可之见。

六

属于成王时期的出土器物，有年、月、日干支的，又是如何情形呢？

《贞松堂集古遗文》卷七收番匊生壶，历日是："隹廿又六年十月初吉己卯。"此器历日最为清楚，无别作他解的可能。郭沫若氏定为厉王器，吴其昌氏定为康王器，董作宾氏定为孝王器。遍查康王、昭王、穆王、宣王的二十六年天象，均不相合，唯与成王二十六年（前1079年）历日吻合。公元前1079年天象：冬至月甲申，丑月甲寅……申月庚戌，酉月庚辰（定朔己卯 16^h34^m），戌月己酉，亥月己卯。

是年建丑，十月己卯。如果相信番匊生壶历日无误，则只能是记成王事。我早注意到考古界定此器为西周晚期器。如李仲操列入平王。平王二十八年有十月己卯朔，历年不合。

这个成王二十六年是从周公摄政元年（前1104年）起算的，并不是成王亲政二十六年。

成王时期还有一器何尊，已引起学界的讨论。肯定何尊是成王器，这是大家的共识。

铭文：惟王初迁宅于成周……在四月丙戌。王诰宗小子于京室，曰：……惟武王既克大邑商，则廷告于天曰：余其兹中国……惟王五祀。

这里明确"在四月丙戌……惟王五祀"。历日无误。提到"武王既克大邑商"，当然是去武王未远，时王是成王无疑。对"惟王初迁宅于成周"就有不同的理解。赵光贤先生在《武王克商与西周诸王年考》中认为是成王迁居洛邑，当在周公摄政七年之后，即成王亲政五年的事。他遵从了自古来文献的路子，成王从亲政起纪年。

李仲操先生在《西周年代》中认为，记载"最初迁殷顽民于成周，于五年四月丙戌日，王在岐周宗室对宗小子何作的一次训诰"。

李先生注意到"王初迁宅于成周"与"诰宗小子于京室"有些扞格难通。在岐周的京室作训诰，则不可能是成王迁于洛邑，便作了迁殷顽民于成周的设想。李先生认为成王五年即周公摄政五年，洛邑才在营造之初，成王不可能迁宅于成周。

我以为，"惟王初迁宅于成周"，关键是一个"初"字，当指成王第一次到洛邑，并非来此长住。其时洛邑尚未建成，也不可能长住。此前周公已秉武王遗命，营造东都，择定了具体方案，然后请成王到洛邑审视定夺。成王在洛邑的已选定的"京室"地址训诰宗小子，追述武王当年决心在国土中心地带（即洛邑）建造都城以便控制东方的构想，并赐宗小子何"贝卅朋"。宗小子何作了此尊以作纪念。

成王五年即周公摄政五年，为公元前 1100 年，实际天象：

子正，四月甲申朔，丙戌为初三。朏为初三，即"丙戌朏"。古人记事、铸器，都选择朔与望及其相关的日子。朏日，月牙初见有目共睹。所以《召诰》亦载"惟丙午朏，越三日戊申"。尽管历制是朔望月，而足见古人对月相的重视。成王训诰宗小子选在朏丙戌，完全合乎周初择日的礼制。

所以我要说：出土器物有关成王的纪年是从周公摄政元年计起的，而文献上的成王纪年多是从亲政元年起始。而司马迁仍在两可之间。司马迁说过："余读谍记，黄帝以来皆有年数，稽其历谱谍，终始五德之传，古文咸不同，乖异。"（《史记·三代世表》）像成王的纪年，也属分歧太多，司马迁便在记明周公摄政七年后，再不涉及。惜乎记成王事器物仅有此两件可资利用，其余有月、日干支而无年者虽多，但于纪年无补。比如令彝，无年而有月、日干支，可考知乃成王十五年器（前1090年），而于成王纪年本身却无作用。

结论是清楚的：成王在位37年（包括周公摄政的7年）。

其具体年代是公元前1104年成王元年即周公摄政元年至公元前1068年。

公元前1097年成王亲政元年，伯禽受封列为诸侯，此前是代父行政。

公元前1068年成王三十七年，四月十六日乙丑，成王崩。

昭王在位年数考[①]

西周初期各王在位年数：成王 37 年，康王 26 年，穆王 55 年，均于史籍彝铭有徵。《史记·封禅书》"武王克殷二年，天下未宁而崩。"武王克商后在位二年也于史有据。唯昭王在位年数，多有异说。今愿献一得之愚，就昭王年数加以讨论，乞方家正之。

成王继武王而立，《史记·周本纪》载："武王有瘳，后而崩，太子诵代立，是为成王。"这中间有周公摄政，因为"成王少，周初定天下，周公恐诸侯畔周，公乃摄行政当国"。后来，管叔、蔡叔与武庚作乱，"周公奉成王命，伐诛武庚、管叔，放蔡叔"。"奉成王命"就明确周公摄政不是一个王世。"周公行政七年，成王长，周公反政成王，北面就群臣之位。"周公摄政七年就当包括在成王在位年数之内。不得在武王之后，另插一个"摄政王周公"。这样，周公摄政并不称王，而是"奉成王命"行事，司马迁所强调的正是这一点。因为周公"摄行政当国"，引起"管叔、蔡叔群弟疑周公"。仅仅是"疑"，疑其取成王而代

[①] 张闻玉：《昭王在位年数考》，原载《人文杂志》1994 年第 2 期。

之,足见周公并未称王。

据《汉书·律历志下·世经》载:"成王元年正月己巳朔,此命伯禽俾侯于鲁之岁也。后三十年四月庚戌朔,十五日甲子哉生霸。故《顾命》曰:'惟四月哉生霸,王有疾不豫。甲子,王乃洮颒水。'作《顾命》。翌日乙丑,成王崩。"因为此段之前有"惟周公诞保文武受命,惟七年"的文字,这个"后三十年"记在周公摄政七年之后,成王的实际在位年数当是30年加周公摄政的7年,计37年。

康王在位年数,《竹书纪年》载:"二十六年秋九月乙未,王陟。"《太平御览·皇王部十·周康王》引《帝王世纪》:"王在位二十六年崩。子瑕代立,是谓昭王。"《史记·周本纪》不载康王在位年数,仅有"成康之际,天下安宁,刑错四十余年不用"一句。成康之际的四十余年,当包括成王后期二十余年与康王年数。成王初期,周公摄政,武庚作乱,周公东征,然后经营洛邑,又"悉殷顽民迁于洛邑""既历三纪,世变风移,四方无虞",这是康王十二年《尚书·毕命》的记载,上溯三纪36年,那是成王十四年,即周公反政成王之后七年,周代开始进入一个稳定的太平盛世。此后二十余年加康王二十余年,正是司马迁所记的成康之际、刑错不用的"四十余年"。康王在位26年,当是可信的。

昭王在位年数是本文讨论的重点,欲研讨此问题,必先考订穆王在位年数。《史记·周本纪》载:"穆王即位,春秋已五十矣。……穆王立五十五年崩,子共王繄扈立。"《竹书纪年》记穆王"五十五年,王陟于祇宫"。《太平御览·皇王部十·穆王》引

《帝王世纪》说："五十五年，王年百岁，崩于祇宫。"《尚书·吕刑》载："唯吕命，王享国百年，耄荒，度作刑，以诘四方。"学者都承认《吕刑》是记穆王后期之时事，其时的穆王已有百岁左右了。总之，穆王高寿，在位55年，都是于史有据的。

我们将武王、成王、康王、穆王在位的年数考证清楚，讨论昭王的在位年数就有了一个坚实的基础。昭王在位之年，史多异说，大体有三家：

甲、《帝王世纪》："昭王在位五十一年。"尔后的邵雍、刘恕、郑樵、马端临、金履祥皆宗此说。

乙、十九年说。主要依据是《竹书纪年》。清代朱右曾亦持此说。

丙、近代日本新城新藏《东洋天文学史研究》以为昭王在位二十四年，国内史家亦有信从者。

昭王二十四年说与十九年说尤其不可信据，首先是它违背了最简单的生理常识。成王年少，周公摄政，7年之后反政成王，若以既冠亲政计算，成王亲政30年，享年约50岁。康王即位当是30岁左右，在位26年，享年约56岁。昭王即位至多36岁，如果在位19年，享年约55岁；如新城说在位24年，昭王享年约60岁。60岁的昭王，怎么能生出一个50岁的穆王？在位十九年说或在位二十四年说，都是有违常识的。

昭王十九年说的主要依据是《竹书纪年》。《今本竹书纪年》载："十九年春，……丧六师于汉。王陟。"《古本竹书纪年》先记："昭王十九年，天大曀，雉兔皆震。"又载："周昭王末年，夜有五色光贯紫微。其年，王南巡不返。"事实上，《古本竹书纪年》记"昭王十九年",又记"周昭王末年",明白无误是两码事,十九年绝不是末年。且十九年所记是一次日食,发生在大白天;末年所记是夜间的奇异天象,两者迥异。而《今本竹书纪年》,才将"十九年"与"末年"混为一谈,又凭空加一个"春"字。信十九年说者,都引以为据,忽视了本不该忽视的"周昭王末年"这一重要纪年。

利用《竹书纪年》,就不能不高度重视《晋书·束晳传》所载"自周受命至穆王百年"的文辞。有人对"周受命"不解,或谓文王受命,或谓武王受命。正确的理解当是指武王伐纣,周取代殷商,受之于天命,并非文王或武王受殷王之命。以此为据,周武王灭纣,至穆王百年,当是武王 2 年,成王 37 年,康王 26 年,计 65 年,余下 35 年为昭王年数。

这样的数字加减法,似乎太简单了一些,于是便有深入讨论的必要。

前已述及,昭王即位约 36 岁,在位 35 年的话,享年在 70 岁以上,他的儿子穆王即位"春秋已五十矣",便合乎情理。如果相信"自周受命至穆王百年",昭王在位 51 年说便难以成立。

笔者曾详细讨论过武王克商的年代,确定克商在公元前 1106 年。① 据《周书·武成》所记历日,克商之年的朔日当是:

一月辛卯朔,初二(旁死霸)壬辰,初三癸巳。
二月庚申朔(既死霸),初五日甲子。

---

① 详见本书前文。

四月己丑朔，十七（既旁生霸）乙巳，二十二庚戌。

是年前几月朔日当是：

正月辛卯朔，二月庚申朔，×月庚寅朔，×月己未朔，四月己丑朔。

二月至四月中间必置一闰，或闰二月或闰三月。比照公元前1106年实际天象：

冬至月朔辛酉 08^h25^m，丑月辛卯 03^h55^m，寅月庚申 22^h31^m，卯月庚寅 14^h46^m，辰月庚申 04^h10^m，闰月己丑 14^h58^m（无中气），巳月戊午 23^h54^m（下略）。

结论很清楚：是年行丑正，正月辛卯朔，二月庚申朔，闰月庚寅朔，三月己未朔（失朔 4^h10^m），四月己丑朔，与《周书·武成》所记历日完全吻合。亦见周初并非行用无中气置闰。

武王克商后二年崩，成王元年即公元前1104年，周公摄政。《尚书》中有涉及周公摄政七年的三个历日。查对张培瑜《中国先秦史历表》，与公元前1098年实际天象完全吻合。

《尚书》所记为：

二月乙亥朔，十六既望庚寅，越六日二十一日乙未；
三月甲辰朔，初三朏丙午，初五戊申；

十二月大己亥朔，三十日戊辰晦。

公元前 1098 年天象：

冬至月朔乙巳 03^h20^m，
二月甲戌 22^h37^m，三月甲辰 15^h40^m，
四月甲戌 05^h24^m，……
十二月己巳 09^h33^m，十三月己亥 02^h55^m。

是年建子，二月甲戌朔，合朔在半夜近十一时，司历定为乙亥朔，失朔仅在 1^h23^m 之内，完全吻合。

是年有闰，且十二月己亥，必是年中置闰，闰不在岁末，也非无中气置闰。

成王在位 37 年，康王元年当是公元前 1067 年。《尚书·毕命》载："惟十又二年六月庚午朏。"学者公认是记康王的。朏为初三，六月初三庚午，必六月戊辰朔。正合康王十二年即公元前 1056 年实际天象：冬至月朔辛丑，二月庚午，三月庚子，四月己巳，五月己亥，六月戊辰 05^h55^m。是年建子，六月戊辰朔，初三朏庚午。

康王在位 26 年，昭王元年当是公元前 1041 年。如果据《晋书·束皙传》的"自周受命至穆王百年"，则穆王元年当是公元前 1006 年，昭王在位（前 1041 年至前 1007 年）为 35 年。

有人的理解不同，认为"至穆王百年"的"百年"仅是一个概数，取其整数而已，或许九十余年，或者百年有余，都难以

确定。

为了解决这个问题，我们不妨翻开《史记·秦本纪》张守节《正义》，他说："年表穆王元年去楚文王元年三百一十八年。"楚文王元年即周庄王八年，合公元前689年。上溯318年，穆王元年当是公元前1006年。张守节的记载，必有所本，这是西周年代学研究不应忽视的重要材料。为什么我们视而不见呢？

这样一经印证，"自周受命至穆王百年"得以确认，确确实实是整数百年，不是九十余年，也不是百年有余。《晋书·束皙传》的记载，张守节《正义》的文字，都准确可靠，正如苏东坡所谓："古之人不余欺也。"

穆王元年即公元前1006年。穆王在位55年，共王元年当是公元前951年。

师虎簋乃共王元年器，历日是："佳元年六月既望甲戌。"月相定点，既望为十六日甲戌，必六月己未朔。查对张培瑜《中国先秦史历表》，公元前951年天象：冬至月朔辛酉 08^h41^m。上一年当闰未闰，本年建亥，正月辛卯，二月辛酉……六月己未。定朔六月戊午 23^h45^m，合朔在半夜近0点，司历定为己未朔，失朔 15^m，完全吻合。

举世公认的共王标准器是十五年趞曹鼎。铭文历日是："佳十又五年五月既生霸壬午。"月相定点，既生霸为十五日壬午，必五月戊辰朔。查对共王十五年即公元前937年的实际天象：冬至月朔己巳 19^h03^m。是年建子，五月戊辰朔，合朔在正午 13^h39^m。上一年公元前938年建丑，当闰不闰，丑正转入本年子正。

趞曹鼎的重要意义在于：穆王、共王的年代可证，前推16年即穆王末年，穆王在位55年，与史载密合；月相定点可证，定点定在一日，朏为初三，既望为十六，既生霸为十五无疑，王国维的"月相四分"不可信据；周初非行用无中气置闰可证，本该共王十四年即公元前938年闰八月（无中气），当闰而未闰，足见当时还是观象授时。

我们从武王、成王器，一直讨论到共王的标准器趞曹鼎，从文献记载到出土器物以印证实际天象，西周初期各王的在位年数已大体明了。所有的记载与天象相较，无一件不相吻合。

为了考定昭王的在位年数，有必要进一步考证有关昭王的两个问题。

《古本竹书纪年》载："昭王十九年，天大曀，雉兔皆震。"昭王元年乃公元前1041年，昭王十九年即公元前1023年。《纪年》所载为昭王十九年一次日食的天象，日食发生，天空突然黑下来，黑得很（大曀），引起"雉兔皆震"。查张培瑜《中国先秦史历表》，公元前1023年七月丙戌朔，儒略历6月10日确有一次日食发生，食分为0.43，具体时间洛阳一带在中午一点之后。《古本竹书纪年》这一记载是可信的，公元前1023年正是昭王十九年无疑。

还有必要研究一下小盂鼎铭文。自郭沫若氏《大系》考释以来，小盂鼎为康王二十五年器几成定论。细审拓本，铭文当是"卅又五祀"，而"隹王廿又五祀"实属郭氏误释。康王在位26年，三十五年小盂鼎非康王器是可以肯定的。且小盂鼎铭文历日完整，年、月、日、干支、月相俱全：隹八月既望，辰在甲申，隹王卅又五祀。我们可据此考求小盂鼎的绝对年代，进而弄清西周前期各王在位年数。

小盂鼎历日的"八月既望，辰在甲申"，今人理解为"八月既望甲申"，忽略了"辰在××"的具体含义，这是不对的。比照西周初期令彝铭文："隹八月，辰在甲申……隹十月，月吉癸未。"无论月大月小，十月癸未朔，必八月朔甲申。足见"辰在甲申"即朔日甲申。将西周铭文"辰在××"一一研究可以发现，"辰在××"乃时人表达朔日干支的固定形式，朔日干支记载明白，其余月相的干支不言自明。这样，小盂鼎的历日当是：隹王三十五年八月甲申朔，既望十六己亥。这便是器铭所载的准确日子。①

昭王三十五年即公元前 1007 年实际天象：冬至月朔丙辰 03^h46^m。是年建子，七月甲寅 00^h09^m（合朔在半夜0点9分），司历接七月甲寅朔定八月甲申朔（定朔癸未 11^h33^m）。失朔 12^h27^m，过半日。用四分术朔策 29 日又 499 分计，失朔限在 500 分之内都是允许的。940 分计一日，500 分约相当于 13 小时。司历定八月甲申朔，失朔 12 小时半，应该说与天象还是大体吻合的。比照小盂鼎历日：隹三十五年八月既望己亥（甲申朔），正合。可以断定，小盂鼎非康王器，实为昭王三十五年器。

还可以明白，昭王十九年日食发生在七月，三十五年八月之前昭王还活着，那么《今本竹书纪年》的"十九年春，……王陟"便毫无根据了，妄加一个"春"字，尤其浅薄。

综上所述，西周前期各王的在位年数应是：

---

① 张闻玉：《小盂鼎非康王器》，《人文杂志》1991 年第 6 期。

公元前1106年武王克商，在位2年；

公元前1104年成王元年，在位37年；

公元前1067年康王元年，在位26年；

公元前1041年昭王元年，在位35年；

公元前1006年穆王元年，在位55年；

公元前951年共王元年……

其余王年参考拙文《共孝懿夷王序、王年考》（详见本书后文），兹不赘。

穆天子西征年月日考证

——周穆王西游三千年祭

公元2007年是周穆王西游三千年的重要纪年,千载难逢。我们应当记得它,应当纪念它。

周穆王西征,有《穆天子传》为证。事涉"三千年",当然得从西周的年代说起。

司马迁《史记》的明确纪年始于西周共和元年,即公元前841年。那之前的年代,都是后人推算的。其中,武王克商的确切年代最为关键。克商年代,至今已有三四十家不同说法。影响大的有两家。旧说,即刘歆之说,克商在公元前1122年,有两千年了,史学界大体依从。新说,当是国家斥巨资集多方面力量,称之为"夏商周断代工程"所得出的结论,克商在公元前1046年。差异如此之大,靠得住吗?

姑且不说新说、旧说的是非,看一看克商年代的文献依据就能让我们头脑清醒。

反映克商月朔日干支的文字,一是古文《武成》,一是《逸周书·世俘》。

《新唐书·历志》称"班(固)氏不知历",他的《汉书·律历志》多采用刘歆的文字,刘歆在《世经》中引了《周书·武成》:"惟一月壬辰旁死霸,若翌日癸巳,武王乃朝步自周,于征伐纣。"

又引《武成》曰:"粤若来三[二]月既死霸,粤五日甲子,咸刘商王纣。"

又引《武成》曰:"惟四月既旁生霸,粤六日庚戌,武王燎于周庙。翌日辛亥,祀于天位。粤五日乙卯,乃以庶国祀馘于周庙。"

这就是今天我们能见到的古文《武成》。虽也有人提出过异议,史学界还是认同它的真实性。刘歆在引用后还写有他对原文的解说。如:"至庚申,二月朔日也。四日癸亥,至牧野,夜阵。甲子昧爽而合矣。"又说:"明日闰月庚申朔。……四月己丑朔[既]死霸。……是月甲辰望,乙巳旁之。"——这就是刘歆对克商月朔干支的理解。

稍加排列,是年前几月朔日干支便清清楚楚:

一月辛卯朔,二月庚申朔,四月己丑朔。

再看《逸周书·世俘》:

维四月乙未日,武王成辟。四方通殷命,有国。

维一月丙午旁生魄,若翼日丁未,王乃步自于周,征伐商王纣。

越若来二月既死魄,越五日甲子朝至接于商,则咸刘商王纣,执矢恶臣百人。

《武成》说，一月初二（旁死霸）壬辰，初三癸巳，"武王乃朝步自周"。《逸周书》说，一月十六（旁生魄）丙午，第二天丁未，"王乃步自于周"。《武成》立足于朔，《世俘》立足于望，日序一致，两者并不矛盾。当是初三癸巳起兵，中间有停留，十七丁未又出发。二月既死魄（庚申朔），第五天"甲子朝至接于商"。《世俘》与《武成》吻合。

月相的含义也清楚明白：既死魄（霸）为朔为初一，旁死魄（霸）取傍近既死魄之义为初二；既生魄与既死魄相对为望为十五，旁生魄（霸）取傍近既生魄之义为望为十六，既旁生魄（霸）指旁生魄后一日为十七。月相是定点的，定于一日。一个月相不会管两天三天，也不会管七天八天，更不会相当于半个月。这是至关重要的。这是《武成》与《世俘》明白告诉我们的。有的人就是视而不见！

克商之年前几月的朔干支当是：一月辛卯朔，二月庚申朔，×月庚寅朔，×月己未朔，四月己丑朔。二月至四月间必有一闰，刘歆据四分术朔闰定二月闰，可从。闰二月庚寅朔，三月己未朔。

以此比勘实际天象，公元前1122年、前1046年皆不符合。历日干支与公元前1044年、前1075年、前1106年天象可合。因为历朔干支周期是三十一年，克商年代必在这三者之中。依据文献记载，考求出土铜器铭文，武王克商只能是公元前1106年。

1976年于临潼出土利簋，铭文："王武征商，隹甲子朝。"确证了克商的时日干支。

西周的总年数，可参照《史记·鲁世家》。因为《鲁世家》记载鲁公在位年数大体完整。《史记·鲁世家》记：封周公旦于少昊之虚曲阜，是为鲁公。周公不就封，留佐武王。武王克殷二年，天下未集，武王有疾，不豫……其后武王既崩，成王少，在襁褓之中。周公恐天下闻武王崩而畔，周公乃践阼，代成王摄行政当国。……于是卒相成王，而使其子伯禽代就封于鲁……伯禽即位之后，有管、蔡等反也。淮夷、徐戎，亦并兴反。于是伯禽率师伐之于肸……遂平徐戎，定鲁。鲁公伯禽卒，子考公酋立。考公四年卒，立弟熙，是为炀公……六年卒，子幽公宰立。幽公十四年，幽公弟㵒杀幽公而自立是为魏公。魏公五十年卒，子厉公擢立。厉公三十七年卒，鲁人立其弟具，是为献公。献公三十二年卒，子真公濞立。真公十四年，周厉王无道，出奔彘，共和行政。二十九年，周宣王即位。三十年，真公卒，弟敖立，是为武公。武公九年春，武公与长子括、少子戏西朝周宣王。宣王爱戏……卒立戏为太子。夏，武公归而卒，戏立，是为懿公。懿公九年，懿公兄括之子伯御与鲁人攻弑懿公，而立伯御为君。伯御即位十一年，周宣王伐鲁，杀其君伯御……乃立称（鲁懿公弟）于夷宫，是为孝公……孝公二十五年，诸侯畔周，犬戎杀幽王。

司马迁所记西周一代鲁公年次，大体是清楚的。异议最多只有两处：伯禽年数，炀公年数。伯禽卒于康王十六年，这是明确的。周公摄政，七年而返政成王，"后三十年四月……乙丑，成王崩"。伯禽代父治鲁是在周公摄政之初，而不是成王亲政之后。伯禽治鲁后，有管、蔡等反，淮夷、徐戎亦反。接着有周公东征，伯禽亦率师伐徐戎，定鲁。《鲁世家》载，伯禽代父治鲁之后"三年而后报政周公","太公亦封于齐,五月而报政周公",引起周公有"何迟""何疾"之叹。很清楚,周公与太公受封是在武王克殷之后,伯禽"之鲁"当在周公摄政之初,是代父治鲁。成王亲政元年,"此命伯禽俾侯于鲁之岁也"(《汉书·律历志》),成王正式封伯禽为鲁侯。到康王十六年,伯禽卒。这样,代父治鲁七年,作为鲁侯治鲁四十六年,总计五十三年。这与《史记集解》"成王元年封,四十六年,康王十六年卒"的记载也是吻合的。

鲁炀公年数,《鲁世家》记"六年",《汉书·世经》作"《世家》:炀公即位六十年",汲古阁本《汉书》作"炀公即位十六年"。《世经》同时又记"炀公二十四年正月丙申朔旦冬至"为蔀首之年,至"微(魏)公二十六年正月乙亥朔旦冬至"复为蔀首之年。这就否定了六年说、十六年说。这一蔀七十六年中间,还有幽公十四年,炀公在位必六十年无疑。

这样,武王2年+周公摄政7年+伯禽46年+考公4年+炀公60年+幽公14年+魏公50年+厉公37年+献公32年+真公30年+武公9年+懿公9年+伯御11年+孝公25年=336年。这是明白无误的《鲁世家》文字,是考证西周一代王年的依据。西周总年数336年,武王克商当在公元前1106年。实际天象,出土铭文,文献记载,都证实了这一结论。

《史记·封禅书》:"武王克殷二年,天下未宁而崩。"周公摄政七年,反政成王,《汉书·律历志》载:"后三十年四月……乙丑,成王崩。"《竹书纪年》载,康王在位26年。昭王在位年数众说纷纭,而小盂鼎铭文旧释"廿又五祀",当是"卅又五祀",

乃昭王时器，可证昭王在位35年。

武2+摄政7+成30+康26+昭35=100年，正百年之数，这就证实《晋书》所载"自周受命至穆王百年"是靠得住的。前人说"受命"指的是"文王受命"，实则指武王克商。又，昭王在位之年，其说甚多，十九年说影响尤大。《史记》载，穆王即位"春秋已五十矣"，这就否定了昭王在位十九年说、二十四年说（新城新藏）。在位35年，昭王年岁当在70以上，才可能有一个50岁的儿子穆王。这是简单的生理常识啊！

又，《史记·秦本纪》张守节《正义》云："年表穆王元年去楚文王元年三百一十八年。"楚文王元年即周庄王八年，合公元前689年。318+689=1007，不算外，穆王元年当是公元前1006年，上距克商的公元前1106年正是"自周受命至穆王百年"。

文献记载的穆王高寿长命，都是于史有据的。《史记·周本纪》载："穆王即位，春秋已五十矣。……穆王立五十五年崩，子共王繄扈立。"《竹书纪年》记穆王"五十五年，王陟于祇宫"。《太平御览》引《帝王世纪》："五十五年，王年百岁，崩于祇宫。"《尚书·吕刑》载："唯吕命，王享国百年，耄荒，度作刑，以诘四方。"这里的"百岁""百年"，当然指的是整数，《帝王世纪》的作者不会不读《史记》。穆王活到105岁，古人不疑，今人反认为不可能，于是穆王在位就有了45年（马承源）、41年（董作宾、刘起釪）、37年（丁山、刘雨）、27年（周法高），甚至20年（陈梦家）、14年（何幼琦）种种说法。如此不顾文献，实在令人惊讶。我们说，离开了文献记载，还有什么历史可言啊！百年来，东西方文化交流，西方人怎么"大胆假设"，还可理解，号称史学家的中国人抛弃文献信口雌黄，就不好理解了。

穆王元年乃公元前1006年，这是不容置疑的。

弄明白穆王在位的具体年代，公元前1006年至前952年，计55年，再考求穆天子西游的年月日才有可能。

中华民族最重视史事的记录，汉字的史、事本来就是一个字，帝王身边有史官记言记事，古代史料记载的丰富是不言而喻的。中华民族的历史既是悠长的，更是延绵不断的，这在世界上绝无仅有。《春秋》仅是鲁国的大事记国史，只不过经孔子整理而得以保存下来。其实，各诸侯国都是有国史的，从《竹书纪年》看，周王朝的大事记更不当缺。《逸周书·史记》载，周穆王要左史"取遂事之要戒"，朔日、望日讲给他听。也就是录取史料中的重要的可鉴戒的事，供他参考借鉴。足见周穆王时是有史事记录的，左史才可能给他辑录。可惜，国史仅传下来一部《春秋》，更早的只有一些零散的文字。

史载，西晋初年汲郡人不准盗取战国古墓，有大量竹简古书，经当时学者荀勖等人整理，一批古籍得以保留下来，其中就有史事记录两种，这就是《竹书纪年》与《穆天子传》。

《穆天子传》记录周穆王西行的史事，历时两年，远行到今之中亚，文字中干支历日明明白白，地名记载清清楚楚，即便是经过春秋、战国间人整理，作为穆王的史事，还是可信的，不当有什么疑义，更不必看作什么传奇小说，当作古人的故事编写。

据《艺文类聚》载，"穆王十三年，西征，至于青鸟之所憩"，这当是穆王的初次西行。《穆天子传》卷四载，"比及三年，将复而野"，还要再去。因为传文残缺，无明确年月，只有日干支记录。我们仅能据干支将行程一一复原，再现三千年前穆王西行的史事。

穆王十三年即公元前994年，我们将前后年次的月朔干支一一列出，穆王的西行也就大体明白了。

公元前995年——穆王十二年

	子	丁未	84	（丁未 07^h35^m）
正	丑	丙子	583	
二	寅	丙午	142	
三	卯	乙亥	641	（乙亥 13^h23^m）★
四	辰	乙巳	200	
五	巳	甲戌	699	
六	午	甲辰	258	
七	未	癸酉	757	
八	申	癸卯	316	
九	酉	壬申	815	
十	酉	壬寅	374	
十一	戌	辛未	873	
十二	亥	辛丑	432	

注：84，指四分数小余。07^h19^m，指合朔07时19分，见张培瑜《中国先秦史历表》。

郭沫若氏《大系》79 载走簋"隹王十又二年三月既望庚寅"。既望十六庚寅，必乙亥朔。这正合穆王十二年天象：卯月乙亥朔。见上★处。是年建丑，当闰未置闰，转入下年建子。

公元前 994 年——穆王十三年

正	子	庚午	928	（辛未 09^h10^m）
二	丑	庚子	487	
三	寅	庚午	46	（庚午 05^h49^m）
四	卯	己亥	545	
五	辰	己巳	104	
六	巳	戊戌	603	（戊戌 05^h34^m）★
闰六	午	戊辰	162	
七	未	丁酉	661	
八	申	丁卯	220	
九	酉	丙申	719	
十	戌	丙寅	278	
十一	亥	乙未	777	
十二	子	乙丑	333	

郭沫若《大系》80 载，望簋"唯王十又三年六月初吉戊戌"。六月戊戌朔，正合穆王十三年天象：巳月戊戌朔。见上★处。本年不当闰而闰，转入下年建丑。

公元前 993 年——穆王十四年

正	丑	甲午	832（乙未 08^h54^m）
二	寅	甲子	391
三	卯	癸巳	890
四	辰	癸亥	449
五	巳	癸巳	8
六	午	壬戌	507
七	未	壬辰	66
八	申	辛酉	565
九	酉	辛卯	124
十	戌	庚申	623
十一	亥	庚寅	182

　　以上所列子、丑、寅、卯……是实际天象，是用四分术推算出来的。在不能推步制历的春秋后期以前，是观察星象制历，即观象授时。在没有找到朔闰规律之前，只能随时观察，随时置闰。这样，实际用历与实际天象就不可能完全吻合，允许有一定的误差。月球周期29.53日，有个0.53，半日还稍多。而干支纪日是整数，不可能记"半"，这个0.53必然地前后游移，甲子记为乙丑，乙丑记为甲子，都算正常。还有个置闰问题，按推步制历当闰，而实际用历却未闰，不当闰却又置闰了，建正就有个游移，或建丑或建子，并不固定。懂得以上两点，实际用历与实际天象的勘合与校比，才有可能。

　　下面，我们将《穆天子传》有关文字录入，穆王西游的整个行程也就昭白于天下。

卷一，开篇"饮天子蠲山之上"，说明书已残缺，当有穆天子从宗周洛邑出发过黄河至蠲山的记录。书的首页，按后面的惯例应当是"仲春庚子""季春庚午"之类的纪时文字。第一个纪日干支是"戊寅"，是在朔日庚午之后，说明穆天子在季春三月初出发，几天后到了黄河之北山西东部的蠲山。从上面公元前994年（穆王十三年）实际天象推知，三月朔庚午（小余46分），分数小，也可以是"三月己巳朔"，顾实《穆天子传西征讲疏》就定"己巳朔"，戊寅初十。顾实在二月后置闰，戊寅就成了"闰二月初十"。本不为错，考虑到接续"望篮"历日，闰二月就不恰当了。

定三月庚午朔（05^h49^m）。初九戊寅，天子北征，乃绝漳水。十一庚辰，至于□。十四癸未，雨雪，天子猎于邢山之西阿。十六日乙酉，天子北升于□，天子北征于犬戎。二十一日庚寅，北风雨雪，天子以寒之故，命王属休。二十五日甲午，天子西征，乃绝隃之关隥（今雁门山）。

四月己亥朔（13^h43^m）。初一己亥，至于焉居、禺知之平。初三辛丑，天子西征，至于䣙人。初五癸卯〔酉〕（此月无癸酉），天子舍于漆泽，乃西钓于河。初六甲辰，天子猎于渗泽。初八丙午，天子饮于河水之阿。初十戊申［寅］（此月无戊寅），天子西征，骛行，至于阳纡之山。十五癸丑，天子大朝于燕然之山，河水之阿。二十日戊午，天子命吉日戊午，天子大服，天子授河宗璧。二十一己未，天子大朝于黄之山。二十七乙丑，天子西济于河。二十八丙寅，天子属官效器。

五月己巳朔。《传》无载。

六月戊戌朔（05^{h}34^m）。望簋：唯王十又三年六月初吉戊戌。铭文与天象吻合。

卷二，丁巳……知此前有若干脱漏。丁谦云：距前五十一日。盖自河宗至昆仑、赤水须经西夏、珠余、河首、襄山诸地。五十一日行四千里恰合。

戊戌朔，二十日丁巳，天子西南升□之所主居。二十一戊午，寿□之人居虑。二十四吉日辛酉，天子升于昆仑之丘，以观黄帝之宫。二十六癸亥，天子具蠲齐牲全，以禋□昆仑之丘。二十七甲子，天子北征，舍于珠泽。

《传》载"季夏丁卯"，即六月丁卯朔。说明实际用历，前六月戊戌朔，月小，二十九日。而实际天象，午月戊辰朔162分（丁卯15^{h}10^m），实际用历午月（后六月）丁卯朔，不用四分术戊辰162分，更近准确。

闰六月丁卯朔，季夏（初一）丁卯，天子北升于舂山之上以望四野。初六壬申，天子西征。初八甲戌，至于赤乌之人其献酒千斛于天子。十三日己卯，天子北征，赵行□舍。十四日庚辰，济于洋水。十五日辛巳，入于曹奴之人戏觞天子于洋水之上。顾实云："曹奴当即疏勒。"十六壬午，天子北征，东还。十八日甲申，至于黑水。降雨七日。二十五辛卯，天子北征，东还，乃循黑水。二十七癸巳，至于群玉之山。

闰六月，月大，三十日。故《传》载"孟秋丁酉"，进入七月。

七月丁酉朔（02^{h}47^m），四分术丁酉朔661分。孟秋初一丁酉，天子北征。初二戊戌，天子西征。初五辛丑，至于剞闾氏。

初六壬寅，天子祭于铁山。已祭而行，乃遂西征。初十丙午，至于鶜韩氏。十一日丁未，天子大朝于平衍之中。十三日己酉，天子大飨正工、诸侯、王吏、七萃之士于平衍之中。十四日庚戌，天子西征，至于玄池。天子三日休于玄池之上。十七日癸丑，天子乃遂西征。二十日丙辰，至于苦山。二十一日丁巳，天子西征。二十三日已未，宿于黄鼠之山西（阿）。二十七癸亥，至于西王母之邦。

卷三，吉日甲子二十八日，天子宾于西王母。二十九乙丑，天子觞西王母于瑶池之上。

八月丙寅朔（16^h58^m），四分术丁卯朔220分。《传》无载。

九月丙申朔（09^h51^m），四分术丙申朔719分。

实际用历九月丙申朔。初一丙申。十二丁未，天子饮于温山。十四日己酉，天子饮于溽水之上。六师之人毕聚于旷原。天子三月舍于旷原。六师之人翔畋于旷原。六师之人大畋九日。

十月丙寅朔（04^h42^m），四分术丙寅朔278分。

十一月乙未（23^h58^m），四分术乙未朔777分。

十二月乙丑朔（17^h48^m），四分术乙丑朔333分。

公元前993年，穆王十四年，上年置闰，闰六月，转入今年建丑，正月乙未朔（08^h54^m），四分术甲午832分。甲午分数大，与乙未相差无几。实际用历取甲午，或取乙未，均可。

正月（丑）甲午朔（乙未08^h54^m）。《传》无记。

二月（寅）甲子朔391分（甲子20^h57^m）。《传》无记。

三月癸巳890分（甲午06^h28^m）。顾实取甲午朔，己亥初六。癸巳朔，初七己亥，天子东归。初八庚子，至于□之山而休，以待六师之人。

四月癸亥朔449分（14^h25^m）。顾实取四月甲子朔，初一甲子，十七庚辰，天子东征。二十日癸未，至于戏□之山。二十二乙酉，天子南征，东还。二十六己丑，至于献水，乃遂东征。

五月癸巳朔8分（壬辰21^h37^m）。癸巳分数小，壬辰分数大，朔日近之。因为后有"孟秋癸巳""（仲）秋癸亥"的文字，顾实取五月甲午朔，虽朔差一日，视为实际用历，可从。这样，从二月甲子朔算起，出现四个连大月，似乎不好理解。考虑到历术的粗略，又是远在千里万里之外的记录，朔差一日，也是情有可原的，未便苛求。否则，后面的"孟秋癸巳"就不好解释了。实际天象不会错，是实际用历出了偏差，将一个小月误记为大月，如此而已。

五月甲午朔，初六己亥，至于瓜貶之山。初八辛丑，天子渴于沙衍，求饮未至，七萃之士高奔戎刺其左骖之颈，取其青血以饮天子。十一日甲辰，至于积山之边。十二日乙巳，诸飦献酒于天子。

六月壬戌朔507分（04^h49^m）。实际用历，顾实定癸亥朔，朔差一日。

卷四，初一癸亥，十八庚辰，至于滔水。十九辛巳，天子东征。二十一日癸未，至于苏谷。二十四丙戌，至于长愚。二十五丁亥，天子升于长愚，乃遂东征。二十八庚寅，至于重邕氏黑水之阿。

七月辛卯朔（12^h54^m），四分术壬辰66分。实际用历，顾实据《传》记"孟秋癸巳""五日丁酉"定癸巳朔，朔差一日。

七月初一癸巳，孟秋癸巳，命重邕氏供食于天子之属。"五日丁酉"即初五丁酉，天子升于采石之山，于是取采石焉。天子一月休。

八月庚申朔（22^h56^m），四分术辛酉 565 分。实际用历，顾实据《传》"（仲）秋癸亥"定八月癸亥朔。援例，"季夏丁卯""孟秋丁酉""孟秋癸巳""（仲）秋癸亥"，皆指朔日。四分术，七月壬辰 66 分，月大，八月壬戌朔。壬戌之去癸亥，还是朔差一日，这是记事者延续前面的失误却不知而不改。这个"失误"仅是今人的认识，反映了当时人的历术水平而已。干支纪日并不紊乱，大原则没有出错，只是在处理月大月小上没有找到规律。到春秋时代，大月小月的周期才得以逐步掌握，从《春秋左氏传》的历日中可以考知。

（仲）秋癸亥，八月癸亥朔。初一癸亥，天子觞重邕之人徐鸳。初三乙丑，天子东征，徐鸳送天子至于长沙之山。初四丙寅，天子东征，南还。初七己巳，至于文山。天子三日游于文山。初十壬申（误记"壬寅"，本月无壬寅），天子饮于文山之下。十一癸酉，天子命驾八骏之乘。十二甲戌，巨蒐之人坮奴觞天子于焚留之山。十三日乙亥，天子南征阳纡之东尾。十九日辛巳，至于□潦河之水北阿。

九月庚寅朔（11^h58^m），四分术辛卯 124 分，两者误差在半日，算是吻合。实际用历，承上月癸亥朔，本月壬辰朔，与辛卯朔差一日。

九月壬辰朔，二十二癸丑，天子东征，栢夭送天子至于渦人。天子五日休于澡泽之上。二十七戊午，天子东征。

十月庚申（04^{h}22^m），四分术庚申 623 分。实际用历，承上月壬辰朔，本月壬戌朔。

"孟冬壬戌"即十月壬戌朔，与上诸例吻合。十月初一壬戌，至于雷首。犬戎胡觞天子于雷首之阿。初二癸亥，天子南征。初五丙寅，天子至于钘山之队（隧）。十二癸酉，天子命驾八骏之乘，赤骥之驷，造父为御。南征翔行，迳绝翟道，升于太行，南济于河，驰驱千里，遂入于宗周。十九庚辰天子大朝于宗周之庙。吉日甲申二十三，天子祭于宗周之庙。二十四乙酉，天子□六师之人于洛水之上。二十六丁亥，天子北济于河。

十一月己丑（23^{h}22^m），四分术庚寅 182 分，己丑合朔在夜半 23^{h}22^m，与庚寅吻合。实际用历，承上月壬戌朔，定本月壬辰朔。朔差一日。

十一月壬辰朔，记"仲冬壬辰"，至累山之上。初六吉日丁酉，天子入于南郑。西征结束。

以上，我们将《穆天子传》主体文字录入纪时系统，可以弄明白很多问题：

《穆天子传》是一部珍贵的史料记录，记录了周穆王西征的整个行程，季节时日记载得清清楚楚，历日干支前后连贯，一丝不乱，这就体现了它的真实性与可靠性。说明周穆王时代是有"史记"的，整个西周一代也是有"史记"的，没有这个"源"，就没有《春秋》这个"流"。

《穆天子传》记录了周穆王十三年、十四年西行的主要活动，反映了三千年前中原与西域与中亚的沟通，各民族的交流往来可追溯到三千年前，穆王西征有开拓性的意义。

周穆王十三年合公元前 994 年，十四年合公元前 993 年，实际天象与《穆天子传》所记历日干支完全吻合，这难道是偶然的吗？历日干支的记录反映了中华民族三千年前的历术水平。借助干支历日的记录，三千年后的今天，我们能够将它们一一复原，本身就说明华夏民族早期的历术水平是高超的，大体准确的，不用说在当时也是首屈一指的。

干支历日的勘合校比，证实周穆王元年当在公元前 1006 年，它对于整个西周一代王年的探讨有重要意义。旧说克商在公元前 1122 年，新说克商在公元前 1046 年，都会从根本上动摇。

共孝懿夷王序、王年考[①]

关于西周中期这段历史，《史记·周本纪》中记叙简约："穆王立五十五年崩，子共王繄扈立……共王崩，子懿王囏立。懿王之时，王室遂衰，诗人作刺。懿王崩，共王弟辟方立，是为孝王。孝王崩，诸侯复立懿王太子燮，是为夷王。夷王崩，子厉王胡立。"共王以后，除了承继关系外，别无史实可记。

两千余年来，司马迁留给我们的"共懿孝夷"这一西周王位顺次，历来均无疑义。近年来，由于大量西周中期青铜器出土，其铭文中的人名、历日、史实，为我们研究这一时期的王序、王年提供了最宝贵的第一手材料。越来越多的文字证明，司马迁所记的王序是不可信据的，实有纠正的必要，唯此，才能恢复西周中期共、孝、懿、夷这段历史的本来面目。

[①] 本文原作《西周共孝懿夷王序、王年考》，刊载于《人文杂志》1989年第5期。后又收入《铜器历日研究》。

一、 关于师𫊣鼎

1974年底于扶风县强家村发现的师𫊣鼎，是西周中期青铜器的精品。唐兰氏说："铭文中的周王说他的皇考是穆王，我先认为是共王时器，后来发现是错了，这是穆王另外一个儿子，共王之弟孝王时的器。过去还没有发现过孝王时代的标准器，因此，这个鼎也相当重要。"又说："这个鼎的形制、纹饰、铭文字体等看来都较共王时为晚。铭中所说伯大师，见于伯太师盨。宋代出土的克尊，说：'伯太师锡伯克仆卅夫。'均当属于西周后期。因此定为孝王时。"① 唐兰氏定为孝王器，不误，但论据似嫌牵强。因共王、孝王为兄弟辈，难以从形制、纹饰、铭文字体上划分时代的早晚。靠人名"伯太师"系联西周后期器物，更难令人信从。铭文起首有完整的王年、月、日干支："佳王八祀正月，辰在丁卯。"这为我们深入研究该器的绝对年代，提供了最可靠的文字记录。

"辰在丁卯"即朔日丁卯，诸多器物可证。迄今已发现"辰在××"的器物已达24件之多，细加考查，无一不是朔日。最能说明问题的是令彝："佳八月，辰在甲申……佳十月，月吉癸未。"（《大系》5）月吉即初吉，即朔。《周礼·地官·族师》郑

---

① 唐兰：《用青铜器铭文来研究西周史——综论宝鸡市近年发现的一批青铜器的重要历史价值》，《文物》1976年第6期，第31—39页。

注亦云："月吉，每月朔日也。"无论月大月小，令彝之十月癸未朔，必有八月甲申朔，中间无闰月可插。郭沫若、陈梦家二氏定令彝为成王器，今据实际天象考知，令彝实成王十五年（前1090年）器。且与员鼎（父甲鼎）"隹正月既望癸酉"为同年器，这是从历日排比中可以求知的。

又，宜侯夨簋："隹四月，辰在丁未。"（《考古学报》1956.2）诸家定为康王器，考以实际天象，合康王二十六年四月丁未朔。又，商尊乃晚殷器，"隹五月，辰在丁亥"（《文物》1978.3），考以实际天象，合公元前1111年建丑，五月丁亥朔。张汝舟先生定武王克商在公元前1106年，则公元前1111年正当晚殷。商尊之"辰"，即朔日。①

"辰在××"之"辰"，即《左传·昭公七年》"日月之会是谓辰"之辰，即朔。已知"辰在××"的二十余器，皆可考出具体年代，且"辰"必朔日无疑。②

师𩛥鼎："隹王八祀正月，辰在丁卯"，即隹王八年正月丁卯朔，我们据此比照共王铜器——元年师虎簋："隹元年六月既望甲戌"，十五年趞曹鼎的"隹十又五年五月既生霸壬午"，则与师𩛥鼎历日不容。足见师𩛥鼎非共王器，故定为孝王器。铭文所记实孝王八年正月丁卯朔。

---

① 张汝舟：《二毋室古代天文历法论丛》，第170—175页。
② 张闻玉：《释"辰"》，《贵州大学学报》1994年第2期。

二、孝王铜器组

明确师𩛥鼎为孝王八年器,历日分明,则可以历术排比,将西周中期备具王年、月相、月、日干支的有关铜器,分组归类,得出孝王铜器组:元年逆钟,元年师颖簋,元年蔡簋,四年散季簋,四年散伯车父鼎,六年史伯硕父鼎,八年师𩛥鼎,十一年师嫠簋,十二年大簋盖。

以上铜器历日的排比,其原则是:(1)月相必须定点,且定在一日,失朔允许在半日之内;(2)月相名词的正确解释是——初吉、既死霸为朔,既生霸为望为十五,既望为十六;(3)西周用历以建丑为主,失闰才建子、建寅,再失闰建亥。

如果校以实际天象,孝王元年当是公元前928年,冬至月朔丁未 14^h24^m。① 如果我们从这个起点排列下去,孝王时代的诸多铜器皆可找到各自的准确位置。这是实际天象,非人力所能妄为。亦知,孝王八年师𩛥鼎乃公元前921年器。

---

① 张培瑜:《西周历法和冬至合朔时日表》,载张钰哲主编《天问》。具体推算可参考张闻玉《西周七铜器历日的推算及断代》,《社会科学战线》1987年第2期及《铜器历日研究》。

三、 关于王臣簋

1977年底于澄城县出土的王臣簋，王年、月相、月、日干支俱全，铭文涉及益公、内史兇等西周中期时王之重臣，是研究西周中期铜器年代的主要器物之一。吴镇烽等说："王臣簋的制作，我们认为在西周懿王二年三月。理由是：一，弇口、宽腹、圈足下另出三扁足的作法，西周前期是没有的。矮体、兽首衔环耳的特点，西周中期才开始出现。花纹既有团鸟纹，又有窃曲纹，铭文字体涣散等，都表现了西周中期青铜器艺术的特征。二，铭文中代宣王命的史官是内史兇，亦称史兇，见于瘐盨、望簋、蔡簋、扬簋、谏簋。通过这些器铭内在联系的研究，可以确定内史兇是懿王时期人，这就为我们判断王臣簋以及懿王时期的青铜器提供了得力的证据。"① 吴氏的结论不误，但论据似嫌不足。王臣簋铭有益公，益公还见于乖伯簋、永盂、休盘。乖伯簋、永盂为共王器，益公实共王、懿王之重臣，忠于共、懿父子。王臣簋历日与共王铜器组、孝王铜器组历日不容，也与夷王铜器组历日不容，唯与休盘历日可合，只能定于懿世。王臣簋实为懿王时代之标准器。

---

① 吴镇烽、王东海：《王臣簋的出土与相关铜器的时代》，《文物》1980年第5期。

四、 懿王铜器组

明确了王臣簋为懿王铜器，就可以据历日将可系联之铜器归入懿王铜器组。包括无年而有月、月相、日干支的器物，计有：元年㝬鼎，二年王臣簋，三年柞钟，（五年）㝬壶，九年卫鼎，（十年）康鼎，（十二年）庚嬴卣，（十四年）史懋壶，（十四年）弭伯簋，十五年大鼎，（十五年）弭叔簋，（十八年）南季鼎，廿年休盘，（廿一年）免簋，廿二年庚嬴鼎，（廿二年）匡卣，（廿三年）免卣。

王臣簋历日合哪一年实际天象？查公元前915年，冬至月朔壬戌 15^h25^m，丑月壬辰 02^h02^m，寅月辛酉 11^h32^m，卯月庚寅 20^h16^m，辰月庚申 04^h47^m（下略）。是年建丑，三月庚寅，与王臣簋历日正合。前推一年，懿王元年即公元前916年，亦与㝬鼎历日吻合。

据实际天象考知，孝王元年为公元前928年，至懿王元年即公元前916年，知孝王在位12年。孝王在前，懿王继位在后。这是铜器历日明确告诉我们的。

又，师𫊻鼎所记，师𫊻在穆王时"用乃孔德琇屯，乃用心引正乃辟安德"，按旧说当历事穆王、共王、懿王、孝王四代。所以李学勤氏说："师𫊻曾立于穆王之朝，且曾告王善道，对穆王有所匡正，足见穆王死时此人的年岁不能很轻，他不能活到穆王的另一个儿子的第八年。"① 事实上，孝王继其兄共王在位，师𫎇自穆王时任职到共王、孝王时，历事三朝，李先生的疑虑当可冰释了。

总之，由于师𫎇鼎与王臣簋的王世一经确定，借助铜器历日本身，得以纠正史籍记载的西周王序"共、懿、孝、夷"的错误。共、孝、懿、夷，这才是西周王序的历史真实。

五、 关于眉敖的两器

利用铭文中相同的人名辗转系联，可以揭示若干铜器的相互关系，彼此的年代不会相差太远，可划为一个大的铜器群，而绝对年代的准确结论，还得以铜器历日为基础进行考求。历日本身不是简单的干支纪数，而是反映当时的实际天象，而天象又是可以用历术推求出来的。② 非逞臆之谈，实准确可信。除非铜器铭文自身的夺衍，才可能造成历日的误断。比照下面两器，可以说明一些问题。

卫鼎：隹九年正月既死霸庚辰。眉敖使来。

---

① 李学勤：《西周中期青铜器的重要标尺——周原庄白、强家两处青铜器窖藏的综合研究》，《中国历史博物馆馆刊》1979 年第 1 期。

② 张培瑜：《西周历法和冬至合朔时日表》，载张钰哲主编《天问》。具体推算可参考张闻玉《西周七铜器历日的推算及断代》，《社会科学战线》1987 年第 2 期及《铜器历日研究》。

乖伯簋：隹王九年九月甲寅。王命益公征眉敖，二月眉敖至。

两器皆涉及眉敖与周王室事。经过系联，两器可划入西周中期铜器群，先得其大概：上限到穆王后期，下限可至厉王初。唐兰氏列两器入共王世。云："共王九年正月先派使者来，九月共王又派益公去，眉敖才来朝见。"① 这样的断代，舍弃历日而不用，未必就合于史实。排比历朔知，九年正月庚辰朔（既死霸），九月当为丙子朔，无甲寅日。且九年卫鼎与懿王诸器历日贯穿，不容于共王诸器。乖伯簋当是共王器。共王九年九月甲寅日，王派益公征眉敖，十年二月眉敖至，见共王。益公实为共王之重臣，这是乖伯簋所叙。孝王诸器无涉及益公者，大概是失势了。到懿王二年的王臣簋："王各于太室，益公入右王臣，即立中廷。"益公地位是显赫的，位在王臣之上。卫鼎历日合公元前908年懿王九年天象：是年闰十三，冬至月朔辛巳，丑月辛亥，寅月庚辰。实际用历是：十二月辛巳，闰月辛亥，正月庚辰，二月庚戌，三月己卯……九月丙子，十月丙午。亦知乖伯簋"九月甲寅"不容于懿王九年。从卫鼎知，懿王九年正月，眉敖使来，既出于修好，自然也与益公在朝受到重用有关。到二十年休盘："益公右走马休入门，立中廷，北向。"郭沫若氏以为"走马若趣马之职"，"趣马之职见于《诗》者，其位颇高，《十月》与卿

---

① 唐兰：《陕西省岐山县董家村新出西周重要铜器铭辞的译文和注释》，《文物》1976年第5期。

士、司徒并列"，① 益公又是"右"者，地位自在走马休之上。差不多终懿王之朝，益公都是一位大权在握者。他在共王世已有征眉敖的功勋，懿王的拥立不会没有他的劳绩。先王老臣，功大权重，眉敖慑于他的声威，遣派使者与周修好，当是情理中事。

为了验证历日的准确无误，下面将西周中期主要年代的实际天象列出，找到众多铜器历日的准确位置，共、孝、懿、夷的王年及其他有关问题也就迎刃而解了。

六、 共王世的天象及铜器

每年天象用张培瑜《西周历法和冬至合朔时日表》。② 武王克商在公元前1106年，至穆王元年（前1006年）为百年，穆王在位55年，至共王元年。

共王元年（前951年），实际天象：冬至月朔辛酉 08^h36^m。

师虎簋：隹元年六月既望甲戌。（《大系》73）

按：既望十六甲戌，必己未朔。上年当闰未闰，本年建亥，

---

① 郭沫若：《两周金文辞大系图录考释》，《郭沫若全集·考古编》（第八卷），第322页。郭氏定为宣王器，不可从。

② 张培瑜：《西周历法和冬至合朔时日表》，载张钰哲主编《天问》。具体推算可参考张闻玉《西周七铜器历日的推算及断代》，《社会科学战线》1987年第2期及《铜器历日研究》。

正月辛卯，二月辛酉……六月己未（定朔戊午 23^h45^m，司历定为己未朔，失朔 15^m）。共王二年（前 950 年）：冬至月朔乙卯 23^h15^m。

趞尊：佳三月初吉乙卯……佳王二祀。（《大系》101）

按：元年闰十三，二年建子，正月乙卯，二月乙丑，三月乙卯（定朔甲寅 20^h39^m，失朔 3^h21^m）。

共王三年（前 949 年）：冬至月朔庚戌 08^h26^m。

师遽簋：佳王三祀，四月既生霸辛酉。（《大系》83）

按：既生霸十五辛酉，必丁未朔。是年建丑，正月己卯，二月己酉，三月戊寅，四月丁未（失朔 5^h28^m）。

共王七年（前 945 年），冬至月朔丙戌 03^h37^m。

师毛父簋：佳六月既生霸戊戌。（《大系》76）
趞曹鼎：佳七年十月既生霸。（《大系》68）

按：既生霸十五，必甲申朔。是年建丑，正月乙卯……六月甲申（定朔癸未 23^h18^m，失朔 42^m）。师毛父簋无年，列入共王，只合共王七年天象。七年趞曹鼎无日干支，可以推知，十月辛巳朔，既生霸十五必乙未。足见西周时人对月相的重视，朔日有定，月相之日干支自明。月相若不定点，不定于一日，则不可能有纪日的作用。七年趞曹鼎是其例证。

共王九年（前943年）：冬至月朔乙亥 05^h24^m。

乖伯簋：佳王九年九月甲寅。（《大系》147）

按：是年建丑，九月庚子朔，十五甲寅。若要记上月相，则九月既生霸甲寅。古人制器，多记朔与望两日。月朔为初吉，月圆为望，亦为吉。真正的月满圆多在既望，故记既望亦多。《易·归妹》的"月几望，吉"，可证。乖伯簋所记甲寅必是吉日，知必为十五，朔当为庚子，故不用定朔的辛丑 02^h28^m。

共王十年（前942年）：冬至月朔己亥 07^h42^m。

永盂：佳十又二年初吉丁卯。（《文物》1972.1）

按：唐兰氏定为共王器，可从。此器有年无月，是铭文缺月之证。比照共王十二年天象，无丁卯朔。移于共王十年，有寅正二月丁卯朔，合。用子正接续上年，二月丁卯，失朔过半日（定朔戊辰 18^h06^m），为观象授时之征。铭文有误，当是：佳十年二月初吉丁卯。此乃铜器历日自误一例。

共王十四年（前938年）：冬至月朔乙巳 23^h30^m。

师汤父鼎：佳十又二月初吉丙午。（《大系》70）
康鼎：佳三月初吉甲戌。（《大系》84）

按：师汤父鼎合共王十三年十二月丙午朔（即公元前938年冬至月朔，合朔在半夜，司历定丙午。足见共王十三年、十四年历用建丑）。康鼎合共王十四年三月甲戌朔（定朔乙亥 05^h11^m）。推知实际用历：十二月丙午，正月乙亥，二月乙巳，三月甲戌，四月甲辰……月大月小相间。

共王十五年（前937年）：冬至月朔己巳 19^h03^m。

趞曹鼎：隹十又五年五月既生霸壬午。（《大系》69）

按：既生霸十五壬午，必戊辰朔。十五年趞曹鼎乃共王世标准器，与公元前937年天象密合无间。是年建子，五月戊辰朔，合朔在 13^h39^m。公元前938年建丑，当闰不闰，丑正转子正。此器的重要意义在于：穆王、共王年代可证，前推16年即穆王末年，穆王在位五十五年，与史合；月相定点可证，既生霸必十五无疑；非行无中气置闰可证，本该十四年（前938年）闰八月（无中气），当闰而未闰，还是观象授时。

共王十六年（前936年）：冬至月朔甲子 00^h38^m。

格伯簋：隹正月初吉癸巳。（《大系》81）

按：共王十五年置闰，十六年建丑，正月癸巳 15^h19^m。格伯簋当定为共王器，只合共王十六年天象。

共王十九年（前933年）：冬至月朔丁丑 06^h36^m。

同簋：隹十又二月初吉丁丑。（《大系》86）

按：同簋定为共王器，仅合共王十八年天象，建丑，十二月丁丑朔（即公元前933年冬至月朔丁丑）。知共王十九年历必建丑。

共王廿一年（前931年）：冬至月朔乙未 16^h50^m。

庚鼎：九月既望乙巳。（《文物》1972.1）

按：既望十六乙巳，必庚寅朔。是年建子，九月庚寅朔。庚鼎历日合共王二十一年天象。

共王廿二年（前930年）：冬至月朔己丑 18^h32^m。

盠驹尊：隹王十又二月，辰在甲申。（《考古学报》1957.2）

按：辰在甲申，即甲申朔。十二月甲申朔，合共王二十二年亥月朔癸未 17^h51^m。分数大，司历定为甲申朔，失朔 6^h9^m，亦合。

共王在位23年，由孝王世铜器证成。

七、 孝王世的天象及铜器

孝王元年（前 928 年）：冬至月朔丁未 14^h24^m。

逆钟：隹王元年三月既生霸庚申。(《考古与文物》1981.1)
师颖簋：隹王元年九月既望丁亥。(《金文通释》152)
蔡簋：隹元年既望丁亥。(《大系》102)

按：逆钟有定为厉王器者，与厉王元年历日不容。既生霸十五庚申，必丙午朔。蔡簋无月，郭沫若氏认为是"九月既望"，正与师颖簋历日同。既望十六丁亥，九月必壬申朔。排比历日知，有三月丙午朔，经 7 个月（中一闰月）必九月壬申朔。7 个月（三大四小）计 206 日，干支经三轮，余 26 日。丙午至壬申，正 26 日。得知元年师颖簋（包括蔡簋）与元年逆钟为同王同年之器。是年建子，实际用历当是：正月丁未，二月丙子，三月丙午，四月乙亥，五月乙巳，六月甲戌，七月甲辰，八月癸酉，闰月癸卯，九月壬申，十月壬寅，十一月壬申。不同的是，我们将蔡簋列为夷王器。

孝王四年（前 925 年）：冬至月朔庚申 14^h20^m。

散季簋：隹王四年八月初吉丁亥。(《考古图》卷三)
散伯车父鼎：隹王四年八月初吉丁亥。(《文物》1972.6)

按：是年建子，八月朔丁亥 01^h19^m。两器历日合天象。

孝王五年（前 924 年）：冬至月朔乙卯 05^h11^m。

吕服余盘：佳王二月初吉甲寅。（《文物》1986.4）

按：王慎行氏考定为"共懿时代之器"。① 历日合公元前 924 年天象，建丑，正月甲申，二月甲寅。

孝王六年（前 923 年）：冬至月朔己卯 05^h45^m。

史伯硕父鼎：佳六年八月初吉乙巳。（《博古图》卷二）
卯簋：佳王十又一月既生霸丁亥。（《大系》85）

按：是年建子，八月乙巳朔（定朔甲辰 22^h40^m，失朔 1^h20^m），合史伯硕父鼎历日。卯簋"既生霸丁亥"，必癸酉朔，合戌月癸酉 22^h32^m。

孝王八年（前 921 年）：冬至月朔丁酉 08^h23^m。

师𩛥鼎：佳王八祀正月，辰在丁卯。（《文物》1975.8）

按：辰在丁卯，即丁卯朔。是年建亥，正月丁卯，二月丁酉，三月丙申……师𩛥鼎为孝王标准器，历日仅合公元前 921 年

---

① 王慎行：《吕服余盘铭考释及其相关问题》，《文物》1986 年第 4 期。

天象，遂定是年为孝王八年。

孝王九年（前 920 年）：冬至月朔辛卯 07^h38^m。

即簋：隹王三月初吉庚申。（《文物》1975.8）

按：即簋为西周中期器。历日无年，既合夷王五年，亦合孝王九年。惟与夷王五年谏簋等器不容，必孝王九年器。公元前 920 年建亥，三月庚申（定朔辛酉 03^h03^m）。从历术知，月、日干支以 31 年为周期，孝王九年去夷王五年正 31 年。又，孝王九年前推 31 年正共王元年。即簋历日与师虎簋历日不容，共王元年建亥，四月庚申，六月己未，亦非共王器。

孝王十一年（前 918 年）：冬至月朔己酉 09^h12^m。

师嫠簋：隹十又一年九月初吉丁亥。（《大系》149）

按：金文中丁亥为大吉之日。书丁亥者未必是实际之日辰丁亥。遍考铜器历日，乙亥书为丁亥者，已有数例，孝王十一年九月乙亥朔，师嫠簋书为丁亥，即其一例。从孝王八年起，历用建亥，至十二年建子，接续大簋盖历日。

按郭沫若氏将此簋定为宣王器，而宣王十一年公元前 817 年天象与此器历日绝不相容，非宣王器可明。除孝王十一年九月朔乙亥，其余各王之十一年天象，皆无九月丁亥朔或九月乙亥朔，故定师嫠簋为孝王器。

孝王十二年（前 917 年）：冬至月朔癸卯 21^h54^m。

大簋盖：隹十又二年三月既生霸丁亥。(《大系》87)

按：既生霸十五丁亥，必癸酉朔。公元前918年闰，孝王十二年建丑，三月朔壬申 09^h43^m，实际用历与四分历平朔相差14小时17分，与定朔相差9小时43分，基本符合。①

孝王在位12年，由懿王世铜器证成。

八、 懿王世的天象及铜器

懿王元年（前916年）：冬至月朔戊戌 13^h31^m。

智鼎：隹王元年六月，既望乙亥。（首段）
　　　隹王四月既生霸，辰在丁酉。（次段）（《大系》96）

按：王国维氏以为两段为同一年间事，四月在首段之六月前，可从。辰在丁酉，即四月朔丁酉。四月朔丁酉，得六月朔丙申，得既望十六辛亥。智鼎书辛亥为乙亥，因乙亥亦为金文之吉

---

① 此处孝王十二年三月癸酉朔与定朔壬申 09^h43^m 间距离14小时17分，略大于失朔时限 $\frac{499}{940}$，情况比较特殊，盖因此时历法尚处于现象阶段，与现代天文观测存在一定的差值，失朔时限略大于13小时，也是可以理解的。

日。懿王元年实际用历：建丑，正月戊辰，二月丁酉，三月丁卯，四月丁酉，五月丙寅，六月丙申，七月乙丑……，与曶鼎所记正合。

懿王二年（前915年）：冬至月朔壬戌 15^h25^m。

王臣簋：隹二年三月初吉庚寅。（《文物》1980.5）

按：此簋历日合公元前 915 年天象，建丑，三月朔庚寅 20^h16^m。上接曶鼎历日，孝王在位年数由此明确。

懿王三年（前914年）：冬至月朔丁巳 02^h58^m。

柞钟：隹王三年四月初吉甲寅。（《文物》1961.7）

按：有定柞钟为西周后期器者，而历日与宣、幽各王无一可合，唯与王臣簋历日连贯，合公元前 914 年天象，建丑，四月朔甲寅 20^h39^m，故定为懿王器。

懿王九年（前908年）：冬至月朔辛巳 20^h54^m。

卫鼎：隹九年正月既死霸庚辰。（《文物》1976.5）

按：九年卫鼎历日合公元前 908 年天象，建寅，正月庚辰 19^h03^m。八年不当闰而闰，建丑转建寅。九年当闰不闰，接十年建丑。卫鼎历日与曶鼎、王臣簋、柞钟历日连贯，当列入懿世。

懿王十四年（前 903 年）：冬至月朔壬子 20^h40^m。

弭伯簋：隹八月初吉戊寅。(《文物》1966.1)

按：此簋无年，若定为西周中期器，历日合公元前 903 年天象，前推 31 年，与共王十八年（前 934 年）天象亦合，这是月、日干支周期所确定的。簋铭之"弭伯"又见于弭叔簋。弭叔簋铭有"井叔"，井叔实懿王之重臣。亦可联系免诸器及曶鼎、史懋壶、守宫尊等器。以上诸器已知为孝懿之世，故列弭伯簋于懿世。

懿王十五年（前 902 年）：冬至月朔丙子 15^h42^m。

大鼎：隹十又五年三月既（死）霸丁亥。(《大系》88)

按：大鼎，吴其昌氏列入懿王，补为"既生霸"；董作宾氏以"既死霸"列入孝王十五年（前 940 年）；郭氏《大系》将大簋盖、大鼎同列入懿王器。考求天象，大簋盖合孝王十二年（前 917 年）天象；大鼎应列入懿王。懿王十五年建寅，三月朔乙亥 08^h15^m，书为"三月既死霸丁亥"。乙亥何以书为丁亥？郑玄注《仪礼·少牢馈食礼》所云："不得丁亥，则己亥、辛亥亦用之，无则苟有亥焉可也。"铸器取吉日，丁亥是最大的吉日，故多用丁亥。今考之，并非全是实际的丁亥日。在西周铜器中，已有数例本当乙亥而书为丁亥者。最早一例是吴彝，乃穆王器。而师兑簋两器最为典型，有元年五月初吉甲寅，必有三年二月初吉乙亥，而三年师兑簋书为丁亥。舍此，大鼎历日无一王可合。有人以为丁亥是一个公式化的吉日代称，未免宽漫。果如此，历日的作用也就人为地被抹杀了。不如依郑玄说，以亥日为依托。

懿王十八年（前899年）：冬至月朔己丑 06^h44^m。

南季鼎：隹五月既生霸庚午。（《大系》113）

按：既生霸十五庚午，五月必丙辰朔。合公元前899年天象，建丑，五月朔丙辰 20^h59^m。郭沫若氏《大系》定为夷王器。历日与夷王各年天象不合，故列入懿王十八年。

懿王二十年（前897年）：冬至月朔戊寅 12^h06^m。

休盘：隹廿年正月既望甲戌。（《大系》152）

按：此器王世众说纷纭。郭氏《大系》定为宣王器。铭文字体有古朴之风，有据此定为穆王器者。铭文"益公"，实共懿之权臣，必共懿器无疑。历日既望十六甲戌，必己未朔。查共王二十年、孝王二十年均不合。懿王二十年（前897年），建丑，正月丁未（定朔戊申 00^h11^m，合朔在半夜，失朔 11^m），有十六既望壬戌。休盘既为共懿器，得知"甲戌"实"壬戌"之误。甲与壬笔误之例还见于元年师旋簋，将"壬寅"误书为"甲寅"。

懿王二十二年（前895年）：冬至月朔丙申 15^h34^m。

匡卣：隹四月初吉甲午。（《大系》82）
庚嬴鼎：隹廿又二年四月既望己酉。（《大系》43）

按：匡卣铭有"懿王"，故列入懿世。懿王二十二年建丑，四月朔甲午 21^h09^m 正合。庚嬴鼎"既望十六己酉"，必四月甲午朔，与懿王二十二年天象合。从历术角度言，非定懿世不可。

懿王在位 23 年（前 916 年—前 894 年）。当由夷王世诸铜器证成。

九、 夷王世的天象及铜器

夷王元年（前 893 年）：冬至月朔甲寅 10^h17^m。
夷王三年（前 891 年）：冬至月朔壬申 15^h33^m。

卫盉：隹三年三月既生霸壬寅。（《文物》1976.5）

按：卫器有列入共王者，有列入懿王者，属西周中期当无问题。既生霸十五壬寅，则戊子朔。三年三月戊子朔，则与西周中期各王三年天象皆不合，甚至与西周十二王之三年天象无一可合者。此器属于月相误书之例，器物有月相名词自误者，如伯寛父盨之"既死辛卯"，大鼎之"既霸丁亥"，即其例。不妨将卫盉从这一角度考虑。共王、孝王、懿王三年三月，无戊子朔，也无壬寅朔。夷王三年三月，无戊子朔；而有建亥，三月壬寅朔，即既死霸壬寅。白川静氏定卫盉为夷王器，可从。知卫盉"三月既生霸壬寅"当为"三月既死霸壬寅"。将"死"字误书为"生"

字，有意为之乎？无意为之乎？有意为讳，无意为误。虽一字之差，竟使历日难合天象。

史颂簋：隹三年五月丁巳。（《金文通释》138）

按：郭氏《大系》云：史颂即颂鼎之"颂"，乃共王时人。故考订为同王同年之两器。颂鼎："隹三年五月既死霸甲戌"，其甲戌在丁巳之后十八日。同王同年同月，即使丁巳为朔，甲戌也在十八日。于是"既死霸"当在下半月某日了。月相之误解由此起。查共王三年之实际天象，与两器历日绝不相容。颂鼎历日唯合厉王三年（前876年）天象：五月甲戌朔，知既死霸为朔，则史颂簋非厉世器，故今列入夷王。夷王三年建亥，五月朔辛丑 16^h15^m，得十七日丁巳，十七为既望之后一日。金文惯例，月相用初吉或既死霸，用既生霸，用既望，皆定点于一日。日辰在既望之后，依惯例无月相可记，便直书丁巳。

夷王五年（前889年）：冬至月朔辛酉 21^h24^m。

五祀卫鼎：隹正月初吉庚戌……隹王五祀。（《文物》1976.5）

兮甲盘：隹五年三月既死霸庚寅。（《大系》143）
谏簋：隹五年三月初吉庚寅。（《大系》117）
卫簋：隹八月初吉丁亥。（《考古》1974.1）

按：五祀卫鼎，郭沫若氏、唐兰氏列入共王，李学勤氏、周法高氏列入懿王，白川静氏列入夷王。查共王、孝王、懿王五年之天象，皆不合。铭文"庚戌"之"庚"，似庚似寅。《新出金文分域简目》就释为"隹正月初吉寅戌"，① 历日明显有误。释为"庚戌"与天象不合。今列入夷王，五年建丑，正月庚寅（失朔 8^h3^m），二月庚申，三月庚寅视为历日自误例，否则五祀卫鼎无所归属。

兮甲盘，多以为宣王器。谏簋铭因有"司马共"，有列入厉王者，有定懿王者，董作宾氏列入夷王五年，与兮甲盘同王同月日。董氏的夷王五年在公元前 920 年，多加了一个月日周期 31 年，将夷王在位年数大大延长了。既死霸即朔，即初吉，两器同王同年月日，合夷王五年（前 889 年）三月庚寅。谏簋与师晨鼎（师俞簋历日同）、瘨盨铭皆有"司马共"，又同在"周师录宫"，历日彼此不容，当分属夷、厉两王。师晨鼎合厉王三年天象，瘨盨合厉王四年天象。夷王五年当闰，中置一闰，八月朔丁亥 07^h34^m，合卫簋历日（无年）。

夷王八年（前 886 年）：冬至月朔甲戌 10^h05^m。

辅师嫠簋：隹王九月既生霸甲寅。（《考古学报》1958.2）

按：既生霸为十五日甲寅，必九月庚子朔。夷王八年建丑，实际用历：正月甲辰，二月癸酉，三月壬申，四月壬申……九月

---

① 中国社会科学院考古研究所编：《新出金文分域简目》，北京：中华书局，1983 年，第 77 页。

庚子（定朔己亥 11^h53^m），失朔半日，仍合。

夷王十二年（前 882 年）：冬至月朔庚戌 13^h46^m。

太师虘簋：正月既望甲午……佳十又二年。（《考古学报》1956.4）

伯晨鼎：佳王八月，辰在丙午。（《大系》115）

扬簋：佳王九月既生霸庚寅。（《大系》118）

按：既望十六甲午，必正月己卯朔。夷王十二年建丑，正月己卯（失朔 2^h7^m），二月己酉……八月丙午，九月丙子。太师虘簋铭有宰曶，上承蔡簋之宰曶；铭有伯晨，下接厉王三年师晨鼎之师晨。太师虘簋实夷王世之标准器，旧有懿王、厉王两说，均失之。

扬簋之既生霸十五庚寅，必九月丙子朔。是年八月丙午朔，合伯晨鼎历日；九月丙子朔，合扬簋历日。

夷王在位 15 年（前 893 年—前 879 年），由厉王元年（前 878 年）之师毁簋、师兑簋证成。

十、结语

以上我们用实际天象考校铜器历日，重点解决了西周中期共、孝、懿、夷四王的王序及在位年数，结合拙稿《武王克商在公元前 1106 年》，即可得出西周一代的诸王年表如下。

公元前1106年武王克商,在位2年;

公元前1104年成王元年,在位37年;

公元前1067年康王元年,在位26年;

公元前1041年昭王元年,在位35年;

公元前1006年穆王元年,在位55年;

公元前951年共王元年,在位23年;

公元前928年孝王元年,在位12年;

公元前916年懿王元年,在位23年;

公元前893年夷王元年,在位15年;

公元前878年厉王元年,在位37年;

公元前841年共和元年,计14年;

公元前827年宣王元年,在位46年;

公元前781年幽王元年,在位11年;

公元前770年平王元年,东周始。

宣王纪年有两个体系[①]

2003年1月19日,陕西眉县杨家村出土27件青铜器,给考古界、史学界带来极大的震撼。出土铜器之多,文字之长,纪年之高,都是前所未有的。其中,最受重视的是四十二年、四十三年的两件逨器。两器的历日干支也引发出许多令人不解的问题,尤其涉及宣王纪年,至今仍然没有一致的意见。如果将宣王一世的铜器进行排列,可以明确,宣王纪年有两个体系。

传统说法,厉王在位37年,共和14年,宣王46年,幽王11年。尤其共和元年在公元前841年,几无异议。没有坚实的证据,我们不宜否定传统说法,更不能以推翻司马迁为荣。轻率否定文献,还有什么古史可言?而发现出土新材料与文献记载不相吻合,我们得深入研究,找出症结所在,提出合理的解说。我们在尊重传统说法的框架下,深入研究眉县出土的两件逨器,似乎可以说,宣王纪年确有两个体系。

四十二年逨鼎:"隹四十二年五月既生霸乙卯。"

---

① 本文原载于《西周纪年研究》,后又收入《夏商周三代纪年》《张闻玉文集·史学卷》。今据录入。

四十三年逑鼎："隹四十三年六月既生霸丁亥。"

我在《眉县新出铜器与宣王纪年》一文中已经指出，四十二年器合公元前 785 年天象，四十三年器合 784 年天象。这样，西周后期，厉王在位 37 年，即前 878—前 842 年；共和元年即前 841 年，宣王元年即前 826 年。这也符合司马迁的记载："（鲁真公）二十九年，周宣王即位。"① 还有一件铜器伯大祝追鼎值得注意。铭文："隹卅又二年八月初吉辛巳，伯大祝作。"②

对照公元前 795 年的实际天象：子月乙酉，丑月乙卯，寅月甲申……未月壬子，申月壬午 11 分（张培瑜表③：壬午 01 时 50 分）。实际用历，丑正，八月辛巳。时间误差也就在两小时之内。这里就是"八月初吉辛巳"的确切位置。

过去，我们不敢怀疑宣王纪年有什么问题，把它排入宣王三十三年，视为"二"中有"缺笔"。有了四十二年、四十三年两件逑器的支撑，伯大祝追鼎就正正规规地排入宣王三十二年，不作"缺笔"处理。两件逑器与追鼎，组成一个系列，支持宣王元年为公元前 826 年。

过去我们明确无误的宣王铜器克钟、克盨，其历日值得讨论。

克钟："隹十又六年九月初吉庚寅。"

克盨："隹十又八年十又二月初吉庚寅。"④

---

① 《史记》卷 33《鲁世家》，第 1526 页。
② 陈佩芬：《新获两周青铜器》，《上海博物馆集刊》第八期，上海书画出版社，2000 年。
③ 详参张培瑜《中国先秦史历表》，第 1—118 页。
④ 郭沫若：《两周金文辞大系图录考释》123。

对照公元前 812 年天象：子月甲子 321 分，丑月癸巳，寅月癸亥……未月辛卯 54 分（张培瑜表：辛卯 06 时 44 分），这就是实际用历的九月初吉庚寅，误差在 6 小时 44 分。克盨历日用"庚寅为寅日例"①，宣王十八年有十二月戊寅，书戊寅为庚寅，自可贯通解说。

还有趞鼎："隹十又九年四月既望辛卯。"②

既望十六辛卯，必丙子朔。对照公元前 809 年天象：子月丙子，丑月丙午，寅月丙子（张培瑜表：丙子 01 时 43 分）。接续上年（前 810）十二月戊寅，本年建亥，寅月丙子即四月丙子，有四月既望辛卯。这就是趞鼎历日之所在。

还有无㠱簋："隹十又三年正月初吉壬寅。"③ 历日合前 829 年（共和十三年），丑正，正月壬寅朔。

虢季子白盘："隹王十又二年，正月初吉丁亥。"④ 历日合前 816 年天象，子正，正月丁亥 763 分（戊子 04^{h}00^m）。

不难看出，无㠱簋、克钟、克盨、趞鼎、虢季子白盘，组成一个系列，支持宣王元年在公元前 827 年。

这就是明明白白的宣王纪年的两个体系。

面对事实，朱凤瀚先生以为，"宣王元年究应落在哪一年的问题似仍值得再斟酌"⑤。按朱先生的说法，"如依宣王元年为公

---

① 张闻玉、饶尚宽、王辉：《西周纪年研究》，第 67 页。
② 刘启益：《伯寛父盨铭与厉王在位年数》，《文物》1979 年第 11 期。
③ 郭沫若：《两周金文辞大系图录考释》120。
④ 郭沫若：《两周金文辞大系图录考释》103。
⑤ 马承源、朱凤瀚等：《陕西眉县出土窖藏青铜器笔谈》，《文物》2003 年第 6 期。

元前826年的方案,有至少11件铜器可排入宣王年历中"。很明白,宣王元年为公元前826年是难以否定的。

其实,何幼琦先生的文章明确提出"宣王有两个元年"。何氏说:"厉王是共和十四年正月死去的。下一年才是宗周的宣王元年。因此,宣王曾有两次即位,两个元年,一个是继承厉王的,一个是继承共伯和的。"①

应该说,最早看到这个纪年乖错的是司马迁。《史记·十二诸侯年表》在"庚申,共和元年"鲁纪年下注明"(鲁真公)十五年,一云十四年"②。或十五,或十四,已经有一年的摆动。按真公十四年为共和元年,公元前827年为鲁真公二十八年,为宣王元年;按真公十五年为共和元年,公元前826年为鲁真公二十九年,为宣王元年。这样,宣王就出现两个元年。

《周本纪》载厉王"三十四年,王益严,国人莫敢言,道路以目……三年,乃相与畔,袭厉王。厉王出奔于彘……召公、周公二相行政,号曰'共和'。共和十四年,厉王死于彘"③。彘在山西的汾河上,距宗周甚远。《诗经·大雅·韩奕》有"韩侯取妻,汾王之甥"④,这个汾王,历代指认就是周厉王。何幼琦说:"厉王奔彘以后,仍在称王,但他的号令不出百里之外,时人称之为汾王。"就是说,厉王身边还跟随一批忠于他的贵族。厉王

---

① 何幼琦:《西周四世轶史初探》,原载《江汉考古》1983年第2期,后收入其《西周年代学论丛》,武汉:湖北人民出版社,1989年,第14页。
② 《史记》卷14《十二诸侯年表》,第512页。
③ 《史记》卷4《周本纪》,第142、144页。
④ 《毛诗正义》卷18《韩奕》,北京:中华书局,1980年影印清阮元校刻《十三经注疏》本。

死于鲁真公二十八年年初的两三天内，在虢的贵族就立厉王儿子继承王位。这就是第一个宣王元年。而后回到宗周，鲁真公二十九年，继承共和执掌大权，开始了第二个宣王元年。这很可能是执政大臣的条件，显示共和的合法性。由于封闭隔绝，加之固执保守，忠于厉王的那批贵族，像《诗经》中记录的韩侯、显父、蹶父之列，依旧在使用第一个宣王纪年，还一直延续下去；忠于共和的权势贵族，使用的是第二个宣王纪年系统，推后了一年。两个政治集团各自为政，各自著录在铜器铭文中，就是我们今天看到的相互乖违的纪年体系。

这就有一个如何处理两个元年的学术问题。有人在"共和元年"上面做文章，将厉王三十七年与共和元年重叠，也就是"共和当年改元"。压缩厉王一年，使之有所伸缩。因为无曩簋的存在，其历日与共和十三年即公元前829年的实际天象吻合，上溯，共和元年为公元前841年，况且司马迁也记载得很明白："庚申、共和元年。"可见，共和的纪年是不可改动的，我们就不能在"共和元年"上打主意。

我们的处理办法，还是遵从两千年来史学界公认的宣王纪年体系，将两件逨器反映的另一个宣王元年作特殊处理，承认它的存在，视为是失势的共和执政大臣的遗臣遗民的独特纪年。

下编

西周王年概览

西周王年足徵①

一、前言

孔子有"不足徵"之说，此篇借用"足徵"二字，以示立意允洽。

西周王年是"夏商周断代工程"的基础，西周不明，遑论夏商。唯其如此，说多纷繁。此篇乃承继先师张汝舟先生之说，将西周年代的主要依据一一列出，希望得到学术界的批评，以求共识。

需要说明的是：

（1）本篇以文献、出土器物与实际天象（历朔干支）相互取证，做到"三证合一"。实际天象用张培瑜先生《中国先秦史历表》，数据可靠。

（2）西周历术乃观象授时，无"三正"之说。当闰不闰，丑正转子正；不当闰而闰，丑正转寅正。

---

① 本文原载于《大陆杂志》第 97 卷第 6 期（1998 年 12 月）。后收入《铜器历日研究》中。

（3）西周观象授时，月相记录十分重要。月相必须定点，且定于一日，不得有两天、三天的活动，更不得有七天、八天的活动。允许失朔在 13 小时即四分术 499 分之内。

（4）《鲁世家》完整地记录了鲁公年次，这对探求西周王年十分有用。故将鲁公与周王年次相应列出，以取信于学林。

（5）为求简明，不作解说。欲知其详，可参照笔者《铜器历日研究》相应篇章及《西周王年论稿》。

二、正篇

公元前 1166 年，文王元年。

文献：《史记·周本纪》："西伯盖即位五十年。"《尚书·无逸》："文王受命惟中身，厥享国五十年。"

按：文王即位自前 1166 年至前 1117 年，计 50 年。

公元前 1157 年，帝辛元年，文王十年。

公元前 1144 年，帝辛十四年，文王二十三年。

文献：《逸周书·酆保》："维二十三祀，庚子朔。"（文王纪年）

天象：冬至月朔壬寅 13 时 42 分，丑月壬申，寅月辛丑，卯月辛未，辰月庚子 08 时 44 分。

按：《逸周书》所记缺月。校比天象，合丑正四月庚子朔。历日与"王在酆"相悖。历日亦合前 1113 年。

公元前 1138 年，帝辛二十年，文王二十九年。

考古：戊辰彝"二十年十一月戊辰"（帝辛纪年）。

天象：冬至月朔丙申 19 时 10 分，丑月丙寅，寅月乙未……酉月壬戌，戌月壬辰，亥月辛酉 23 时 57 分。

按：是年建丑，正月丙寅朔，十一月辛酉朔，初八戊辰。

公元前 1132 年，帝辛二十六年，文王三十五年。

文献：《逸周书·小开》："维三十有五祀……正月丙子，拜望食无时。"（文王纪年）

天象：冬至月朔：壬戌 01 时 8 分，丑月辛卯，寅月辛酉。

按：文王三十五年正月望日丙子发生了"无时"之月食。十五为望，丙子望必正月壬戌朔。是年建子，正月壬戌朔。文献与天象吻合，月相定点，望为十五。

公元前 1127 年，帝辛三十一年，文王四十年。

记事：囚西伯于羑里。

公元前 1126 年，帝辛三十二年，文王四十一年。

记事：文王演周易。

公元前 1125 年，帝辛三十三年，文王四十二年(受命元年)。

记事：释西伯，使专征伐。

文献：《帝王世纪》："文王即位四十二（年），岁在鹑火，文王更为受命之元年，始称王矣。"《今本竹书纪年》："三十三年，密人降于周师，遂迁于程。"①

公元前 1123 年，帝辛三十五年、文王受命三年。

---

① 方诗铭、王修龄：《古本〈竹书纪年〉辑证》附王国维《今本竹书纪年疏证》，上海：上海古籍出版社，2005 年，第 238 页。

文献：《今本竹书纪年》："三十五年，周大饥，西伯自程迁于丰。"①《逸周书·大匡》："惟周王宅程三年，遭天之大荒。"

按：一用帝辛纪年，一用文王受命纪年。知文王宅程三年，自程迁丰。

公元前1122年，帝辛三十六年，文王受命四年。

记事：文王得吕尚。

文献：《今本竹书纪年》："三十六年春正月，诸侯朝于周，遂伐昆夷。"②《纪年》："帝辛三十六年西伯使世子发营镐。"《尚书·大传》："四年，伐畎夷。"

按：一用帝辛纪年，一用文王受命纪年。

公元前1117年，帝辛四十一年，文王受命九年，文王薨。

文献：《逸周书·文传》："文王受命之九年，时维暮春，在鄗，召太子发。"《毛诗疏》："文王九十七而终，终时受命九年。"（当是七十九终，用上读法）《今本竹书纪年》："帝辛四十一年春三月，西伯昌薨。"

公元前1116年，帝辛四十二年，武王元年。

文献：《逸周书·柔武》："维王元祀一月，既生魄，王召周公旦曰：'呜呼，维在王考之绪功'。"孔晁注："此文王卒之明年春也。"

---

① 方诗铭、王修龄：《古本〈竹书纪年〉辑证》附王国维《今本竹书纪年疏证》，第233页。

② 方诗铭、王修龄：《古本〈竹书纪年〉辑证》附王国维《今本竹书纪年疏证》，第238页。

公元前 1113 年，帝辛四十五年，武王四年。

　　记事： 武王受命为西伯侯。树砥（珉）于崇。

　　文献： 《逸周书·酆保》"诸侯咸格来庆，……咸格而祀于上帝。"

公元前 1111 年，帝辛四十七年，武王六年。

　　考古： 商尊："五月辰在丁亥。"①

　　天象： 冬至月朔庚申，丑月己丑……辰月丁巳，巳月丁亥。

　　按： 是年建丑，五月丁亥朔，合"五月辰在丁亥"。

公元前 1106 年，帝辛五十二年，武王十一年。

　　文献： 《今本竹书纪年》："五十二年（庚寅），周始伐殷。"《古本竹书纪年》："（武王）十一年庚寅，周始伐商。"《尚书·泰誓上》："惟十有一年，武王伐殷。一月戊午，师渡孟津。"《武成》："惟一月壬辰旁死霸，若翌日癸巳。"又，"二月既死霸，粤五日甲子"。又，"惟四月既旁生霸，粤六日庚戌"。《逸周书·世俘解》："惟一月丙午旁生魄，若翼日丁未。"

　　考古： 利簋："珷征商，隹甲子朝。"②

　　天象： 冬至月朔辛酉 08 时 25 分，丑月辛卯 03 时 53 分，寅月庚申，卯月庚寅，辰月庚申 04 时 10 分，巳月己丑，午月戊午。

　　按： 是年建丑，正月辛卯朔，初二壬辰旁死霸，初三癸巳，

---

①　陕西周原考古队：《陕西扶风庄白一号西周青铜器窖藏发掘简报》，《文物》1978 年第 3 期。

②　于省吾：《利簋铭文考释》，《文物》1977 年第 8 期。

合《武成》。十五既生霸乙巳，十六旁生霸丙午，十七丁未，合《世俘》。二十八戊午，师渡孟津。二月庚申朔（既死霸），初五甲子。闰月庚寅朔，三月己未朔（定朔庚申 04 时 10 分，失朔 4 小时 10 分），四月己丑朔，十五既生霸癸卯，十六旁生霸甲辰，十七既旁生霸乙巳，二十二庚戌。正月从辛卯朔到二十八戊午，四月从己丑朔到二十二庚戌，历日分明。月相定点，定于一日，确凿无疑。又，四分历朔策（一月）$29\frac{499}{940}$。干支纪日以整，允许失朔在 499 分之内，约 13 小时。超过 500 分，宁可不用。在 13 小时之内，仍应视为吻合。

公元前 1105 年，武王十二年（克商二年）。

　　文献：《尚书·金縢》："既克商二年，王有疾，弗豫。"《史记·封禅书》："武王克殷二年，天下未宁而崩。"《逸周书·作雒》："（武）王既归，乃岁十二月崩镐，殡（殣）于岐周。"

　　按：中国计算年月日，古今一贯，把起年起月起日计算在内。

公元前 1104 年，成王元年，伯禽（代父治鲁）元年。

　　文献：《逸周书·作雒》："元年夏六月，葬武王于毕。"《鲁世家》："（周公）相成王，而使其子伯禽代就封于鲁。"又："伯禽即位之后，有管、蔡等反也。"

　　考古：周师旦鼎："隹元年八月丁亥。"[1]

---

[1] ［日］白川静：《金文通释》10。

天象：冬至月朔己卯，丑月己酉，寅月戊寅……未月丙午，申月丙子。

按：是年建丑，八月丙子朔，十二丁亥。

公元前1100年，成王五年。

考古：何尊："在四月丙戌，隹王五祀。"①

天象：冬至月朔丙辰，丑月乙酉，寅月乙卯，卯月甲申（定朔乙酉00时13分钟），辰月甲寅。

按：是年建子，四月甲申朔，初三丙戌。

公元前1098年，成王七年，伯禽（代父治鲁）七年。

文献：《尚书·召诰》："惟二月既望，越六日乙未。"又"越若来三月，惟丙午朏，越三日戊申。"《尚书·洛诰》："戊辰……在十有二月。惟周公诞保文武受命，惟七年。"

天象：冬至月朔乙巳，丑月甲戌22时41分，寅月甲辰15时41分……亥月己亥。

按：二月十六日既望，二十一日乙未。知二月乙亥朔（定朔甲戌22时41分，合朔在夜半），十五日望己丑，十六日既望庚寅，越六日二十一乙未。三月甲辰朔，初三丙午朏，初五戊申。十二月己亥朔，三十日戊辰晦。是年建子，正月乙巳，二月乙亥，三月甲辰，四月甲戌……十二月己亥。记事历日与天象吻合。

公元前1097年，成王八年（亲政元年），伯禽八年（受封鲁侯

---

① 唐兰：《何尊铭文解释》，《文物》1976年第1期。

元年)。

  文献：《汉书·世经》："成王元年正月己巳朔。"

  天象：冬至月朔戊辰 22 时 10 分。

  按：上年十二月己亥朔，本年正月己巳朔（定朔戊辰 22 时 10 分，余分大，司历定为己巳）。

公元前 1095 年，成王十年（亲政三年），伯禽十年。

  文献：《逸周书·宝典》："惟王三祀二月丙辰朔，王在鄗，召周公旦。"

  天象：冬至月朔丙戌 22 时 06 分，丑月丙辰，寅月丙戌。

  按：是年建子，二月丙辰朔。合《汉书》《逸周书》从成王亲政计年。《宝典》历日合成王亲政三年，乃记成王事，非武王。

公元前 1090 年，成王十五年，伯禽十五年。

  考古：员鼎："隹正月既望癸酉。"① 令彝："隹八月，辰在甲申……隹十月，月吉癸未。"②

  天象：丑正月戊午朔，既望十六癸酉；二月丁亥，三月丁巳，四月丙戌，五月丙辰，六月乙酉，七月乙卯，八月甲申，九月甲寅，十月癸未，十一月癸类丑，十二月癸未。

  按：八月辰在甲申即八月甲申朔。"辰在××"表达朔日干支。

公元前 1079 年，成王二十六年，伯禽二十六年。

  考古：番匊生壶："隹廿又六年十月初吉己卯。"③

---

 ① 郭沫若：《两周金文辞大系图录考释》29。
 ② 郭沫若：《两周金文辞大系图录考释》5。
 ③ 郭沫若：《两周金文辞大系图录考释》134。

天象：丑正月甲寅朔，二月癸未，九月庚戌，十月己卯 16 时 34 分。

按：出土器物成王纪年是从周公摄政计起的，而文献多是从亲政元年起始。李仲操列此器为平王器。平王二十年有十月己卯朔。可视为晚期器物记前期史事。

公元前 1068 年，成王三十七年（亲政三十年），伯禽三十七年。

文献：《汉书·世经》："后三十年四月庚戌朔，十五日甲子哉［既］生霸。……翌日乙丑，成王崩。"《尚书·顾命》："惟四月哉生霸，王不怿……乙丑，王崩。"

天象：冬至月庚辰 15 时 47 分朔，丑月庚戌，寅月庚辰，卯月己酉 7 时 20 分（余分小，司历定四月庚戌朔）。

按：实际用历：正月辛巳，二月庚戌，三月庚辰，四月庚戌，十五既生霸甲子，十六日乙丑。初三哉生霸得病，既生霸十五立遗嘱，十六崩。

公元前 1067 年，康王元年，伯禽三十八年。

公元前 1056 年，康王十二年，伯禽四十九年。

文献：《尚书·毕命》："惟十又二年六月庚午朏。"《汉书·世经》："康王十二年六月戊辰朔，三日庚午。"

天象：子正月辛丑朔，六月戊辰 06 时 55 分，初三庚午。

公元前 1052 年，康王十六年，伯禽五十三年卒。

文献：《汉书·世经》："鲁公伯禽，推即位四十六年，至康王十六年而薨。"

按：《世经》不计周公摄政伯禽代就封于鲁七年，故有"即位四十六年"之说，加代父治鲁七年，伯禽实在位 53 年。

公元前 1051 年，康王十七年，鲁考公元年。

  文献：《鲁世家》："鲁公伯禽卒，子考公酋立，考公四年卒。"

公元前 1047 年，康王二十一年，鲁炀公元年。

  文献：《鲁周公世家》："考公四年卒，立弟熙，是谓炀公。炀公筑茅阙门。六（十）年卒。"① 《汉书·世经》："《（鲁）世家》炀公即位六十年，子幽公宰立。"

  按：《世经》列出殷历丁酉蔀76年（含微公26年，幽公14年，炀公36年），加"炀公二十四年正月丙申朔旦冬至"的24年，炀公即位60年可信。《世经》又明确是引自《鲁世家》的，知《鲁世家》夺"十"字，当订正。"六十"古文作𠦄，上读为六十，下读为十六，省作六。上读为是②。

公元前 1042 年，康王二十六年，鲁炀公六年。

  考古：宜侯夨簋："隹四月，辰在丁未。"③

  文献：《竹书纪年》："二十六年秋九月己未，王陟。"《太平御览》引《帝王世纪》："王在位二十六年崩。"

  天象：丑正月己卯朔，二月戊申，三月戊寅，四月丁未……九月乙亥（二十一乙未）。

公元前 1041 年，昭王元年，鲁炀公七年。

公元前 1036 年，昭王六年，鲁炀公十二年。

---

  ① 《史记》卷33《鲁世家》，第1525页。
  ② 郑慧生：《上读法——上古典籍读法之谜》，《历史研究》1997年第3期。
  ③ 唐兰：《宜侯夨毁考释》，《考古学报》1956年2期。

考古：宰兽簋："隹王六年二月初吉甲戌。"①

天象：冬至月朔乙亥，丑月甲辰，寅月甲戌，癸月癸卯……

按：建丑，正月甲辰，二月甲戌。初吉即朔。

公元前1034年，昭王八年，鲁炀公十四年。

考古：齐生鲁方彝盖："隹八年十二月初吉丁亥。"②

天象：冬至月朔壬辰，丑月壬戌……亥月戊午，子月丁亥07时47分。

按：建丑，正月壬戌，十二月丁亥。初吉即朔。

公元前1024年，昭王十八年，鲁炀公二十四年。

考古：静方鼎："十月甲子……八月初吉庚申……（四）月既望丁丑（壬戌朔）。"③

天象：冬至月朔甲午，丑月甲子，寅月甲午，卯月癸亥，辰月癸巳，巳月壬戌，申月辛卯，酉月庚申，戌月庚寅，亥月己亥。

按：是年建寅，四月壬戌朔，十六既望丁丑。八月庚申朔。先记十月，次记八月，再追记四月。

公元前1023年，昭王十九年，鲁炀公二十五年。

文献：《古本竹书纪年》："十九年，天大曀，雉兔皆震。"

天象：公元前1023年寅正五月丙戌朔，儒略历6月10日，日食天象，食分0.43，洛阳一带中午1时之后。

---

① 罗西章：《宰兽簋铭略考》，《文物》1998年第8期。
② 祁健业：《岐山县博物馆近几年来征集的商周青铜器》，《考古与文物》1984年第5期。
③ 张懋镕：《静方鼎小考》，《文物》1998年第5期。

公元前 1007 年，昭王三十五年，鲁炀公四十一年。

  考古：小盂鼎："隹八月既望，辰在甲申……隹王卅又五祀。"①

  天象：子正月丙辰朔，二月丙戌……七月甲寅，八月癸未 11 时 33 分。

  按：小盂鼎的"卅又五祀"，郭沫若氏释为"廿又五祀"，非康王器可明。"辰在甲申"即甲申朔。有"辰在甲申"，既望干支不言自明，知既望十六己亥。司历定八月甲申朔。失朔 12 时 27 分，在四分术 500 分之内，与天象吻合。

公元前 1006 年，穆王元年，鲁炀公四十二年。

  文献：《晋书·束晳传》："自周受命至穆王百年。"《史记·秦本纪》正义："年表穆王元年去楚文王元年三百一十八年。"

  按："周受命"指周取代殷，受之天命。古人有"文王受命"一说。公元前 1106 年至公元前 1006 年，正百年之数。楚文王元年即周庄王八年，即公元前 689 年，加 318 年，一证穆王元年即公元前 1006 年。

公元前 1005 年，穆王二年，鲁炀公四十三年。

  考古：吴彝："隹二月初吉丁亥……隹王二祀。"②

  天象：亥正，二月甲戌 16 时 57 分（司历定为乙亥，失朔 7 时 3 分）。

---

① 郭沫若：《两周金文辞大系图录考释》35、36。
② 郭沫若：《两周金文辞大系图录考释》74。

按：实二月乙亥朔，取丁亥大吉，书乙亥为丁亥。

公元前1000年，穆王七年，鲁炀公四十八年。

考古：牧簋："隹王七年十又三月既生霸甲寅。"①

天象：子正月乙巳19时10分，十二月庚午，十三月庚子（定朔己亥19时）。

按：十三月庚子朔有十五甲寅。既生霸为望为十五，既生霸非定点不可。

公元前995年，穆王十二年，鲁炀公五十三年。

考古：走簋："隹王十又二年三月既望庚寅。"②

天象：丑正月丙子朔，二月丙午朔，三月乙亥朔（十六既望庚寅）。

公元前994年，穆王十三年，鲁炀公五十四年。

记事：（二月）穆王西征。（七月二十七日）癸亥，至于西王母之邦。

考古：望簋："隹王十又三年六月初吉戊戌。"③

天象：冬至月朔辛未，丑月庚子，寅月庚午，卯月己亥，辰月己巳，巳月戊戌，午月戊辰，未月丁酉。

按：建子，六月戊戌朔。

公元前993年，穆王十四年，鲁炀公五十五年。

记事：（三月）己亥，天子东归。（十月）庚辰，天子大朝于宗周之庙。

---

① 郭沫若：《两周金文辞大系图录考释》75。
② 郭沫若：《两周金文辞大系图录考释》79。
③ 郭沫若：《两周金文辞大系图录考释》80。

公元前 991 年，穆王十六年，鲁炀公五十七年。

  考古：伯克壶："隹十又六年七月既生霸乙未。"①

  天象：冬至月朔癸未，丑月癸丑……巳月辛亥，午月辛巳（定朔庚辰 21 时 32 分，余分大），未月庚戌……

  按：建子，正月癸未，七月辛巳朔，有十五既生霸乙未。

公元前 990 年，穆王十七年，鲁炀公五十八年。

  考古：此鼎："隹十又七年十又二月既生霸乙卯。"②

  天象：寅正月丁丑朔，十一月壬申，十二月辛丑 12 时 11 分（十五日乙卯）。

  按：十二月辛丑朔，有十五日既生霸乙卯。

公元前 988 年，穆王十九年，鲁炀公六十年卒。

  文献：《汉书·世经》："《（鲁）世家》：'炀公即位六十年，子幽公宰立。'"

公元前 987 年，穆王二十年，鲁幽公元年。

  文献：《汉书·世经》："幽公，《（鲁）世家》：'即位十四年。'"

公元前 977 年，穆王三十年，鲁幽公十一年。

  考古：虎簋盖："隹卅年四月初吉［既生霸］甲戌。"③

  天象：冬至月朔壬辰，丑月辛酉，寅月辛卯，卯月庚申 21

---

① ［日］白川静：《金文通释》170。
② 唐兰：《陕西省岐山县董家村新出西周重要铜器铭辞的译文和注释》，《文物》1976 年第 5 期。
③ 王翰章、陈良和、李保林：《虎簋盖铭简释》，《考古与文物》1997 年第 3 期。

时 14 分。

按：建子，四月庚申朔，有十五既生霸甲戌，知月相误。穆王三十八年有四月甲戌朔，则年又不合。

公元前 974 年，穆王三十三年，鲁幽公十四年。

考古：晋侯苏钟："隹王卅又三年。正月既生霸戊午。（后）二月既死霸壬寅。"

天象：寅正月甲辰朔（十五既生霸戊午），二月癸酉（定朔甲戌 03 时 11 分），后二月壬寅（定朔癸卯 13 时 43 分，失朔半日）。

文献：《鲁世家》："幽公十四年，幽公弟溃杀幽公而自立，是为魏公。"《史记集解》徐广曰："《世本》作微公。"

按：晋侯苏钟乃宣王器，前段刻记穆王三十三年故事，乃追记穆王省东国南国。后段记宣王时事。

公元前 970 年，穆王三十七年，鲁微公四年。

考古：善夫山鼎："隹卅又七年正月初吉庚戌。"[①]

天象：冬至月朔辛巳 08 时 14 分，丑正月庚戌 19 时 52 分。

按：考古学界有人定此鼎为西周晚期器，历日唯合穆王。乃器铭记录前代故事。

公元前 952 年，穆王五十五年，鲁微公二十二年。

文献：《竹书纪年》："五十五年，王陟于祗宫。"《周本纪》：

[①] 朱捷元、黑光：《陕西省博物馆新近征集的几件西周铜器》，《文物》1965 年第 7 期。

"穆王立五十五年崩。"

公元前 951 年，共王元年，鲁微公二十三年。

考古：师虎簋："隹元年六月既望甲戌。"①

天象：冬至月朔辛酉，丑月庚寅，寅月庚申，卯月己丑，辰月己未（定朔戊午 23 时 45 分）。

按：上年当闰未闻，元年建亥，二月辛酉，六月己未。己未朔，十六日既望甲戌。

公元前 950 年，共王二年，鲁微公二十四年。

考古：趞尊："隹三月初吉乙卯……隹王二祀。"②

天象：冬至月朔乙卯 23 时 15 分，丑月乙酉，寅月甲寅 20 时 39 分，卯月甲申。

按：元年置闰，本年建子。正月乙卯，二月乙酉，三月乙卯（失朔 3 时 21 分）。

公元前 949 年，共王三年，鲁微公二十五年。

考古：师遽簋："隹王三祀，四月既生霸辛酉。"③

天象：冬至月朔庚戌，丑月己卯，寅月己酉，卯月戊寅，辰月戊申，巳月丁丑，午月丁未。

按：三年建丑，正月己卯，四月丁未（定朔戊申 06 时 28 分，十五既生霸辛酉）。

公元前 942 年，共王十年，鲁微公三十二年。

---

① 郭沫若：《两周金文辞大系图录考释》73。
② 郭沫若：《两周金文辞大系图录考释》101。
③ 郭沫若：《两周金文辞大系图录考释》83。

考古：永盂："隹十又二年初吉丁卯。"①

天象：冬至月朔己亥，丑月戊辰，寅月戊戌，卯月丁卯，辰月丁酉。

按：永盂年误缺月，当是"十年二月初吉丁卯"。建寅，二月丁卯朔。

公元前 939 年，共王十三年，鲁微公三十五年。

考古：㝬壶："隹十又三年九月初吉戊寅。"②

天象：冬至月朔壬子，丑月辛巳……申月戊申，酉月丁丑，戌月丙午，亥月丙子。

按：建丑，正月辛巳，八月戊申，九月戊寅（朔差一日），姑系于此。㝬盨乃厉王四年器。厉王十二年九月戊寅朔，与㝬壶之"十三年"又不合。

公元前 938 年，共王十四年，鲁微公三十六年。

考古：师汤父鼎："隹十又二月初吉丙午。"③

天象：（十四年）冬至月朔乙巳 23 时 30 分（余分大、司历定为丙午）。

按：共王十三年建丑，正月辛巳，十二月丙午。师汤父鼎合共王十三年天象。

公元前 937 年，共王十五年，鲁微公三十七年。

---

① 唐兰：《永盂铭文解释》，《文物》1972 年第 1 期。
② 陕西周原考古队：《陕西扶风庄白一号西周青铜器窖藏发掘简报》，《文物》1978 年第 3 期。
③ 郭沫若：《两周金文辞大系图录考释》70。

考古：趞曹鼎："隹十又五年五月既生霸壬午。"①

天象：冬至月己巳，丑月己亥，寅月己巳，卯月戊戌，辰月戊辰，巳月丁酉。

按：建子，五月戊辰朔，有十五既生霸壬午。

公元前 936 年，共王十六年，鲁微公三十八年。

考古：格伯簋："隹正月初吉癸巳。"②

天象：冬至月朔甲子，丑月癸巳，寅月癸亥。

按：十五年闰，故建丑，正月癸巳，格伯簋历日合共王十六年。

公元前 933 年，共王十九年，鲁微公四十一年。

考古：同簋："隹十又二月初吉丁丑。"③

天象：（十九年）冬至月朔丁丑 16 时 36 分，丑月丙午。

按：十八年建丑，有十二月（子）丁丑朔。同簋历日合共王十八年。

公元前 930 年，共王二十二年，鲁微公四十四年。

考古：盠驹尊："隹王十又二月，辰在甲申。"④

天象：冬至月朔己丑，丑月己未……戌月甲寅，亥月甲申（定朔癸未 17 时 51 分）。

按：二十一年闰，故建丑，正月己未，十二月甲申。盠驹尊历日合共王二十二年。

---

① 郭沫若：《两周金文辞大系图录考释》69。
② 郭沫若：《两周金文辞大系图录考释》81。
③ 郭沫若：《两周金文辞大系图录考释》86。
④ 郭沫若：《盠器铭考释》，《考古学报》1957 年第 2 期。

公元前929年，共王二十三年卒，鲁微公四十五年。

公元前928年，孝王元年，鲁微公四十六年。

  考古：逆钟："隹王元年三月既生霸庚申。"① 师颍簋："隹王元年九月既望丁亥。"②

  天象：冬至月朔丁未，丑月丁丑，寅月丁未 01 时 50 分，卯月丙子，辰月丙午，巳月乙亥，午月乙巳，未月甲戌，申月甲辰，酉月癸酉，戌月癸卯，亥月壬申。

  按：建子，年中置闰，三月丙午朔（失朔 1 时 50 分），十五既生霸庚申。九月癸酉，司历定为壬申朔（失朔 11 时）有十六既望丁亥。两器同王同年。

公元前925年，孝王四年，鲁微公四十九年。

  考古：散伯车父鼎："隹王四年八月初吉丁亥。"③

  天象：冬至月朔庚申，丑月庚寅……未月丁亥。

  按：建子，正月庚申，八月丁亥朔。散季盨历日同。

公元前924年，孝王五年，鲁微公五十年卒。

  文献：《鲁世家》："魏公五十年卒。"《汉书》："《（鲁）世家》：'微公即位五十年。'"

  考古：吕服余盘："隹王二月初吉甲寅。"④ 卫鼎："隹正月

---

  ① 曹发展、陈国英：《咸阳地区出土西周青铜器》，《考古与文物》1981 年第 1 期。

  ② [日] 白川静：《金文通释》152。

  ③ 史言：《扶风庄白大队出土的一批西周铜器》，《文物》1972 年第 6 期。

  ④ 王慎行：《吕服余盘铭考释及其相关问题》，《文物》1986 年第 4 期。

初吉庚戌……隹王五祀。"①

天象：冬至月朔乙卯，丑月甲申，寅月甲寅……申月庚辰，酉月庚戌，戌月己卯，亥月己酉。

按：四年闰，故建丑，正月甲申，二月甲寅（吕服余盘历日）。十月庚戌，（卫鼎）月不合。共王五年正月戊戌朔，干支不合。懿王四年正月庚戌朔，年不合。姑系于孝王。

公元前923年，孝王六年，鲁厉公元年。

文献：《鲁世家》："魏公五十年卒，子厉公擢立。"

考古：史伯硕父鼎："隹六年八月初吉乙巳。"（《博古图》卷二）卯簋："隹王十又一月既生霸丁亥。"②

天象：冬至月朔己卯，丑月戊申……巳月丙午，午月乙亥，未月乙巳（甲辰22时55分），申月甲戌，酉月甲辰，戌月癸酉，亥月癸卯。

按：建子，正月己卯，六月丙午，七月乙亥，八月乙巳……十一月癸酉（十五既生霸丁亥）。

公元前921年，孝王八年，鲁厉公三年。

考古：师𩛥鼎："隹王八祀正月，辰在丁卯。"③

天象：七年亥月丁卯12时33分，冬至月朔丁酉，丑月丙寅。

按：孝王八年建丑，正月丙寅602分（司历定为丁卯）。

---

① 庞怀清等：《陕西省岐山县董家村西周铜器窖穴发掘简报》，《文物》1976年第5期。

② 郭沫若：《两周金文辞大系图录考释》85。

③ 吴镇烽、雒忠如：《陕西省扶风县强家村出土的西周铜器》，《文物》1975年第8期。

公元前 920 年，孝王九年，鲁厉公四年。

  考古：即簋："隹王三月初吉庚申。"①

  天象：冬至月朔辛酉，丑月庚申，寅月庚寅。

  按：建丑，正月辛酉，二月庚寅，三月庚申，四月庚寅。

公元前 917 年，孝王十二年，鲁厉公七年。

  考古：大簋："隹十又二年三月既生霸丁亥。"②

  天象：冬至月朔癸卯，丑月癸酉，寅月癸卯，卯月壬申。

  按：建丑，正月癸卯，二月癸酉，司历定癸酉，十五日既生霸丁亥。

公元前 916 年，懿王元年，鲁厉公八年。

  考古：曶鼎："隹王元年六月，既望乙亥。""隹王四月既生霸，辰在丁酉。"③

  天象：冬至月朔戊戌，丑月戊辰。

  按：实际用历当是：建丑，正月戊辰，二月戊戌，三月丁卯，四月丁酉，五月丙寅，六月丙申，七月乙丑，八月乙未。"辰在丁酉"即丁酉朔，既生霸十五辛亥不言自明。六月丙申朔，有十六既望辛亥。书辛亥为乙亥，取乙亥吉利之义。

公元前 915 年，懿王二年，鲁厉公九年。

  考古：王臣簋："隹二年三月初吉庚寅。"④

---

① 吴镇烽、雒忠如：《陕西省扶风县强家村出土的西周铜器》，《文物》1975 年第 8 期。

② 郭沫若：《两周金文辞大系图录考释》87。

③ 郭沫若：《两周金文辞大系图录考释》96。

④ 吴镇烽、王东海：《王臣簋的出土与相关铜器的时代》，《文物》1980 年第 5 期。

天象：冬至月朔壬戌，丑月辛卯，寅月辛酉，卯月庚寅，辰月庚申。

　　按：建丑，三月庚寅朔。

公元前914年，懿王三年，鲁厉公十年。

　　考古：柞钟："隹王三年四月初吉甲寅。"①

　　天象：冬至月朔丁巳，丑月丙戌，寅月乙卯，卯月乙酉，辰月甲寅，巳月甲申。

　　按：建丑，四月甲寅朔。

公元前908年，懿王九年，鲁厉公十六年。

　　考古：卫鼎："隹九年正月既死霸庚辰。"②

　　天象：冬至月朔辛巳，丑月辛亥，寅月庚辰19时03分，卯月庚戌。

　　按：建寅，正月庚辰朔，既死霸为初一，定点于一日。

公元前907年，懿王十年，鲁厉公十七年。

　　考古：康鼎："隹三月初吉甲戌。"③

　　天象：冬至月朔乙巳，丑月乙亥，寅月甲辰，卯月甲戌，辰月甲辰。

　　按：九年置闰，故建丑，正月乙亥，三月甲戌朔。

公元前905年，懿王十二年，鲁厉公十九年。

---

　　① 《陕西兴平、凤翔发现铜器》，《文物》1961年第7期。
　　② 庞怀清等：《陕西省岐山县董家村西周铜器窖穴发掘简报》，《文物》1976年第5期。
　　③ 郭沫若：《两周金文辞大系图录考释》84。

考古：庚嬴卣："佳王十月既望，辰在己丑。"①

天象：冬至月朔甲午，丑月甲子……申月庚申，酉月己丑，戌月己未。

按：建丑，正月甲子，十月己丑朔，既望十六甲辰不言自明。

公元前902年，懿王十五年，鲁厉公二十二年。

考古：大鼎："佳十又五年三月既（死）霸丁亥。"②

天象：冬至月朔丙子，丑月丙午，寅月乙亥，卯月乙巳。

按：建子，三月乙亥朔，器铭书乙亥为丁亥，取大吉之义。月相缺字，补为既死霸。既死霸为朔为初一，定点于一日。有意缺"死"字则为讳。

公元前901年，懿王十六年，鲁厉公二十三年。

考古：士山盘："佳王十又六年九月既生霸丙申。"③

天象：冬至月朔庚午18时45分，丑月庚子，寅月庚午，卯月己亥……申月丁卯，酉月丙申，戌月丙寅。

按：建丑，正月庚子朔，九月（酉）丙申朔。用"既生霸为既死霸例"解说。④ 既死霸为朔，为初一。

公元前899年，懿王十八年，鲁厉公二十五年。

文献：《竹书纪年》："懿王元〔十八〕年，天再旦于郑。"

---

① 郭沫若：《两周金文辞大系图录考释》43。
② 郭沫若：《两周金文辞大系图录考释》88。
③ 朱凤瀚：《士山盘铭文初释》，《中国历史与文物》2002年第1期。
④ 见《铜器历日研究条例》，《铜器历日研究》，第46—47页。

考古：南季鼎："隹五月既生霸庚午。"①

天象：①冬至月朔己丑，丑月戊午，寅月戊子，卯月丁巳，辰月丁亥，巳月丙辰，午月丙戌。②公元前 899 年儒略历 4 月 21 日，丑正四月丁亥朔上午 4 点 30 分，天已大亮，太阳升起时发生日全食天象。最大食分0.97，天黑下来，至 5 点 30 分，天又亮了（再旦）。②

按：建丑，四月丁亥朔，日食天象，"天再旦于郑"。知懿王元年当是懿王十八年之误。"十八"合文误为"元"。五月丙辰朔，既生霸十五庚午，合南季鼎历日。南季鼎历日合懿王十八年。

公元前 897 年，懿王二十年，鲁厉公二十七年。

考古：休盘："隹廿年正月既望甲［壬］戌。"③

天象：冬至月朔戊寅，丑月丁未，寅月丁丑，卯月丙午。

按：建丑，正月丁未朔，有十六既望壬戌，器铭误为甲戌。甲与壬，形近而误。

公元前 895 年，懿王二十二年，鲁厉公二十九年。

考古：庚嬴鼎："隹廿又二年四月既望己酉。"④

天象：冬至月朔丙申，丑月乙丑，寅月乙未，卯月乙丑，辰月甲午，巳月甲子。

---

① 郭沫若：《两周金文辞大系图录考释》113。
② 葛真：《用日食、月相来研究西周的年代学》，《贵州工学院学报》1980 年第 2 期。1987 年美国彭瓞钧、周鸿翔等研究结果同葛文。
③ 郭沫若：《两周金文辞大系图录考释》152。
④ 郭沫若：《两周金文辞大系图录考释》43。

按：建丑，正月乙丑，四月甲午朔，有十六既望己酉。

公元前893年，夷王元年，鲁厉公三十一年。

考古：蔡簋："隹元年既望丁亥。"①

天象：冬至月朔甲寅，丑月甲申，寅月癸丑。

按：建子，二月甲申朔，有十六既望己亥。书己亥为丁亥，取大吉之义。蔡簋缺月，当补上"二月"。

公元前891年，夷王三年，鲁厉公三十三年。

考古：卫盉："隹三年三月既生［死］霸壬寅。"② 达盨盖："隹三年五月既生［死］霸壬寅。"③

天象：冬至月朔壬申，丑月壬寅，卯月辛丑，辰月辛未。

按：上年当闰未闰，故建亥，正月癸卯，二月壬申，三月壬寅，四月壬申，五月壬寅，六月辛未。既死霸为朔为初一，知铭文"生"误，月相当为"既死霸"。有意为之乃讳，与士山盘同例。

公元前889年，夷王五年，鲁厉公三十五年。

考古：谏簋："隹五年三月初吉庚寅。"④ 兮甲盘："隹五年三月既死霸庚寅。"⑤

天象：冬至月朔辛酉，丑月辛卯08时12分，寅月庚申，卯

---

① ［日］白川静：《金文通释》134。
② 庞怀清等：《陕西省岐山县董家村西周铜器窖穴发掘简报》，《文物》1976年第5期。
③ 张长寿：《论井叔铜器——1983~1986年沣西发掘资料之二》，《文物》1990年第7期。
④ 郭沫若：《两周金文辞大系图录考释》117。
⑤ 郭沫若：《两周金文辞大系图录考释》143。

月庚寅，辰月己未。

按：建丑，正月辛卯，三月庚寅朔。两器同年月日。一用初吉，一用既死霸。

公元前 886 年，夷王八年，鲁献公元年。

考古：辅师嫠簋："佳王九月既生霸甲寅。"①

天象：冬至月朔甲戌，丑月癸卯……未月庚午，申月庚子（定朔己亥 11 时 53 分）。

按：建丑，正月癸卯朔，九月庚子朔（失朔半日）。九月庚子朔，有十五日既生霸甲寅。

公元前 882 年，夷王十二年，鲁献公五年。

考古：太师虘簋："正月既望甲午……佳十又二年。"②

天象：冬至月朔庚戌，丑月庚辰 02 时 07 分，寅月己酉，卯月己卯。

按：既望十六甲午，必己卯朔。是年建丑，正月己卯朔（失朔 2 时 7 分）。

公元前 878 年，厉王元年，鲁献公九年。

考古：师毁簋："佳王元年正月初吉丁亥。"③ 师兑簋甲："佳元年五月初吉甲寅。"④

天象：冬至月朔戊午，丑月丁亥，寅月丙辰，卯月丙戌，辰月乙卯，闰月乙酉，巳月甲寅，午月甲申。

---

① 郭沫若：《辅师嫠簋考释》，《考古学报》1958 年第 2 期。
② 陈梦家：《西周铜器断代（六）》，《考古学报》1956 年第 4 期。
③ 郭沫若：《两周金文辞大系图录考释》114。
④ 郭沫若：《两周金文辞大系图录考释》154。

按：建丑，正月丁亥朔，五月甲寅朔。

公元前 876 年，厉王三年，鲁献公十一年。

  考古：师兑簋乙："隹三年二月初吉丁亥。"① 师晨鼎："隹三年三月初吉甲戌。"② 颂鼎："隹三年五月既死霸甲戌。"③

  天象：冬至月朔乙亥，丑月乙巳，寅月乙亥，卯月（闰）甲辰，辰月甲戌，巳月癸卯，午月癸酉 11 时 24 分，未月壬寅。

  按：建丑，正月乙巳，二月乙亥（师兑簋书乙亥为丁亥），闰月乙巳，三月甲戌（师晨鼎历日），四月甲辰，五月甲戌（失朔半日，颂鼎历日）。师俞簋盖历日同师晨鼎。

公元前 875 年，厉王四年，鲁献公十二年。

  考古：癲盨："隹四年二月既生［死］霸戊戌。"④

  天象：冬至月朔己亥，丑月己巳，寅月戊戌（失朔 6 时 46 分），卯月戊辰。

  按：建丑，二月戊戌朔。铭文当是"既死霸戊戌"。有意为之乃讳，与士山盘同例。⑤

公元前 863 年，厉王十六年，鲁献公二十四年。

---

① 郭沫若：《两周金文辞大系图录考释》155。
② 郭沫若：《两周金文辞大系图录考释》115。
③ 郭沫若：《两周金文辞大系图录考释》72。
④ 陕西周原考古队：《陕西扶风庄白一号西周青铜器窖藏发掘简报》，《文物》1978 年第 3 期。
⑤ 见《铜器历日研究条例》之"既生霸为既死霸例"（《铜器历日研究》，第 46—47 页）。

考古：成钟："隹十又六年九月丁亥。"①

天象：冬至月朔庚寅，丑月庚申……午月丁亥，未月丁巳，申月丙戌17时19分，酉月丙辰。

按：建子，正月庚寅，二月庚申……七月丁亥，八月丁巳，九月丁亥，十月（酉）丙辰。古人重朔望，按常理可视为"九月初吉丁亥"。

公元前861年，厉王十八年，鲁献公二十六年。

考古：吴虎鼎："十又八年十又三月既生霸丙戌。"

天象：冬至月朔己酉5时27分……亥月癸酉，子月癸卯，丑月壬申。

按：建丑，十三月壬申朔，有十五日既生霸丙戌。

公元前854年，厉王二十五年，鲁真公元年。

文献：《鲁世家》："献公三十二年卒。子真公濞立。"②

公元前852年，厉王二十七年，鲁真公三年。

考古：卫簋："隹廿又七年既生霸戊戌。"③

天象：冬至月朔丁亥，丑月丙辰，寅月乙酉，卯月乙卯，辰月甲申，巳月甲寅。

按：建寅，三月甲申朔，有十五日既生霸戊戌。

公元前848年，厉王三十一年，鲁真公七年。

---

① 陈佩芬：《新获两周青铜器》，《上海博物馆集刊》第八期，2000年。
② 《史记》卷33《鲁世家》，第1526页。
③ 庞怀清等：《陕西省岐山县董家村西周铜器窖穴发掘简报》，《文物》1976年第5期。

考古：爯攸从鼎："隹卅又一年三月初吉壬辰。"①

天象：冬至月朔壬戌，丑月壬辰，寅月壬戌，卯月壬辰，辰月辛酉。

按：建丑，正月壬辰，二月壬戌，三月壬辰，四月辛酉。

公元前846年，厉王三十三年，鲁真公九年。

考古：伯宽父盨："隹卅又三年八月既死［生］（霸）辛卯。"②

天象：冬至月朔辛亥，丑月辛巳，寅月辛亥……申月戊申，酉月丁丑，戌月丁未。

按："既死"不词，月相有误。建寅，正月辛亥朔，八月丁丑朔，有八月十五既生霸辛卯。知月相为"既生霸"。

公元前845年，厉王三十四年，鲁真公八年。

考古：鲜簋："卅又四祀，隹五月既望戊午。"

天象：冬至月朔乙亥，丑月乙巳，寅月甲戌，卯月甲辰，辰月癸酉，巳月癸卯，午月癸酉。

按：建丑，正月乙巳，五月癸卯朔，有十六既望戊午。

公元前841年，共和元年，鲁真公十四年。

文献：《鲁世家》："真公十四年，周厉王无道，出奔彘，共和行政。"

考古：师𠭰簋："隹元年二月既望庚寅。"③

---

① 郭沫若：《两周金文辞大系图录考释》126。
② 陕西周原考古队：《陕西岐山凤雏村西周青铜器窖藏简报》，《文物》1979年第11期。
③ 郭沫若：《两周金文辞大系图录考释》139。

天象：冬至月朔壬午，丑月壬子，寅月辛巳，卯月辛亥，辰月庚辰。

按：建寅，正月辛巳，二月辛亥朔，有十六既望丙寅。书丙寅为庚寅，取庚寅吉利之义。

公元前831年，共和十一年，鲁真公二十四年。

考古：师嫠簋："隹十又一年九月初吉丁亥（辛亥）。"①

天象：冬至月朔甲申，丑月甲寅……午月辛巳，未月辛亥。

按：上年当闰未闰，本年建亥，正月乙卯，二月甲申，三月甲寅……八月辛巳，九月辛亥。书辛亥为丁亥，取丁亥大吉。

公元前829年，共和十三年，鲁真公二十六年。

考古：无㠱簋："隹十又三年正月初吉壬寅。"②

天象：冬至月朔癸酉，丑月壬寅，寅月壬申。

按：建丑，正月壬寅朔。

公元前827年，宣王元年，鲁真公二十八年。

文献：《十二诸侯年表》："共和元年，真公十五年，一云十四年。"《鲁世家》："（真公）二十九年，周宣王即位。"

按：依"真公十四年，共和行政"，则周宣王元年即鲁真公二十八年。又，依"共和元年，真公十五年"，则周宣王元年即鲁真公二十九年，公元前826年。③

---

① 郭沫若：《两周金文辞大系图录考释》149。
② 郭沫若：《两周金文辞大系图录考释》120。
③ 张闻玉：《宣王纪年有两个体系》，载张闻玉、饶尚宽、王辉《西周纪年研究》，第250—252页。

公元前 825 年，宣王三年，鲁真公三十年卒。

　　文献：《鲁世家》："三十年，真公卒，弟敖立，是为武公。"

公元前 824 年，宣王四年，鲁武公元年。

公元前 820 年，宣王八年，鲁武公五年。

　　考古：晋侯苏钟："六月初吉戊寅……丁亥……庚寅……"①

　　天象：冬至月朔庚辰，丑月庚戌；辰月戊寅，巳月戊申。

　　按：建亥，正月辛亥，二月庚辰，六月戊寅朔，丁亥初九，庚寅十二。

公元前 817 年，宣王十一年，鲁武公八年。

　　考古：虢季氏子组盘："隹十有一年正月初吉乙亥（癸亥）。"②

　　天象：冬至月朔癸巳，五月壬戌。

　　按：建亥，正月癸亥（定朔甲子 05 时 49 分），二月癸巳，三月壬戌。书癸亥为乙亥，取乙亥吉利之义。

公元前 816 年，宣王十二年，鲁武公九年卒。

　　文献：《周本纪》："十二年，鲁武公来朝。"《鲁世家》："武公九年春……西朝周宣王……夏，武公归而卒。戏立，是为懿公。"

　　考古：虢季子白盘："隹王十有二年，正月初吉丁亥。"③

　　天象：冬至月朔戊子 03 时 49 分，丑月丁巳，寅月丙戌。

　　按：上年闰，本年建子，正月丁亥（戊子余分小，司历定为

---

　　① 马承源：《晋侯苏编钟》，《上海博物馆集刊》第七期，上海：上海书画出版社，2000 年。
　　② ［日］白川静：《金文通释》200。
　　③ 郭沫若：《两周金文辞大系图录考释》103。

丁亥），二月丁巳，三月丙戌。《十二诸侯年表》有"武公十年"，系从"（真公）二十九年周宣王即位"顺推出来的。

公元前 815 年，宣王十三年，鲁懿公元年。

公元前 812 年，宣王十六年，鲁懿公四年。

考古：克钟："隹十又六年九月初吉庚寅。"①

天象：冬至月朔癸亥 23 时 10 分，丑月癸巳……午月辛酉，未月辛卯 06 时 24 分。

按：建亥，正月甲午，二月甲子，三月癸巳……八月辛酉，九月庚寅，十月庚申。

公元前 810 年，宣王十八年，鲁懿公六年。

考古：克盨："隹十又八年十又二月初吉庚寅（戊寅）。"②

天象：冬至月朔癸丑，丑月壬午……戌月戊寅，亥月丁未。

按：上年建亥，不当闰而闰，本年建子，有十三月。故正月癸丑，二月壬午，十二月戊寅。下年建亥，正月丁未。书戊寅为庚寅，取庚寅大吉之义。

公元前 809 年，宣王十九年，鲁懿公七年。

考古：趞鼎："隹十又九年四月既望辛卯。"③

天象：冬至月朔丁丑，丑月丙午，寅月丙子，卯月乙巳。

按：接上年，建亥，正月丁未，二月丁丑，三月丙午，四月丙子。四月丙子朔，十六既望辛卯。

公元前 807 年，宣王二十一年，鲁懿公九年。

---

① 郭沫若：《两周金文辞大系图录考释》112。
② 郭沫若：《两周金文辞大系图录考释》123。
③ 刘启益：《伯宽父盨铭与厉王在位年数》，《文物》1979 年第 11 期。

文献：《鲁世家》："懿公九年，懿公兄括之子伯御与鲁人攻弑懿公，而立伯御为君。"

公元前 806 年，宣王二十二年，鲁伯御元年。

公元前 801 年，宣王二十七年，鲁伯御六年。

考古：伊簋："隹王廿又七年正月既望丁亥（乙亥）。"①

天象：冬至月朔庚申 12 时 48 分，丑月庚寅。

按：建子，正月庚申朔，有十六既望乙亥。书乙亥为丁亥，取丁亥大吉。

公元前 800 年，宣王二十八年，伯御七年。

考古：袁盘："隹廿又八年五月既望庚寅（丙寅）。"②

天象：冬至月朔乙卯，丑月甲申，寅月癸丑……午月辛亥 13 时 27 分。

按：本年建寅，正月癸丑，五月辛亥。辛亥朔，有十六丙寅，书丙寅为庚寅，取庚寅大吉之义。又，上年建子转本年建寅，知宣王二十七年再闰，有十四月。

公元前 795 年，宣王三十三年，鲁孝公元年。

文献：《鲁世家》："伯御即位十一年，周宣王伐鲁，杀其君伯御。……乃立称于夷宫，是为孝公。"

公元前 781 年，幽王元年，鲁孝公十五年。

公元前 780 年，幽王二年，鲁孝公十六年。

考古：酆簋："隹二年正月初吉……丁亥。"③

---

① 郭沫若：《两周金文辞大系图录考释》125。
② 郭沫若：《两周金文辞大系图录考释》126。
③ 郭沫若：《两周金文辞大系图录考释》154。

天象：冬至月朔戊午，丑月戊子 12 时 13 分（四分术丁亥 926 分）。

按：建丑，正月丁亥朔。

公元前 777 年，幽王五年，鲁孝公十九年。

考古：师旋簋乙："隹王五年九月既生霸壬午。"①

天象：冬至月朔庚午，五月庚子……申月丁卯 09 时 29 分。

按：建子，九月丁卯朔，余分小，司历定为戊辰朔，有十五既生霸壬午。元年师旋簋合平王元年天象。

公元前 776 年，幽王六年，鲁孝公二十年。

文献：《诗》："十月之交，朔月辛卯，日有食之。"

天象：建子，正月乙丑……申月辛酉，酉月辛卯。

按：建子，正月乙丑，十月辛卯朔（儒略历 9 月 6 日）。张培瑜先生说："前 776 年 9 月 6 日日食仅中国北方地区可见一、二分小食，首都镐京、洛阳等地皆不可见。"张氏计算出这一天确有日食天象，只是两京不可见而已。历代学者都认定诗刺幽王，借日食申说。

公元前 771 年，幽王十一年，鲁孝公二十五年。

文献：《鲁世家》："孝公二十五年，诸侯畔周。犬戎杀幽王。"

---

① 郭沫若：《长安县张家坡铜器群铭文汇释》，《考古学报》1962 年第 1 期。

三、结论

结论是清楚的:

西周总年数是 336 年(前 1106—前 771 年)。西周中期王序是共、孝、懿、夷。列表如下:

公元前 1106 年武王克商,在位 2 年;
公元前 1104 年成王元年,在位 37 年;
公元前 1067 年康王元年,在位 26 年;
公元前 1041 年昭王元年,在位 35 年;
公元前 1006 年穆王元年,在位 55 年;
公元前 951 年共王元年,在位 23 年;
公元前 928 年孝王元年,在位 12 年;
公元前 916 年懿王元年,在位 23 年;
公元前 893 年夷王元年,在位 15 年;
公元前 878 年厉王元年,在位 37 年;
公元前 841 年共和元年,计 14 年;
公元前 827 年宣王元年,在位 46 年;
公元前 781 年幽王元年,在位 11 年;
公元前 770 年平王元年,东周始。

西周朔闰表

[说明]

张汝舟先生在20世纪60年代初著《西周考年》即编有《西周经朔谱》。我在从汝舟师学习中，亦深信不疑。至今还确认，其克商在公元前1106年的结论，是对史学界一大贡献。

近十数年，我利用汝舟师给我的星历知识，对西周铜器历日做了深入的研究，将《西周经朔谱》作了若干校定，更名为《西周朔闰表》，以相区别。主要校改处如下。

1. 整篇用"子、丑、寅、卯"十二月建，取代原谱的"子正"（天正）纪月。凡涉及历日者，用数序标出，建丑、建子或建寅都一目了然。以澄清"三正"之误说。再发现新的历日，此表可作为实际天象加以利用。

2. 每年冬至月朔，标注定朔于后，凡考证历日处亦标注定朔。定朔采用张培瑜先生《中国先秦史历表》。

3. 将史籍记载历日及西周铜器历日标注于各年之下，史载历日有所归宿，铜器历日的绝对年代亦得以落实。历日与实际天象两相印证，既明白无误，又准确可靠。充分体现铜器、典籍与天象"三证合一"的研究手段。

4.大量铜器历日彼此系联，西周十二王各王在位年数自历历分明。西周中期的王序王年已有改定，"共、孝、懿、夷"才符合历史的真实。

全篇除月朔干支外，列入月朔之小余。考校有关历日，若干支不尽相符，其失朔限可通过余分了然于心。如小盂鼎，拓本为"卅又五祀"，非康王器可明。今定为昭王三十五年器，查公元前1007年建子，八月定朔癸未 11^h33^m。历日"辰在甲申"即甲申朔，失朔在半日（12^h27^m）。且读者可以四分术加年差分（3.06分）自行推演，验之历日，绝无盲从。

可以说，《西周朔闰表》是前面论文的总汇。勘合天象，结论更显得确凿不移。

公元前1122年（旧说据刘歆《三统历》定为武王克殷之年）是年殷历己卯蔀第66年（有闰），检殷历朔闰谱：正月小壬辰，257分合朔。按密率，是年先天。

$$(1122-427) \times 3.06 = 2126 \text{ 分}$$
$$2126 + 257 - 940 \times 2 = 503 \text{ 分}$$

是年经朔为：

闰月大甲午503分合朔，
（天正）子月甲子62分，冬至乙丑，定朔癸亥 16^h50^m，
丑月癸巳561分，
寅月癸亥120分，

卯月壬辰619分，
辰月壬戌178分，
巳月辛卯677分，
午月辛酉236分，
未月庚寅735分，
申月庚申294分，
酉月己丑793分，
戌月己未352分，
亥月戊子851分。

按：四分历第66年当闰，子月甲午、丑月甲子、闰月癸巳、寅月癸亥……实际天象冬至日乙丑，闰当在上年。

前 1121 年（纣卅七）
（文王五）

子	戊午 407（戊午 02ʰ42ᵐ）
丑	丁亥 906
寅	丁巳 465
卯	丁亥 24
辰	丙辰 523
巳	丙戌 82
午	乙卯 581
未	乙酉 140
申	甲寅 639
酉	甲申 198
戌	癸丑 697
亥	癸未 256

前 1120 年（纣卅八）
（文王六）

子	壬子 752（壬子 17ʰ30ᵐ）
丑	壬午 311
寅	辛亥 810
卯	辛巳 369
辰	庚戌 868
巳	庚辰 427
午	己酉 926
未	己卯 485
申	己酉 44
酉	戊寅 543
闰	戊申 102
戌	丁丑 601
亥	丁未 160

前 1119 年（纣卅九）
（文王七）

子	丙子 656（丙子 19ʰ49ᵐ）
丑	丙午 215
寅	乙亥 714
卯	乙巳 273
辰	甲戌 772
巳	甲辰 331
午	癸酉 830
未	癸卯 389
申	壬申 888
酉	壬寅 447
戌	壬申 6
亥	辛丑 505

前 1118 年（纣四十）
（文王八）

子	辛未 61（辛未 09ʰ56ᵐ）
丑	庚子 560
寅	庚午 119
卯	己亥 618
辰	己巳 177
巳	戊戌 676
午	戊辰 235
未	丁酉 734
申	丁卯 293
酉	丙申 792
戌	丙寅 351
亥	乙未 850

前1117年（纣四十一）
（文王九年崩）

子	乙丑 406（乙丑 18^{h}09^m）
丑	甲午 905
寅	甲子 464
卯	甲午 23
辰	癸亥 522
巳	癸巳 81
闰	壬戌 580
午	壬辰 139
未	辛酉 638
申	辛卯 197
酉	庚申 696
戌	庚寅 255
亥	己未 754

《竹书纪年》：四十一年春三月，西伯昌薨。
《毛诗疏》：文王终时受命九年。

前1116年（纣四十二）
（武元）

子	己丑 310（己丑 14^{h}40^m）
丑	戊午 809
寅	戊子 368
卯	丁巳 867
辰	丁亥 426
巳	丙辰 925
午	丙戌 484
未	丙辰 43
申	乙酉 542
酉	乙卯 101
戌	甲申 600
亥	甲寅 159

前1115年（纣四十三）
（武二）

子	癸未 655（癸未 14^{h}10^m）
丑	癸丑 214
寅	壬午 713
卯	壬子 272
辰	辛巳 771
巳	辛亥 330
午	庚辰 829
未	庚戌 388
申	己卯 887
酉	己酉 446
戌	己卯 5
亥	戊申 504
闰	戊寅 63

前1114年（纣四十四）
（武三）

子	丁未 559（丁未 09^{h}09^m）
丑	丁丑 118
寅	丙午 617
卯	丙子 176
辰	乙巳 675
巳	乙亥 234
午	甲辰 733
未	甲戌 292
申	癸卯 791
酉	癸酉 350
戌	壬寅 849
亥	壬申 408

前 1113 年（纣四十五）
（武四）

子	辛丑 904（辛丑 13^h42^m）
丑	辛未 463
寅	辛丑 22
卯	庚午 521
辰	庚子 80
巳	己巳 579
午	己亥 138
未	戊辰 637
申	戊戌 196
酉	丁卯 695
戌	丁酉 254
亥	丙寅 753

前 1112 年（纣四十六）
（武五）

子	丙申 309（丙申 01^h20^m）
丑	乙丑 808
寅	乙未 367
卯	甲子 866
辰	甲午 425
巳	癸亥 924
午	癸巳 483
未	癸亥 42
申	壬辰 541
酉	壬戌 100
戌	辛卯 599
亥	辛酉 158
闰	庚寅 657

前 1111 年（纣四十七）
（武六）

子	庚申 213（庚申 03^h05^m）
正丑	己丑 712
二寅	己未 271
三卯	戊子 770
四辰	戊午 329
五巳	丁亥 828△（丁亥 13^h24^m）△
六午	丁巳 387
七未	丙戌 886
八申	丙辰 445
九酉	丙戌 4
十戌	乙卯 503
十一亥	乙酉 62

前 1110 年（纣四十八）
（武七）

子	甲寅 558（甲寅 18^h51^m）
丑	甲申 117
寅	癸丑 616
卯	癸未 175
辰	壬子 674
巳	壬午 233
午	辛亥 732
未	辛巳 291
申	庚戌 790
酉	庚辰 349
戌	己酉 848
亥	己卯 407

△商尊：隹五月辰在丁亥。（《文物》1978.3）

前1109年（纣四十九）
（武八）

子	戊申 903 （己酉 07^{h}38^m）
丑	戊寅 462
寅	戊申 21
卯	丁丑 520
辰	丁未 79
巳	丙子 578
午	丙午 137
未	乙亥 636
闰	乙巳 195
申	甲戌 694
酉	甲辰 253
戌	癸酉 752
亥	癸卯 311

前1108年（纣五十）
（武九）

子	壬申 807 （癸酉 05^{h}32^m）
丑	壬寅 366
寅	辛未 865
卯	辛丑 424
辰	庚午 923
巳	庚子 482
午	庚午 41
未	己亥 540
申	己巳 99
酉	戊戌 598
戌	戊辰 157
亥	丁酉 656

前1107年（纣五十一）
（武十）

子	丁卯 212 （丁卯 09^{h}12^m）
丑	丙申 711
寅	丙寅 270
卯	乙未 769
辰	乙丑 328
巳	甲午 827
午	甲子 386
未	癸巳 885
申	癸亥 444
酉	癸巳 3
戌	壬戌 502
亥	壬辰 61

前1106年（纣五十二）
（武十一）

子	辛酉 557 （辛酉 08^{h}25^m）
正丑	辛卯 116△ （辛卯 03^{h}55^m）
二寅	庚申 615△ （庚申 22^{h}31^m）
闰卯	庚寅 174 （庚寅 14^{h}46^m）
三辰	己未 673 （庚申 04^{h}10^m）
四闰	己丑 232△ （己丑 14^{h}58^m）
五巳	戊午 731
六午	戊子 290
七未	丁巳 789
八申	丁亥 348
九酉	丙辰 847
十戌	丙戌 406
十一亥	乙卯 905

△《周书·武成》：惟一月壬辰旁死霸，若翌日癸巳。粤若来三［二］月既死霸，粤五日甲子，咸刘商王纣……惟四月既旁生霸，粤六日庚戌。

△利簋：珷征商，隹甲子朝。（《文物》1977.8）

前1105年（武十二崩）

子	乙酉 461	（乙酉 04^{h}18^m）
丑	乙卯 20	
寅	甲申 519	
卯	甲寅 78	
辰	癸未 577	
巳	癸丑 136	
午	壬午 635	
未	壬子 194	
申	辛巳 693	
酉	辛亥 252	
戌	庚辰 751	
亥	庚戌 310	

△《史记·周本纪》注《集解》引《封禅书》：武王克殷二年，天下未宁而崩。

前1104年（成元）
（鲁伯禽元年）

子	己卯 806	（己卯 11^{h}00^m）
正丑	己酉 365	
二寅	戊寅 864	
三卯	戊申 423	
四辰	丁丑 922	
五巳	丁未 481	
六午	丁丑 40	
七未	丙午 539	
八申	丙子 98△	（丙子 05^{h}57^m）
九酉	乙巳 597	
十戌	乙亥 156	
十一亥	甲辰 655	
十二闰	甲戌 214	

△周师旦鼎：隹元年八月丁亥。（《金文通释》10）

前1103年（成二）

子	癸卯 710	（癸卯 11^{h}22^m）
丑	癸酉 269	
寅	壬寅 768	
卯	壬申 327	
辰	辛丑 826	
巳	辛未 385	
午	庚子 884	
未	庚午 443	
申	庚子 2	
酉	己巳 501	
戌	己亥 60	
亥	戊辰 559	

前1102年（成三）

子	戊戌 115	（戊戌 02^{h}22^m）
丑	丁卯 614	
寅	丁酉 173	
卯	丙寅 672	
辰	丙申 231	
巳	乙丑 730	
午	乙未 289	
未	甲子 788	
申	甲午 347	
酉	癸亥 846	
戌	癸巳 405	
亥	壬戌 904	

前 1101 年（成四）

子	壬辰 460（壬辰 17^h43^m）
丑	壬戌 19
寅	辛卯 518
卯	辛酉 77
辰	庚寅 576
巳	庚申 135
午	己丑 634
未	己未 193
申	戊子 692
酉	戊午 251
戌	丁亥 750
闰	丁巳 309
亥	丙戌 808

前 1100 年（成五）

正子	丙辰 364（丙辰 18^h35^m）
二丑	乙酉 863
三寅	乙卯 422
四卯	甲申 921△（乙酉 00^h13^m）
五辰	甲寅 480
六巳	甲申 39
七午	癸丑 538
八未	癸未 97
九申	壬子 596
十酉	壬午 155
十一戌	辛亥 654
十二亥	辛巳 213

前 1099 年（成六）

正子	庚戌 709（辛亥 02^h27^m）
二丑	庚辰 268
三寅	己酉 767
四卯	己卯 326
五辰	戊申 825
六巳	戊寅 384
七午	丁未 883
八未	丁丑 442
九申	丁未 1
十酉	丙子 500
十一戌	丙午 59
十二亥	乙亥 558

前 1098 年（成七）

正子	乙巳 114（乙巳 03^h33^m）
二丑	甲戌 613△（甲戌 22^h41^m）
三寅	甲辰 172△（甲辰 15^h41^m）
四卯	癸酉 671（甲戌 05^h26^m）
五辰	癸卯 230（癸卯 15^h59^m）
六巳	壬申 729
七午	壬寅 288
闰闰	辛未 787
八未	辛丑 346
九申	庚午 845
十酉	庚子 404
十一戌	己巳 903
十二亥	己亥 462△（己亥 03^h01^m）

△《尚书·召诰》：惟二月既望，越六日乙未。越若来三月惟丙午朏，越三日戊申。

△《尚书·洛诰》：戊辰……在十有二月。惟周公诞保文武受命，惟七年。

前1097年（成八，王亲政）

正子	己巳 18△（戊辰 22ʰ10ᵐ）
二丑	戊戌 517
三寅	戊辰 76
四卯	丁酉 575
五辰	丁卯 134
六巳	丙申 633
七午	丙寅 192
八未	乙未 691
九申	乙丑 250
十酉	甲午 749
十一戌	甲子 308
十二亥	癸巳 807

△《汉书·律历志·世经》：成王（亲政）元年正月己巳朔。

前1096年（成九）

子	癸亥 363（壬戌 23ʰ56ᵐ）
丑	壬辰 862
寅	壬戌 421
卯	辛卯 920
辰	辛酉 479
巳	辛卯 38
午	庚申 537
未	庚寅 96
申	己未 595
酉	己丑 154
戌	戊午 653
亥	戊子 212
闰	丁巳 711

前1095年（成十）

子	丁亥 267（丙戌 22ʰ06ᵐ）
丑	丙辰 766
寅	丙戌 325
卯	乙卯 824
辰	乙酉 383
巳	甲寅 882
午	甲申 441
未	甲寅 0
申	癸未 499
酉	癸丑 58
戌	壬午 557
亥	壬子 116

前1094年（成十一）

子	辛巳 612（辛巳 10ʰ06ᵐ）
丑	辛亥 171
寅	庚辰 670
卯	庚戌 229
辰	己卯 728
巳	己酉 287
午	戊寅 786
未	戊申 345
申	丁丑 844
酉	丁未 403
戌	丙子 902
亥	丙午 461

前1093年（成十二）

子	丙子 17（丙子 01^{h}39^m）
丑	乙巳 516
寅	乙亥 75
卯	甲辰 574
辰	甲戌 133
巳	癸卯 632
午	癸酉 191
未	壬寅 690
申	壬申 249
酉	辛丑 748
戌	辛未 307
亥	庚子 806
闰	庚午 365

前1092年（成十三）

子	己亥 860（庚子 03^{h}39^m）
丑	己巳 419
寅	戊戌 918
卯	戊辰 477
辰	戊戌 36
巳	丁卯 535
午	丁酉 94
未	丙寅 593
申	丙申 152
酉	乙丑 651
戌	乙未 210
亥	甲子 709

前1091年（成十四）

子	甲午 265（甲午 16^{h}14^m）
丑	癸亥 764
寅	癸巳 323
卯	壬戌 822
辰	壬辰 381
巳	辛酉 880
午	辛卯 439
未	庚申 938
申	庚寅 497
酉	庚申 56
戌	己丑 555
亥	己未 114

前1090年（成十五）

子	戊子 610（戊子 21^{h}48^m）
正丑	戊午 169△（戊午 14^{h}46^m）
二寅	丁亥 668
三卯	丁巳 227
四辰	丙戌 726
五巳	丙辰 285
六午	乙酉 784
七未	乙卯 343
八申	甲申 842△（甲申 07^{h}02^m）
九闰	甲寅 401
十酉	癸未 900△（癸未 09^{h}01^m）
十一戌	癸丑 459
十二亥	癸未 18

△员鼎：隹正月既望癸酉。(《大系》29)
△令彝：隹八月，辰在甲申……隹十月，月吉癸未。(《大系》5)

前1089年（成十六）

子	壬子 514（壬子 17^h11^m）
丑	壬午 73
寅	辛亥 572
卯	辛巳 131
辰	庚戌 630
巳	庚辰 189
午	己酉 688
未	己卯 247
申	戊申 746
酉	戊寅 305
戌	丁未 804
亥	丁丑 363

前1088年（成十七）

子	丙午 859（丙午 16^h30^m）
丑	丙子 418
寅	乙巳 917
卯	乙亥 476
辰	乙巳 35
巳	甲戌 534
午	甲辰 93
未	癸酉 592
申	癸卯 151
酉	壬申 650
戌	壬寅 209
亥	辛未 708

前1087年（成十八）

子	辛丑 264（庚子 20^h06^m）
正丑	庚午 763
二寅	庚子 322△（庚子 05^h40^m）
三卯	己巳 821
四辰	己亥 380
闰	戊辰 879
巳	戊戌 438
午	丁卯 937
未	丁酉 496
申	丁卯 55
酉	丙申 554
戌	丙寅 113
亥	乙未 612

前1086年（成十九）

子	乙丑 168（甲子 19^h35^m）
丑	甲午 667
寅	甲子 226
卯	癸巳 725
辰	癸亥 284
巳	壬辰 783
午	壬戌 342
未	辛卯 841
申	辛酉 400
酉	庚寅 899
戌	庚申 458
亥	庚寅 17

△保卣：乙卯……在二月既望。（《金文通释》16）

前 1085 年（成廿）

子	己未 513（己未 09^{h}05^m）
丑	己丑 72
寅	戊午 571
卯	戊子 130
辰	丁巳 629
巳	丁亥 188
午	丙辰 687
未	丙戌 246
申	乙卯 745
酉	乙酉 304
戌	甲寅 803
亥	甲申 362
闰	癸丑 861

前 1084 年（成廿一）

子	癸未 417（癸未 11^{h}13^m）
丑	壬子 916
寅	壬午 475
卯	壬子 34
辰	辛巳 533
巳	辛亥 92
午	庚辰 591
未	庚戌 150
申	己卯 649
酉	己酉 208
戌	戊寅 707
亥	戊申 265

前 1083 年（成廿二）

子	丁丑 761（戊寅 02^{h}30^m）
丑	丁未 320
寅	丙子 819
卯	丙午 378
辰	乙亥 877
巳	乙巳 436
午	甲戌 935
未	甲辰 494
申	甲戌 53
酉	癸卯 552
戌	癸酉 111
亥	壬寅 610

前 1082 年（成廿三）

子	壬申 166（壬申 13^{h}13^m）
丑	辛丑 665
寅	辛未 224
卯	庚子 723
辰	庚午 282
巳	己亥 781
午	己巳 340
未	戊戌 839
申	戊辰 398
酉	丁酉 897
闰	丁卯 456
戌	丁酉 15
亥	丙寅 514

前1081年（成廿四）

子	丙申 70（丙申 10^{h}39^m）
丑	乙丑 569
寅	乙未 128
卯	甲子 627
辰	甲午 186
巳	癸亥 685
午	癸巳 244
未	壬戌 743
申	壬辰 302
酉	辛酉 801
戌	辛卯 360
亥	庚申 859

前1080年（成廿五）

子	庚寅 415（庚寅 11^{h}25^m）
丑	己未 914
寅	己丑 473
卯	己未 32
辰	戊子 531
巳	戊午 90
午	丁亥 589
未	丁巳 148
申	丙戌 647
酉	丙辰 206
戌	乙酉 705
亥	乙卯 264

前1079年（成廿六）

子	甲申 760（甲申 11^{h}13^m）
正丑	甲寅 319
二寅	癸未 818
三卯	癸丑 377
四辰	壬午 876
五巳	壬子 435
六午	辛巳 934
七闰	辛亥 493
八未	辛巳 52
九申	庚戌 551
十酉	庚辰 110 △（己卯 16^{h}34^m）
十一戌	己酉 609
十二亥	己卯 168

前1078年（成廿七）

子	戊申 664（戊申 08^{h}14^m）
丑	戊寅 223
寅	丁未 722
卯	丁丑 281
辰	丙午 780
巳	丙子 339
午	乙巳 838
未	乙亥 397
申	甲辰 896
酉	甲戌 455
戌	甲辰 14
亥	癸酉 513

△番匊生壺：隹廿又六年十月初吉己卯。
（《大系》134）

前 1077 年（成廿八）

子	癸卯 69（壬寅 17^h30^m）
丑	壬申 568
寅	壬寅 127
卯	辛未 626
辰	辛丑 185
巳	庚午 684
午	庚子 243
未	己巳 742
申	己亥 301
酉	戊辰 800
戌	戊戌 359
亥	丁卯 858
闰	丁酉 417

前 1076 年（成廿九）

子	丙寅 913（丙寅 18^h52^m）
丑	丙申 472
寅	丙寅 31
卯	乙未 530
辰	乙丑 89
巳	甲午 588
午	甲子 147
未	癸巳 646
申	癸亥 205
酉	壬辰 704
戌	壬戌 263
亥	辛卯 762

前 1075 年（成卅）

子	辛酉 318（辛酉 10^h34^m）
丑	庚寅 817
寅	庚申 376
卯	己丑 875
辰	己未 434
巳	戊子 933
午	戊午 492
未	戊子 51
申	丁巳 550
酉	丁亥 109
戌	丙辰 608
亥	丙戌 167

前 1074 年（成卅一）

子	乙卯 663（丙寅 00^h56^m）
丑	乙酉 222
寅	甲寅 721
卯	甲申 280
辰	癸丑 779
巳	癸未 338
午	壬子 837
未	壬午 396
申	辛亥 895
酉	辛巳 454
戌	辛亥 13
闰	庚辰 512
亥	庚戌 71

前 1073 年（成卅二）

子	己卯 566（庚辰 00^h44^m）
丑	己酉 125
寅	戊寅 624
卯	戊申 183
辰	丁丑 682
巳	丁未 241
午	丙子 740
未	丙午 299
申	乙亥 798
酉	乙巳 357
戌	甲戌 856
亥	甲辰 415

前 1072 年（成卅三）

子	癸酉 911（甲戌 05^h57^m）
丑	癸卯 470
寅	癸酉 29
卯	壬寅 528
辰	壬申 87
巳	辛丑 586
午	辛未 145
未	庚子 644
申	庚午 203
酉	己亥 702
戌	己巳 261
亥	戊戌 760

前 1071 年（成卅四）

子	戊辰 316（戊辰 05^h33^m）
丑	丁酉 815
寅	丁卯 374
卯	丙申 873
辰	丙寅 432
巳	乙未 931
午	乙丑 490
未	乙未 49
申	甲子 548
闰	甲午 107
酉	癸亥 606
戌	癸巳 165
亥	壬戌 664

前 1070 年（成卅五）

子	壬辰 220（壬辰 00^h32^m）
丑	辛酉 719
寅	辛卯 278
卯	庚申 777
辰	庚寅 336
巳	己未 835
午	己丑 394
未	戊午 893
申	戊子 452
酉	戊午 11
戌	丁亥 510
亥	丁巳 69

前1069年（成卅六）

子	丙戌 565（丙戌 04^{h}34^m）
丑	丙辰 124
寅	乙酉 623
卯	乙卯 182
辰	甲申 681
巳	甲寅 240
午	癸未 739
未	癸丑 298
申	壬午 797
酉	壬子 356
戌	辛巳 855
亥	辛亥 414

前1068年（成卅七）

正子	庚辰 910（庚辰 15^{h}47^m）
二丑	庚戌 469
三寅	庚辰 28
四卯	己酉 527 △（己酉 7^{h}20^m）
五辰	己卯 86
六巳	戊申 585
闰	戊寅 144
午	丁未 643
未	丁丑 202
申	丙午 701
酉	丙子 260
戌	乙巳 759
亥	乙亥 318

△《尚书·顾命》：惟四月哉生魄，王不怿……乙丑，王崩。

△《汉书·律历志·世经》：（亲政）后三十年四月庚戌朔，十五日甲子哉［既］生霸。

前1067年（康元）
（鲁伯禽卅八年）

子	甲辰 814（甲辰 17^{h}56^m）
丑	甲戌 373
寅	癸卯 872
卯	癸酉 431
辰	壬寅 930
巳	壬申 489
午	壬寅 48
未	辛未 547
申	辛丑 106
酉	庚午 605
戌	庚子 164
亥	己巳 663

前1066年（康二）

子	己亥 219（己亥 09^{h}44^m）
丑	戊辰 718
寅	戊戌 277
卯	丁卯 776
辰	丁酉 335
巳	丙寅 834
午	丙申 393
未	乙丑 892
申	乙未 451
酉	乙丑 10
戌	甲午 509
亥	甲子 68
闰	癸巳 567

前 1065 年（康三）

子	癸亥 123（癸亥 11^h13^m）
丑	壬辰 622
寅	壬戌 181
卯	辛卯 680
辰	辛酉 239
巳	庚寅 738
午	庚申 297
未	己丑 796
申	己未 355
酉	戊子 854
戌	戊午 413
亥	丁亥 912

前 1064 年（康四）

子	丁巳 468（丁巳 21^h41^m）
丑	丁亥 27
寅	丙辰 526
卯	丙戌 85
辰	乙卯 584
巳	乙酉 143
午	甲寅 642
未	甲申 201
申	癸丑 700
酉	癸未 259
戌	壬子 758
亥	壬午 317

前 1063 年（康五）

子	辛亥 813（壬子 00^h45^m）
丑	辛巳 372
寅	庚戌 871
卯	庚辰 430
辰	己酉 929
巳	己卯 488
午	己酉 47
未	戊寅 546
申	戊申 105
酉	丁丑 604
闰	丁未 163
戌	丙子 662
亥	丙午 221

前 1062 年（康六）

子	乙亥 717（乙亥 19^h21^m）
丑	乙巳 276
寅	甲戌 775
卯	甲辰 334
辰	癸酉 833
巳	癸卯 392
午	壬申 891
未	壬寅 450
申	壬申 9
酉	辛丑 508
戌	辛未 67
亥	庚子 566

前 1061 年（康七）

子	庚午 122（己巳 19^h24^m）
丑	己亥 621
寅	己巳 180
卯	戊戌 679
辰	戊辰 238
巳	丁酉 737
午	丁卯 296
未	丙申 795
申	丙寅 354
酉	乙未 853
戌	乙丑 412
亥	甲午 911

前 1060 年（康八）

子	甲子 467（甲子 01^h31^m）
丑	甲午 26
寅	癸亥 525
卯	癸巳 84
辰	壬戌 583
巳	壬辰 142
午	辛酉 641
闰	辛卯 200
未	庚申 699
申	庚寅 258
酉	己未 757
戌	己丑 316
亥	戊午 815

前 1059 年（康九）

子	戊子 371（戊子 02^h11^m）
丑	丁巳 870
寅	丁亥 429
卯	丙辰 928
辰	丙戌 487
巳	丙辰 46
午	乙酉 545
未	乙卯 104
申	甲申 603
酉	甲寅 162
戌	癸未 661
亥	癸丑 220

前 1058 年（康十）

子	壬午 716（壬午 17^h03^m）
丑	壬子 275
寅	辛巳 774
卯	辛亥 333
辰	庚辰 832
巳	庚戌 391
午	己卯 890
未	己酉 449
申	己卯 8
酉	戊申 507
戌	戊寅 66
亥	丁未 565
闰	丁丑 124

前1057年（康十一）

子	丙午 620（丙午 19^h23^m）
丑	丙子 179
寅	乙巳 678
卯	乙亥 237
辰	甲辰 736
巳	甲戌 295
午	癸卯 794
未	癸酉 353
申	壬寅 852
酉	壬申 411
戌	辛丑 910
亥	辛未 469

前1056年（康十二）

正子	辛丑 25（辛丑 09^h39^m）
二丑	庚午 524
三寅	庚子 83
四卯	己巳 582
五辰	己亥 141
六巳	戊辰 640△（戊辰 06^h55^m）
七午	戊戌 199
八未	丁卯 698
九申	丁酉 257
十酉	丙寅 756
十一戌	丙申 315
十二亥	乙丑 814

△《毕命》：惟十又二年六月庚午朏。（《汉书·律历志》）

前1055年（康十三）

子	乙未 370（乙未 17^h58^m）
丑	甲子 869
寅	甲午 428
卯	癸亥 927
辰	癸巳 486
巳	癸亥 45
午	壬辰 544
未	壬戌 103
申	辛卯 602
酉	辛酉 161
戌	庚寅 660
亥	庚申 219
闰	己丑 718

前1054年（康十四）

子	己未 273（己未 14^h01^m）
丑	戊子 772
寅	戊午 331
卯	丁亥 830
辰	丁巳 389
巳	丙戌 888
午	丙辰 447
未	丙戌 6
申	乙卯 505
酉	乙酉 64
戌	甲寅 563
亥	甲申 122

前 1053 年（康十五）

子	癸丑 618（癸丑 13^h32^m）
丑	癸未 177
寅	壬子 676
卯	壬午 235
辰	辛亥 734
巳	辛巳 293
午	庚戌 792
未	庚辰 351
申	己酉 850
酉	己卯 409
戌	戊申 908
亥	戊寅 467

前 1052 年（康十六）
（伯禽卒）

子	戊申 23（丁未 14^h47^m）
丑	丁丑 522
寅	丁未 81
卯	丙子 580
辰	丙午 139
巳	乙亥 638
午	乙巳 197
未	甲戌 696
闰	甲辰 255
申	癸酉 754
酉	癸卯 313
戌	壬申 812
亥	壬寅 371

前 1051 年（康十七）
（鲁考公元年）

子	辛未 867（辛未 13^h01^m）
丑	辛丑 426
寅	庚午 925
卯	庚子 484
辰	庚午 43
巳	己亥 542
午	己巳 101
未	戊戌 600
申	戊辰 159
酉	丁酉 658
戌	丁卯 217
亥	丙申 716

前 1050 年（康十八）

子	丙寅 272（丙寅 00^h37^m）
丑	乙未 771
寅	乙丑 330
卯	甲午 829
辰	甲子 388
巳	癸巳 887
午	癸亥 446
未	癸巳 5
申	壬戌 504
酉	壬辰 63
戌	辛酉 562
亥	辛卯 121

前1049年（康十九）

子	庚申 617	（庚申 16^h08^m）
丑	庚寅 176	
寅	己未 675	
卯	己丑 234	
辰	戊午 733	
闰	戊子 292	
巳	丁巳 791	
午	丁亥 350	
未	丙辰 849	
申	丙戌 408	
酉	乙卯 907	
戌	乙酉 466	
亥	乙卯 25	

前1048年（康廿）

子	甲申 521	（甲申 18^h34^m）
丑	甲寅 80	
寅	癸未 579	
卯	癸丑 138	
辰	壬午 637	
巳	壬子 196	
午	辛巳 695	
未	辛亥 254	
申	庚辰 753	
酉	庚戌 312	
戌	己卯 811	
亥	己酉 370	

前1047年（康廿一）
（鲁炀公元年）

子	戊寅 866	（己卯 07^h28^m）
丑	戊申 425	
寅	丁丑 924	
卯	丁未 483	
辰	丁丑 42	
巳	丙午 541	
午	丙子 100	
未	乙巳 599	
申	乙亥 158	
酉	甲辰 657	
戌	甲戌 216	
亥	癸卯 715	
闰	癸酉 274	

前1046年（康廿二）

子	壬寅 770	（癸卯 06^h01^m）
丑	壬申 329	
寅	辛丑 828	
卯	辛未 387	
辰	庚子 886	
巳	庚午 445	
午	庚子 4	
未	己巳 503	
申	己亥 62	
酉	戊辰 561	
戌	戊戌 120	
亥	丁卯 619	

前 1045 年（康廿三）

子	丁酉 175（丁酉 08^{h}49^m）
丑	丙寅 674
寅	丙申 233
卯	乙丑 732
辰	乙未 291
巳	甲子 790
午	甲午 349
未	癸亥 848
申	癸巳 407
酉	壬戌 906
戌	壬辰 465
亥	壬戌 24

前 1044 年（康廿四）

子	辛卯 520（辛卯 07^{h}56^m）
丑	辛酉 79
寅	庚寅 578
卯	庚申 137
辰	己丑 636
巳	己未 195
午	戊子 694
未	戊午 253
申	丁亥 752
酉	丁巳 311
闰	丙戌 810
戌	丙辰 369
亥	乙卯 868

前 1043 年（康廿五）

子	乙卯 424（乙卯 03^{h}32^m）
丑	甲申 923
寅	甲寅 482
卯	甲申 41
辰	癸丑 540
巳	癸未 99
午	壬子 598
未	壬午 157
申	辛亥 656
酉	辛巳 215
戌	庚戌 714
亥	庚辰 273

前 1042 年（康廿六）

子	己酉 769（己酉 10^{h}06^m）
正丑	己卯 328
二寅	戊申 827
三卯	戊寅 386
四辰	丁未 885△（戊申 00^{h}00^m）
五巳	丁丑 444
六午	丁未 3
七未	丙子 502
八申	丙午 61
九酉	乙亥 560△
十戌	乙巳 119
十一亥	甲戌 618

△宜侯矢簋：隹四月，辰在丁未。（《考古学报》1956. 2）

△《竹书纪年》：二十六年秋九月己未，王陟。

前1041年（昭元）
（鲁炀公七年）

十二子	甲辰 174（癸卯 23^{h}17^m）
丑	癸酉 673
寅	癸卯 232
卯	壬申 731
辰	壬寅 290
巳	辛未 789
闰	辛丑 348
午	庚午 847
未	庚子 406
申	己巳 905
酉	己亥 464
戌	己巳 23
亥	戊戌 522

前1040年（昭二）

子	戊辰 78（戊辰 01^{h}54^m）
丑	丁酉 577
寅	丁卯 136
卯	丙申 635
辰	丙寅 194
巳	乙未 693
午	乙丑 252
未	甲午 751
申	甲子 310
酉	癸巳 809
戌	癸亥 368
亥	壬辰 867

前1039年（昭三）

子	壬戌 423（壬戌 17^{h}23^m）
丑	辛卯 922
寅	辛酉 481
卯	辛卯 40
辰	庚申 539
巳	庚寅 98
午	己未 597
未	己丑 156
申	戊午 655
酉	戊子 214
戌	丁巳 713
亥	丁亥 272

前1038年（昭四）

子	丙辰 768（丁巳 04^{h}38^m）
丑	丙戌 327
寅	乙卯 826
闰	乙酉 385
卯	甲寅 884
辰	甲申 443
巳	甲寅 2
午	癸未 501
未	癸丑 60
申	壬午 559
酉	壬子 118
戌	辛巳 617
亥	辛亥 176

前1037年（昭五）

子	庚辰 672（辛巳 02^{h}17^m）
丑	庚戌 231
寅	己卯 730
卯	己酉 289
辰	戊寅 788
巳	戊申 347
午	丁丑 846
未	丁未 405
申	丙子 904
酉	丙午 463
戌	丙子 22
亥	乙巳 521

前1036年（昭六）

子	乙亥 77（乙亥 03^{h}15^m）
丑	甲辰 576
寅	甲戌 135
卯	癸卯 634
辰	癸酉 193
巳	壬寅 692
午	壬申 251
未	辛丑 750
申	辛未 309
酉	庚子 808
戌	庚午 367
亥	己亥 866
闰	己巳 425

前1035年（昭七）

子	戊戌 920（戊戌 21^{h}29^m）
丑	戊辰 479
寅	戊戌 38
卯	丁卯 537
辰	丁酉 96
巳	丙寅 595
午	丙申 154
未	乙丑 653
申	乙未 212
酉	甲子 711
戌	甲午 270
亥	癸亥 769

前1034年（昭八）

子	癸巳 325（壬辰 23^{h}07^m）
丑	壬戌 824
寅	壬辰 383
卯	辛酉 882
辰	辛卯 441
巳	辛酉 0
午	庚寅 499
未	庚申 58
申	己丑 557
酉	己未 116
戌	戊子 615
亥	戊午 174

下编　西周王年概览

前 1033 年（昭九）

子	丁亥 670（丁亥 07^{h}47^m）
丑	丁巳 229
寅	丙戌 728
卯	丙辰 287
辰	乙酉 786
巳	乙卯 345
午	甲申 844
未	甲寅 403
闰	癸未 902
申	癸丑 461
酉	癸未 20
戌	壬子 519
亥	壬午 78

前 1032 年（昭十）

子	辛亥 574（辛亥 09^{h}22^m）
丑	辛巳 133
寅	庚戌 632
卯	庚辰 191
辰	己酉 690
巳	己卯 249
午	戊申 748
未	戊寅 307
申	丁未 806
酉	丁丑 365
戌	丙午 864
亥	丙子 423

前 1031 年（昭十一）

子	乙巳 919（丙午 01^{h}02^m）
丑	乙亥 478
寅	乙巳 37
卯	甲戌 536
辰	甲辰 95
巳	癸酉 594
午	癸卯 153
未	壬申 652
申	壬寅 211
酉	辛未 710
戌	辛丑 269
亥	庚午 768

前 1030 年（昭十二）

子	庚子 324（庚子 15^{h}45^m）
丑	己巳 823
寅	己亥 382
卯	戊辰 881
辰	戊戌 440
闰	丁卯 939
巳	丁酉 498
午	丁卯 57
未	丙申 556
申	丙寅 115
酉	乙未 614
戌	乙丑 173
亥	甲午 672

前1029年（昭十三）

子	甲子 228（甲子 16^h03^m）
丑	癸巳 727
寅	癸亥 286
卯	壬辰 785
辰	壬戌 344
巳	辛卯 843
午	辛酉 402
未	庚寅 901
申	庚申 460
酉	庚寅 19
戌	己未 518
亥	己丑 77

前1028年（昭十四）

子	戊午 573（戊午 21^h48^m）
丑	戊子 132
寅	丁巳 631
卯	丁亥 190
辰	丙辰 689
巳	丙戌 248
午	乙卯 747
未	乙酉 306
申	甲寅 805
酉	甲申 364
戌	癸丑 863
亥	癸未 422
闰	壬子 921

前1027年（昭十五）

子	壬午 477（壬午 16^h46^m）
丑	壬子 36
寅	辛巳 535
卯	辛亥 94
辰	庚辰 593
巳	庚戌 152
午	己卯 651
未	己酉 210
申	戊寅 709
酉	戊申 268
戌	丁丑 767
亥	丁未 326

前1026年（昭十六）

子	丙子 822（丙子 15^h59^m）
丑	丙午 381
寅	乙亥 880
卯	乙巳 439
辰	甲戌 938
巳	甲辰 497
午	甲戌 56
未	癸卯 555
申	癸酉 114
酉	壬寅 613
戌	壬申 172
亥	辛丑 671

前1025年（昭十七）

子	辛未 227	（庚午 19^h21^m）
丑	庚子 726	
寅	庚午 285	
卯	己亥 784	
辰	己巳 343	
巳	戊戌 842	
午	戊辰 401	
未	丁酉 900	
申	丁卯 459	
酉	丁酉 18	
戌	丙寅 517	
闰	丙申 76	
亥	乙丑 575	

前1024年（昭十八）

子	乙未 131	（甲午 18^h40^m）
丑	甲子 630	
寅	甲午 189	
卯	癸亥 688	
辰	癸巳 247	
巳	壬戌 746	
午	壬辰 305	
未	辛酉 804	
申	辛卯 363	
酉	庚申 862	
戌	庚寅 421	
亥	己未 920	

前1023年（昭十九）

子	己丑 476	（己丑 08^h07^m）
丑	己未 35	
寅	戊子 534	
卯	戊午 93	
辰	丁亥 592	
巳	丁巳 151	
午	丙戌 650△	
未	丙辰 209	
申	乙酉 708	
酉	乙卯 267	
戌	甲申 766	
亥	甲寅 325	

△《竹书纪年》：十九年，天大曀，雉兔皆震。

前1022年（昭廿）

子	癸未 821	（癸未 23^h58^m）
丑	癸丑 380	
寅	壬午 789	
卯	壬子 438	
辰	辛巳 937	
巳	辛亥 496	
午	辛巳 55	
闰	庚戌 554	
未	庚辰 113	
申	己酉 612	
酉	己卯 171	
戌	戊申 670	
亥	戊寅 229	

前 1021 年（昭廿一）

子	丁未 725	（戊申 02^{h}10^m）
丑	丁丑 284	
寅	丙午 783	
卯	丙子 342	
辰	乙巳 841	
巳	乙亥 400	
午	甲辰 899	
未	甲戌 458	
申	甲辰 17	
酉	癸酉 516	
戌	癸卯 75	
亥	壬申 574	

前 1020 年（昭廿二）

子	壬寅 130	（壬寅 13^{h}08^m）
丑	辛未 629	
寅	辛丑 188	
卯	庚午 687	
辰	庚子 246	
巳	己巳 745	
午	己亥 304	
未	戊辰 803	
申	戊戌 362	
酉	丁卯 861	
戌	丁酉 420	
亥	丙寅 919	

前 1019 年（昭廿三）

子	丙申 475	（丙申 16^{h}44^m）
丑	丙寅 34	
寅	乙未 533	
闰	乙丑 92	
卯	甲午 591	
辰	甲子 150	
巳	癸巳 649	
午	癸亥 208	
未	壬辰 707	
申	壬戌 266	
酉	辛卯 765	
戌	辛酉 324	
亥	庚寅 823	

前 1018 年（昭廿四）

子	庚申 379	（庚申 11^{h}14^m）
丑	己丑 878	
寅	己未 437	
卯	戊子 936	
辰	戊午 495	
巳	戊子 54	
午	丁巳 553	
未	丁亥 112	
申	丙辰 611	
酉	丙戌 170	
戌	乙卯 669	
亥	乙酉 228	

前1017年（昭廿五）

子	甲寅 724（甲寅 10ʰ53ᵐ）
丑	甲申 283
寅	癸丑 782
卯	癸未 341
辰	壬子 840
巳	壬午 399
午	辛亥 898
未	辛巳 457
申	辛亥 16
酉	庚辰 515
戌	庚戌 74
亥	己卯 573
闰	己酉 132

前1016年（昭廿六）

子	戊寅 627（戊寅 07ʰ23ᵐ）
丑	戊申 186
寅	丁丑 685
卯	丁未 244
辰	丙子 743
巳	丙午 302
午	乙亥 801
未	乙巳 360
申	甲戌 859
酉	甲辰 418
戌	癸酉 917
亥	癸卯 476

前1015年（昭廿七）

子	癸酉 32（壬申 16ʰ30ᵐ）
丑	壬寅 531
寅	壬申 90
卯	辛丑 589
辰	辛未 148
巳	庚子 647
午	庚午 206
未	己亥 705
申	己巳 264
酉	戊戌 763
戌	戊辰 322
亥	丁酉 821

前1014年（昭廿八）

子	丁卯 377（丁卯 07ʰ03ᵐ）
丑	丙申 876
寅	丙寅 435
卯	乙未 934
辰	乙丑 493
巳	乙未 52
午	甲子 551
未	甲午 110
申	癸亥 609
闰	癸巳 168
酉	壬戌 667
戌	壬辰 226
亥	辛酉 725

前 1013 年（昭廿九）

子	辛卯 281（辛卯 09^{h}52^m）
丑	庚申 780
寅	庚寅 339
卯	己未 838
辰	己丑 397
巳	戊午 896
午	戊子 455
未	戊午 14
申	丁亥 513
酉	丁巳 72
戌	丙戌 571
亥	丙辰 130

前 1012 年（昭卅）

子	乙酉 626（丙戌 00^{h}29^m）
丑	乙卯 185
寅	甲申 684
卯	甲寅 243
辰	癸未 742
巳	癸丑 301
午	壬午 800
未	壬子 359
申	辛巳 858
酉	辛亥 417
戌	庚辰 916
亥	庚戌 475

前 1011 年（昭卅一）

子	庚辰 31（庚辰 09^{h}26^m）
丑	己酉 530
寅	己卯 89
卯	戊申 588
辰	戊寅 147
闰	丁未 646
巳	丁丑 205
午	丙午 704
未	丙子 263
申	乙巳 762
酉	乙亥 321
戌	甲辰 820
亥	甲戌 379

前 1010 年（昭卅二）

子	癸卯 875（甲辰 05^{h}57^m）
丑	癸酉 434
寅	壬寅 933
卯	壬申 492
辰	壬寅 51
巳	辛未 550
午	辛丑 109
未	庚午 608
申	庚子 167
酉	己巳 666
戌	己亥 225
亥	戊辰 724

前 1009 年（昭卅三）

子	戊戌 280（戊戌 05^{h}35^m）
丑	丁卯 779
寅	丁酉 338
卯	丙寅 837
辰	丙申 396
巳	乙丑 895
午	乙未 454
未	乙丑 13
申	甲午 512
酉	甲子 71
戌	癸巳 570
亥	癸亥 129
闰	壬辰 628

前 1008 年（昭卅四）

子	壬戌 184（壬戌 00^{h}00^m）
丑	辛卯 683
寅	辛酉 242
卯	庚寅 741
辰	庚申 300
巳	己丑 799
午	己未 358
未	戊子 857
申	戊午 416
酉	丁亥 915
戌	丁巳 474
亥	丁亥 33

前 1007 年（昭卅五）

正子	丙辰 529（丙辰 03^{h}48^m）
二丑	丙戌 88
三寅	乙卯 587
四卯	乙酉 146
五辰	甲寅 645
六巳	甲申 204
七午	癸丑 703（甲寅 00^{h}19^m）
八未	癸未 262△（癸未 11^{h}33^m）
九申	壬子 761
十酉	壬午 320
十一戌	辛亥 819
十二亥	辛巳 378

△小盂鼎：隹八月既望，辰在甲申……隹王卅又五祀。(《大系》35)

前 1006 年（穆元）
（鲁炀公四十二年）

正子	庚戌 874（庚戌 14^{h}49^m）
二丑	庚辰 433
三寅	己酉 932
四卯	己卯 491
五辰	己酉 50
六巳	戊寅 549
七午	戊申 108
八未	丁丑 607
九申	丁未 166
十酉	丙子 665
十一闰	丙午 224
十二戌	乙亥 723
正亥	乙巳 282

△《晋书·束晳传》：自周受命至穆王百年。
△《史记·秦本纪正义》：年表穆王元年去楚文王元年三百一十八年。

前1005年（穆二）

二子	甲戌 778（甲戌 16^{h}57^m）
三丑	甲辰 337
四寅	癸酉 836
五卯	癸卯 395
六辰	壬申 894
七巳	壬寅 453
八午	壬申 12
九未	辛丑 511
十申	辛未 70
十一酉	庚子 569
十二戌	庚午 128
闰亥	己亥 627

△吴彝：隹二月初吉丁亥（乙亥）……隹王二祀。(《大系》74)

前1004年（穆三）

子	己巳 183（己巳 08^{h}51^m）
丑	戊戌 682
寅	戊辰 241
卯	丁酉 740
辰	丁卯 299
巳	丙申 798
午	丙寅 357
未	乙未 856
申	乙丑 415
酉	甲午 914
戌	甲子 473
亥	甲午 32

前1003年（穆四）

子	癸亥 528（癸亥 22^{h}14^m）
丑	癸巳 87
寅	壬戌 586
卯	壬辰 145
辰	辛酉 644
巳	辛卯 203
午	庚申 702
闰	庚寅 261
未	己未 760
申	己丑 319
酉	戊午 818
戌	戊子 377
亥	丁巳 876

前1002年（穆五）

子	丁亥 432（丁亥 21^{h}34^m）
丑	丙辰 931
寅	丙戌 490
卯	丙辰 49
辰	乙酉 548
巳	乙卯 107
午	甲申 606
未	甲寅 165
申	癸未 664
酉	癸丑 223
戌	壬午 722
亥	壬子 281

前 1001 年（穆六）

子	辛巳 777（壬午 00^{h}52^m）
丑	辛亥 336
寅	庚辰 835
卯	庚戌 394
辰	己卯 893
巳	己酉 452
午	己卯 11
未	戊申 510
申	戊寅 69
酉	丁未 568
戌	丁丑 127
亥	丙午 626
闰	丙子 185

前 1000 年（穆七）

正子	乙巳 684（乙巳 19^{h}10^m）
二丑	乙亥 240
三寅	甲辰 739
四卯	甲戌 298
五辰	癸卯 797
六巳	癸酉 356
七午	壬寅 855
八未	壬申 414
九申	辛丑 913
十酉	辛未 472
十一戌	辛丑 31
十二亥	庚午 530

前 999 年（穆八）

闰子	庚子 86△（己亥 19^{h}00^m）
正丑	己巳 585
二寅	己亥 144
三卯	戊辰 643
四辰	戊戌 202
五巳	丁卯 701
六午	丁酉 260
未	丙寅 759
申	丙申 318
酉	乙丑 817
戌	乙未 376
亥	甲子 875

△牧簋：隹王七年十又三月既生霸甲寅。
（《大系》75）

前 998 年（穆九）

子	甲午 431（00^{h}48^m）
丑	癸亥 930
寅	癸巳 489
卯	癸亥 48
辰	壬辰 547
巳	壬戌 106
午	辛卯 605
未	辛酉 164
申	庚寅 663
酉	庚申 222
戌	己丑 721
闰	己未 280
亥	戊子 779

前997年（穆十）

子	戊午 334（戊午 01^{h}05^m）
丑	丁亥 833
寅	丁巳 392
卯	丙戌 891
辰	丙辰 450
巳	丙戌 9
午	乙卯 508
未	乙酉 67
申	甲寅 566
酉	甲申 125
戌	癸丑 624
亥	癸未 183

前996年（穆十一）

子	壬子 679（壬子 15^{h}47^m）
丑	壬午 238
寅	辛亥 737
卯	辛巳 296
辰	庚戌 795
巳	庚辰 354
午	己酉 853
未	己卯 412
申	戊申 911
酉	戊寅 470
戌	戊申 29
亥	丁丑 528

前995年（穆十二）

子	丁未 84（丁未 07^{h}19^m）
正丑	丙子 583
二寅	丙午 142
三卯	乙亥 641△（乙亥 13^{h}16^m）
四辰	乙巳 200
五巳	甲戌 699
六午	甲辰 258
七未	癸酉 757
八申	癸卯 316
九闰	壬申 815
十酉	壬寅 374
十一戌	辛未 873
十二亥	辛丑 432

△走簋：隹王十又二年三月既望庚寅。(《大系》79)

前994年（穆十三）

子	庚午 928（辛未 08^{h}54^m）
丑	庚子 487
寅	庚午 46
卯	己亥 545
辰	己巳 104
巳	戊戌 603
午	戊辰 162
未	丁酉 661
申	丁卯 220
酉	丙申 719
戌	丙寅 278
亥	乙未 777

前993年（穆十四）

子	乙丑 333（乙丑 17^{h}36^m）
丑	甲午 832
寅	甲子 391
卯	癸巳 890
辰	癸亥 449
巳	癸巳 8
午	壬戌 507
未	壬辰 66
申	辛酉 565
酉	辛卯 124
戌	庚申 623
亥	庚寅 182

前992年（穆十五）

子	己未 678（己未 19^{h}07^m）
丑	己丑 237
寅	戊午 736
卯	戊子 295
辰	丁巳 794
巳	丁亥 353
闰	丙辰 852
午	丙戌 411
未	乙卯 910
申	乙酉 469
酉	乙卯 28
戌	甲申 527
亥	甲寅 86

前991年（穆十六）

子	癸未 582（癸未 13^{h}32^m）
丑	癸丑 141
寅	壬午 640
卯	壬子 199
辰	辛巳 698
巳	辛亥 257
午	庚辰 756
未	庚戌 315
申	己卯 814
酉	己酉 373
戌	戊寅 872
亥	戊申 431

前990年（穆十七）

子	丁丑 927（丁丑 14^{h}32^m）
丑	丁未 486
正寅	丁丑 45
二卯	丙午 544
三辰	丙子 103
四巳	乙巳 602
五午	乙亥 161
六未	甲辰 660
七申	甲戌 219
八酉	癸卯 718
九戌	癸酉 277
十亥	壬寅 776
十一闰	壬申 335

前989年（穆十八）

十二子	辛丑 831△（辛丑 12^{h}11^m）
丑	辛未 390
寅	庚子 889
卯	庚午 448
辰	庚子 7
巳	己巳 506
午	己亥 65
未	戊辰 564
申	戊戌 123
酉	丁卯 622
戌	丁酉 181
亥	丙寅 680

△此鼎：佳十又七年十又二月既生霸乙卯。
（《文物》1976.5）

前988年（穆十九）
（炀公卒）

子	丙申 236（乙未 23^{h}29^m）
丑	乙丑 735
寅	乙未 294
卯	甲子 793
辰	甲午 352
巳	癸亥 851
午	癸巳 410
未	壬戌 909
申	壬辰 468
酉	壬戌 27
戌	辛卯 526
亥	辛酉 85

前987年（穆廿）
（鲁幽公元年）

子	庚寅 581（庚寅 14^{h}51^m）
丑	庚申 140
寅	己丑 639
卯	己未 198
辰	戊子 697
巳	戊午 256
午	丁亥 755
未	丁巳 314
申	丙戌 813
酉	丙辰 372
闰	乙酉 871
戌	乙卯 430
亥	甲申 929

前986年（穆廿一）

子	甲寅 485（甲寅 17^{h}27^m）
丑	甲申 44
寅	癸丑 543
卯	癸未 102
辰	壬子 601
巳	壬午 160
午	辛亥 659
未	辛巳 218
申	庚戌 717
酉	庚辰 276
戌	己酉 775
亥	己卯 334

前 985 年（穆廿二）

子	戊申 830（己酉 06^{h}36^m）
丑	戊寅 389
寅	丁未 888
卯	丁丑 447
辰	丁未 6
巳	丙子 505
午	丙午 64
未	乙亥 563
申	乙巳 122
酉	甲戌 621
戌	甲辰 180
亥	癸酉 679

前 984 年（穆廿三）

子	癸卯 235（癸卯 13^{h}05^m）
丑	壬申 734
寅	壬寅 293
卯	辛未 792
辰	辛丑 351
巳	庚午 850
午	庚子 409
闰	己巳 908
未	己亥 467
申	己巳 26
酉	戊戌 525
戌	戊辰 84
亥	丁酉 583

前 983 年（穆廿四）

子	丁卯 139（丁卯 08^{h}51^m）
丑	丙申 638
寅	丙寅 197
卯	乙未 696
辰	乙丑 255
巳	甲午 754
午	甲子 313
未	癸巳 812
申	癸亥 371
酉	壬辰 870
戌	壬戌 429
亥	辛卯 928

前 982 年（穆廿五）

子	辛酉 484（辛酉 07^{h}58^m）
丑	辛卯 43
寅	庚申 542
卯	庚寅 101
辰	己未 600
巳	己丑 159
午	戊午 658
未	戊子 217
申	丁巳 716
酉	丁亥 275
戌	丙辰 774
亥	丙戌 333

前 981 年（穆廿六）

子	乙卯 829（乙卯 10^h41^m）
丑	乙酉 388
寅	甲寅 887
卯	甲申 446
闰	甲寅 5
辰	癸未 504
巳	癸丑 63
午	壬午 562
未	壬子 121
申	辛巳 620
酉	辛亥 179
戌	庚辰 678
亥	庚戌 237

前 980 年（穆廿七）

子	己卯 733（己卯 09^h24^m）
丑	己酉 292
寅	戊寅 791
卯	戊申 350
辰	丁丑 849
巳	丁未 408
午	丙子 907
未	丙午 466
申	丙子 25
酉	乙巳 524
戌	乙亥 83
亥	甲辰 582

前 979 年（穆廿八）

子	甲戌 138（癸酉 22^h15^m）
丑	癸卯 637
寅	癸酉 196
卯	壬寅 695
辰	壬申 254
巳	辛丑 753
午	辛未 312
未	庚子 811
申	庚午 370
酉	己亥 869
戌	己巳 428
亥	戊戌 927
闰	戊辰 486

前 978 年（穆廿九）

子	戊戌 41（戊戌 00^h39^m）
丑	丁卯 540
寅	丁酉 99
卯	丙寅 598
辰	丙申 157
巳	乙丑 656
午	乙未 215
未	甲子 714
申	甲午 273
酉	癸亥 772
戌	癸巳 331
亥	壬戌 830

前 977 年（穆卅）

子	壬辰 386（壬辰 16^h10^m）
丑	辛酉 885
寅	辛卯 444
卯	辛酉 3
辰	庚寅 502
巳	庚申 61
午	己丑 560
未	己未 119
申	戊子 618
酉	戊午 177
戌	丁亥 676
亥	丁巳 235

前 976 年（穆卅一）

子	丙戌 731（丁亥 03^h38^m）
丑	丙辰 290
寅	乙酉 789
卯	乙卯 348
辰	甲申 847
巳	甲寅 406
午	癸未 905
未	癸丑 464
闰	癸未 23
申	壬子 522
酉	壬午 81
戌	辛亥 580
亥	辛巳 139

前 975 年（穆卅二）

子	庚戌 635（辛亥 01^h56^m）
丑	庚辰 194
寅	己酉 693
卯	己卯 252
辰	戊申 751
巳	戊寅 310
午	丁未 809
未	丁丑 368
申	丙午 867
酉	丙子 426
戌	乙巳 925
亥	乙亥 484

前 974 年（穆卅三）

子	乙巳 40（乙巳 03^h14^m）
丑	甲戌 539
寅	甲辰 98
卯	癸酉 597
辰	癸卯 156
巳	壬申 655
午	壬寅 214
未	辛未 713
申	辛丑 272
酉	庚午 771
戌	庚子 330
亥	己巳 829

前973年（穆卅四）
（鲁微公元年）

子	己亥 385（己亥 02^{h}38^m）
丑	戊辰 884
寅	戊戌 443
卯	戊辰 2
辰	丁酉 501
闰	丁卯 60
巳	丙申 559
午	丙寅 118
未	乙未 617
申	乙丑 176
酉	甲午 675
戌	甲子 234
亥	癸巳 733

前972年（穆卅五）

子	癸亥 289（壬戌 22^{h}52^m）
丑	壬辰 788
寅	壬戌 347
卯	辛卯 846
辰	辛酉 405
巳	庚寅 904
午	庚申 463
未	庚寅 22
申	己未 521
酉	己丑 80
戌	戊午 579
亥	戊子 138

前971年（穆卅六）

子	丁巳 634（丁巳 07^{h}11^m）
丑	丁亥 193
寅	丙辰 692
卯	丙戌 251
辰	乙卯 750
巳	乙酉 309
午	甲寅 808
未	甲申 367
申	癸丑 866
酉	癸未 425
戌	壬子 924
亥	壬午 483
闰	壬子 42

前970年（穆卅七）

子	辛巳 538（辛巳 08^{h}14^m）
正丑	辛亥 97△（庚戌 19^{h}52^m）
二寅	庚辰 596
三卯	庚戌 155
四辰	己卯 654
五巳	己酉 213
六午	戊寅 712
七未	戊申 271
八申	丁丑 770
九酉	丁未 329
十戌	丙子 828
十一亥	丙午 387

△善夫山鼎：隹卅又七年正月初吉庚戌。
（《文物》1956.7）

前969年（穆卅八）

十二子	乙亥883（乙亥 23^{h}46^m）
丑	乙巳 442
寅	乙亥 1
卯	甲辰 500
辰	甲戌 59
巳	癸卯 558
午	癸酉 117
未	壬寅 616
申	壬申 175
酉	辛丑 674
戌	辛未 233
亥	庚子 732

前968年（穆卅九）

子	庚午288（庚午 14^{h}30^m）
丑	己亥 787
寅	己巳 346
卯	戊戌 845
辰	戊辰 404
巳	丁酉 903
午	丁卯 462
未	丁酉 21
申	丙寅 520
酉	丙申 79
闰	乙丑 578
戌	乙未 137
亥	甲子 636

前967年（穆四十）

子	甲午192（甲午 15^{h}12^m）
丑	癸亥 691
寅	癸巳 250
卯	壬戌 749
辰	壬辰 308
巳	辛酉 807
午	辛卯 366
未	庚申 865
申	庚寅 424
酉	己未 923
戌	己丑 482
亥	己未 41

前966年（穆四十一）

子	戊子537（戊子 21^{h}22^m）
丑	戊午 96
寅	丁亥 595
卯	丁巳 154
辰	丙戌 653
巳	丙辰 212
午	乙酉 711
未	乙卯 270
申	甲申 769
酉	甲寅 328
戌	癸未 827
亥	癸丑 386

前 965 年（穆四十二）

子	壬午 884（壬午 21^h19^m）
丑	壬子 440
寅	辛巳 939
卯	辛亥 498
辰	辛巳 57
巳	庚戌 556
闰	庚辰 115
午	己酉 614
未	己卯 173
申	戊申 672
酉	戊寅 231
戌	丁未 730
亥	丁丑 289

前 964 年（穆四十三）

子	丙午 785（丙午 16^h04^m）
丑	丙子 344
寅	乙巳 843
卯	乙亥 402
辰	甲辰 901
巳	甲戌 460
午	甲辰 19
未	癸酉 518
申	癸卯 77
酉	壬申 576
戌	壬寅 135
亥	辛未 634

前 963 年（穆四十四）

子	辛丑 190（庚子 19^h10^m）
丑	庚午 689
寅	庚子 248
卯	己巳 747
辰	己亥 306
巳	戊辰 805
午	戊戌 364
未	丁卯 863
申	丁酉 422
酉	丙寅 921
戌	丙申 480
亥	丙寅 39
闰	乙未 538

前 962 年（穆四十五）

子	乙丑 94（甲子 17^h56^m）
丑	甲午 593
寅	甲子 152
卯	癸巳 651
辰	癸亥 210
巳	壬辰 709
午	壬戌 268
未	辛卯 767
申	辛酉 326
酉	庚寅 825
戌	庚申 384
亥	己丑 883

前 961 年（穆四十六）

子	己未 439（己未 07^{h}07^m）
丑	戊子 938
寅	戊午 497
卯	戊子 56
辰	丁巳 555
巳	丁亥 114
午	丙辰 613
未	丙戌 172
申	乙卯 671
酉	乙酉 230
戌	甲寅 729
亥	甲申 288

前 960 年（穆四十七）

子	癸丑 784（癸丑 22^{h}49^m）
丑	癸未 343
寅	壬子 842
卯	壬午 401
辰	辛亥 900
巳	辛巳 459
午	辛亥 18
未	庚辰 517
申	庚戌 76
酉	己卯 575
戌	己酉 134
亥	戊寅 633
闰	戊申 192

前 959 年（穆四十八）

子	丁丑 688（戊寅 00^{h}56^m）
丑	丁未 247
寅	丙子 746
卯	丙午 305
辰	乙亥 804
巳	乙巳 363
午	甲戌 862
未	甲辰 421
申	癸酉 920
酉	癸卯 479
戌	癸酉 38
亥	壬寅 537

前 958 年（穆四十九）

子	壬申 93（壬申 12^{h}10^m）
丑	辛丑 592
寅	辛未 151
卯	庚子 650
辰	庚午 209
巳	己亥 708
午	己巳 267
未	戊戌 766
申	戊辰 325
酉	丁酉 824
戌	丁卯 383
亥	丙申 882

前957年（穆五十）

子	丙寅 438（丙寅 16^h08^m）
丑	乙未 937
寅	乙丑 496
卯	乙未 55
辰	甲子 554
巳	甲午 113
午	癸亥 612
未	癸巳 171
闰	壬戌 670
申	壬辰 229
酉	辛酉 728
戌	辛卯 287
亥	庚申 786

前956年（穆五十一）

子	庚寅 342（庚寅 11^h16^m）
丑	己未 841
寅	己丑 400
卯	戊午 899
辰	戊子 458
巳	戊午 17
午	丁亥 516
未	丁巳 75
申	丙戌 574
酉	丙辰 133
戌	乙酉 632
亥	乙卯 191

前955年（穆五十二）

子	甲申 687（甲申 10^h52^m）
丑	甲寅 246
寅	癸未 745
卯	癸丑 304
辰	壬午 803
巳	壬子 362
午	辛巳 861
未	辛亥 420
申	庚辰 919
酉	庚戌 478
戌	庚辰 37
亥	己酉 536

前954年（穆五十三）

子	己卯 92（戊寅 16^h02^m）
丑	戊申 591
寅	戊寅 150
卯	丁未 649
辰	丁丑 208
闰	丙午 707
巳	丙子 266
午	乙巳 765
未	乙亥 324
申	甲辰 823
酉	甲戌 382
戌	癸卯 881
亥	癸酉 440

前953年（穆五十四）

子	壬寅 936（壬寅 15^{h}54^m）
丑	壬申 495
寅	壬寅 54
卯	辛未 553
辰	辛丑 112
巳	庚午 611
午	庚子 170
未	己巳 669
申	己亥 228
酉	戊辰 727
戌	戊戌 286
亥	丁卯 785

前952年（穆五十五）

子	丁酉 341（丁酉 06^{h}12^m）
丑	丙寅 840
寅	丙申 399
卯	乙丑 898
辰	乙未 457
巳	乙丑 16
午	甲午 515
未	甲子 74
申	癸巳 573
酉	癸亥 132
戌	壬辰 631
亥	壬戌 190
正闰	辛卯 686

△《竹书纪年》：五十五年，王陟于祇宫。
△《史记·周本纪》：穆王立五十五年崩。

前951年（共元）
（鲁微公廿三年）

二子	辛酉 245（辛酉 08^{h}36^m）
三丑	庚寅 744
四寅	庚申 303
五卯	己丑 802
六辰	己未 361△（戊午 23^{h}45^m）
七巳	戊子 860
八午	戊午 419
九未	丁亥 918
十申	丁巳 477
十一酉	丁亥 36
十二戌	丙辰 535
闰亥	丙戌 94

△师虎簋：隹元年六月既望甲戌。（《大系》73）

前950年（共二）

正子	乙卯 590（乙卯 23^{h}15^m）
二丑	乙酉 149
三寅	甲寅 648△（甲寅 20^{h}39^m）
四卯	甲申 207
五辰	癸丑 706
六巳	癸未 265
七午	壬子 764
八未	壬午 323
九申	辛亥 822
十酉	辛巳 381
十一戌	庚戌 880
十二亥	庚辰 439

△趞尊：隹三月初吉乙卯……隹王二祀。（《大系》101）

前 949 年（共三）

闰子	己酉 934（庚戌 08^h26^m）
正丑	己卯 493
二寅	己酉 52
三卯	戊寅 551
四辰	戊申 110 △（戊申 05^h28^m）
五巳	丁丑 609
六午	丁未 168
七未	丙子 667
八申	丙午 226
九酉	乙亥 725
十戌	乙巳 284
十一闰	甲戌 783
十二亥	甲辰 342

△师遽簋：隹王三祀，四月既生霸辛酉。
(《大系》83)

前 948 年（共四）

子	癸酉 838（甲戌 05^h34^m）
丑	癸卯 397
寅	壬申 896
卯	壬寅 455
辰	壬申 14
巳	辛丑 513
午	辛未 72
未	庚子 571
申	庚午 130
酉	己亥 629
戌	己巳 188
亥	戊戌 687

前 947 年（共五）

子	戊辰 243（戊辰 05^h24^m）
丑	丁酉 742
寅	丁卯 301
卯	丙申 800
辰	丙寅 359
巳	乙未 858
午	乙丑 417
未	甲午 916
申	甲子 475
酉	甲午 34
戌	癸亥 533
亥	癸巳 92

前 946 年（共六）

子	壬戌 588（壬戌 06^h04^m）
丑	壬辰 147
寅	辛酉 646
卯	辛卯 205
辰	庚申 704
巳	庚寅 263
午	己未 762
闰	己丑 321
未	戊午 820
申	戊子 379
酉	丁巳 878
戌	丁亥 437
亥	丙辰 936

前 945 年（共七）

子	丙戌 492（丙戌 03^h37^m）
正丑	丙辰 51
二寅	乙酉 550
三卯	乙卯 109
四辰	甲申 608
五巳	甲寅 167
六午	癸未 666△（癸未 23^h18^m）
七未	癸丑 225
八申	壬午 724
九酉	壬子 283
十戌	辛巳 782△（辛巳 16^h21^m）
十一亥	辛亥 341

△师毛父簋：隹六月既生霸戊戌。（《大系》76）

△趞曹鼎：隹七年十月既生霸（乙未）。（《大系》68）

前 944 年（共八）

十二子	庚辰 837（庚辰 14^h18^m）
闰丑	庚戌 396
正寅	己卯 895
二卯	己酉 454
三辰	己卯 13
四巳	戊申 512
五午	戊寅 71
六未	丁未 570
七申	丁丑 129
八酉	丙午 628
九戌	丙子 147
十亥	乙巳 686

前 943 年（共九）

十一子	乙亥 242（乙亥 05^h24^m）
十二丑	甲辰 741
闰寅	甲戌 300
正闰	癸卯 799
二卯	癸酉 358
三辰	壬寅 857
四巳	壬申 416
五午	辛丑 915
六未	辛未 474
七申	辛丑 33
八酉	庚午 532
九戌	庚子 91△（庚子 07^h48^m）
十亥	己巳 590

△乖伯簋：隹王九年九月甲寅。（《大系》147）

前 942 年（共十）

十一子	己亥 146（己亥 07^h42^m）
十二丑	戊辰 645（戊辰 18^h06^m）
正寅	戊戌 204
二卯	丁卯 703△（丁卯 13^h00^m）
三辰	丁酉 262
四巳	丙寅 761
五午	丙申 320
六未	乙丑 819
七申	乙未 378
八酉	甲子 877
九戌	甲午 436
十亥	癸亥 935

△永盂：隹十又二年初吉丁卯。（《文物》1972.1）年误缺月，当是"十年二月初吉丁卯"。建子，失朔过半日，建寅则合。

前 941 年（共十一）

十一子	癸巳 491（癸巳 21^h05^m）
十二丑	癸亥 50
寅	壬辰 549
卯	壬戌 108
辰	辛卯 607
巳	辛酉 166
午	庚寅 665
未	庚申 224
申	己丑 723
酉	己未 282
戌	戊子 781
亥	戊午 340
闰	丁亥 839

前 940 年（共十二）

子	丁巳 394（丁巳 20^h37^m）
丑	丙戌 893
寅	丙辰 452
卯	丙戌 11
辰	乙卯 510
巳	乙酉 69
午	甲寅 568
未	甲申 127
申	癸丑 626
酉	癸未 185
戌	壬子 684
亥	壬午 243

前 939 年（共十三）

子	辛亥 739（壬子 00^h18^m）
正丑	辛巳 298
二寅	庚戌 797
三卯	庚辰 356
四辰	己酉 855
五巳	己卯 414
六午	戊申 913
七未	戊寅 472
八申	戊申 31
九酉	丁丑 530
十戌	丁未 89
十一亥	丙子 588

前 938 年（共十四）

十二子	丙午 144△（乙巳 23^h30^m）
正丑	乙亥 643
二寅	乙巳 202
三卯	甲戌 701
四辰	甲辰 260
五巳	癸酉 759
六午	癸卯 318
七未	壬申 817
八申	壬寅 376
九闰	辛未 875
十酉	辛丑 434
十一戌	庚午 933
十二亥	庚子 492

△师汤父鼎：隹十又二月初吉丙午。(《大系》70)

前937年（共十五）

正子	庚午 48（己巳 19^{h}03^m）
二丑	己亥 547
三寅	己巳 106
四卯	戊戌 605
五辰	戊辰 164$_\triangle$（戊辰 13^{h}39^m）
六巳	丁酉 663
七午	丁卯 222
八未	丙申 721
九申	丙寅 280
十酉	乙未 779
十一戌	乙丑 338
十二亥	甲午 837

△趙曹鼎：隹十又五年五月既生霸壬午。（《大系》69）

前936年（共十六）

閏子	甲子 393（甲子 00^{h}38^m）
正丑	癸巳 892$_\triangle$（癸巳 15^{h}19^m）
二寅	癸亥 451
三卯	癸巳 10
四辰	壬戌 509
五巳	壬辰 68
六午	辛酉 567
七未	辛卯 126
八申	庚申 625
九酉	庚寅 184
十戌	己未 683
十一亥	己丑 242

△格伯簋：隹正月初吉癸巳。（《大系》81）

前935年（共十七）

十二子	戊午 738（戊午 13^{h}02^m）
丑	戊子 297
寅	丁巳 796
卯	丁亥 355
辰	丙辰 854
閏	丙戌 413
巳	乙卯 912
午	乙酉 471
未	乙卯 30
申	甲申 529
酉	甲寅 88
戌	癸未 587
亥	癸丑 146

前934年（共十八）

子	壬午 642（壬午 15^{h}06^m）
正丑	壬子 201
二寅	辛巳 700
三卯	辛亥 259
四辰	庚辰 758
五巳	庚戌 317
六午	己卯 816
七未	己酉 375
八申	戊寅 874
九酉	戊申 433
十戌	丁丑 932
十一亥	丁未 491

前933年（共十九）

十二子	丁丑 47₍△₎（丁丑 16^h36^m）
丑	丙午 546
寅	丙子 105
卯	乙巳 604
辰	乙亥 163
巳	甲辰 662
午	甲戌 221
未	癸卯 720
申	癸酉 279
酉	壬寅 778
戌	壬申 337
亥	辛丑 836
闰	辛未 394

△同簋：十又二月初吉丁丑。（《大系》86）

前932年（共廿）

子	庚子 891（辛丑 07^h56^m）
丑	庚午 450
寅	庚子 9
卯	己巳 508
辰	己亥 67
巳	戊辰 566
午	戊戌 125
未	丁卯 624
申	丁酉 183
酉	丙寅 682
戌	丙申 241
亥	乙丑 740

前931年（共廿一）

正子	乙未 296（乙未 16^h50^m）
二丑	甲子 795
三寅	甲午 354
四卯	癸亥 853
五辰	癸巳 412
六巳	壬戌 911
七午	壬辰 470
八未	壬戌 29
九申	辛卯 528₍△₎（庚寅 22^h05^m）
十酉	辛酉 87
十一戌	庚寅 586
十二亥	庚申 145

△寰鼎：九月既望乙巳。（《文物》1972.1）

前930年（共廿二）

闰子	己丑 641（己丑 18^h32^m）
正丑	己未 200
二寅	戊子 699
三卯	戊午 258
四辰	丁亥 757
五巳	丁巳 316
六午	丙戌 815
七未	丙辰 374
八申	乙酉 873
九酉	乙卯 432
十闰	甲申 931
十一戌	甲寅 490
十二亥	甲申 49₍△₎（癸未 17^h51^m）

△盠驹尊：隹王十又二月，辰在甲申。（《考古学报》1957.2）

前929年（共廿三）

子	癸丑 545（癸丑 13^{h}26^m）
丑	癸未 104
寅	壬子 603
卯	壬午 162
辰	辛亥 661
巳	辛巳 220
午	庚戌 719
未	庚辰 278
申	己酉 777
酉	己卯 336
戌	戊申 835
亥	戊寅 394

前928年（孝元）
（鲁微公四十六年）

正子	丁未 890（丁未 14^{h}24^m）
二丑	丁丑 449
三寅	丁未 8△（丁未 01^{h}50^m）
四卯	丙子 507
五辰	丙午 66
六巳	乙亥 565
闰午	乙巳 124
七未	甲戌 623
八申	甲辰 182
九酉	癸酉 681△（癸酉 12^{h}54^m）
十戌	癸卯 240
十一亥	壬申 739

△逆钟：隹王元年三月既生霸庚申。（《考古与文物》1981．1）

△师颗鼎：隹王元年九月既望丁亥。（《金文通释》152）

前927年（孝二）

十二子	壬寅 295（辛丑 22^{h}10^m）
丑	辛未 794
寅	辛丑 353
卯	庚午 852
辰	庚子 411
巳	己巳 910
午	己亥 469
闰	己巳 28
未	戊戌 527
申	戊辰 86
酉	丁酉 585
戌	丁卯 144
亥	丙申 643

前926年（孝三）

子	丙寅 199（乙丑 23^{h}05^m）
丑	乙未 698
寅	乙丑 257
卯	甲午 756
辰	甲子 315
巳	癸巳 814
午	癸亥 373
未	壬辰 872
申	壬戌 431
酉	辛卯 930
戌	辛酉 498
亥	辛卯 48

前925年（孝四）

正子	庚申 544 （庚申 14^h20^m）
二丑	庚寅 103
三寅	己未 602
四卯	己丑 161
五辰	戊午 660
六巳	戊子 219
七午	丁巳 718
八未	丁亥 277△ （丁亥 01^h19^m）
九申	丙辰 776
十酉	丙戌 335
十一戌	乙卯 834
十二亥	乙酉 393

△散伯车父鼎：隹王四年八月初吉丁亥。（《文物》1972.6）

前924年（孝五）

十三子	甲寅 889 （乙卯 05^h11^m）
正丑	甲申 448
二寅	甲寅 7△ （甲寅 01^h40^m）
三闰	癸未 506
四卯	癸丑 65
五辰	壬午 564
六巳	壬子 123
七午	辛巳 622
八未	辛亥 181
九申	庚辰 680
十酉	庚戌 239
十一戌	己卯 738
十二亥	己酉 297

△吕服余盘：隹王二月初吉甲寅。（《文物》1986.4）

前923年（孝六）
（鲁历公元年）

正子	戊寅 793 （己卯 05^h45^m）
二丑	戊申 352
三寅	丁丑 851
四卯	丁未 410
五辰	丙子 909
六巳	丙午 468
七午	丙子 27
八未	乙巳 526△ （甲辰 22^h40^m）
九申	乙亥 85
十酉	甲辰 584
十一戌	甲戌 143△ （癸酉 22^h32^m）
十二亥	癸卯 642

△史伯硕父鼎：隹六年八月初吉乙巳。（《博古图》卷二）

△卯簋：隹王十又一月既生霸丁亥。（《大系》85）

前922年（孝七）

十三子	癸酉 198 （癸酉 12^h23^m）
正丑	壬寅 697
二寅	壬申 256
三卯	辛丑 755
四辰	辛未 314
五巳	庚子 813
六午	庚午 372
七未	己亥 871
八申	己巳 430
九酉	戊戌 929
十戌	戊辰 488
十一亥	戊戌 47
十二子	丁卯 546 （丁卯 12^h33^m）

前921年（孝八）

十三闰	丁酉 101（丁酉 08ʰ23ᵐ）
正丑	丙寅 600△（丁卯 02ʰ12ᵐ）
二寅	丙申 159
三卯	乙丑 658
四辰	乙未 217
五巳	甲子 716
六午	甲午 275
七未	癸亥 774
八申	癸巳 333
九酉	壬戌 832
十戌	壬辰 391
十一亥	辛酉 890

△师虎鼎：隹王八祀正月，辰在丁卯。（《文物》1975.8）是年丑正，正月丙寅 15ʰ26ᵐ 合朔，与丁卯相差在半日之内。

前920年（孝九）

十二子	辛卯 446（辛卯 07ʰ38ᵐ）
正丑	辛酉 5（辛酉 03ʰ03ᵐ）
二寅	庚寅 504
三卯	庚申 63△
四辰	己丑 562
五巳	己未 121
六午	戊子 620
七未	戊午 179
八申	丁亥 678
九酉	丁巳 237
十戌	丙戌 736
十一亥	丙辰 295

△即簋：隹王三月初吉庚申。（《文物》1975.8）

前919年（孝十）

十二子	乙酉 791（乙酉 10ʰ17ᵐ）
正丑	乙卯 350△（乙卯 03ʰ04ᵐ）
二寅	甲申 849
三卯	甲寅 408
四辰	癸未 907
五巳	癸丑 466
六午	癸未 25
七未	壬子 524
八申	壬午 83
九酉	辛亥 582
十戌	辛巳 141
十一亥	庚戌 640
十二子	庚辰 199

△暾簋：隹十年正月初吉甲寅。（《金文通鉴》05386）

前918年（孝十一）

十三闰	己酉 695（己酉 09ʰ12ᵐ）
正丑	己卯 254
二寅	戊申 753
三卯	戊寅 312
四辰	丁未 811
五巳	丁丑 370
六午	丙午 869
七未	丙子 428△（丙子 15ʰ37ᵐ）
八申	乙巳 927
九酉	乙亥 486
十戌	乙巳 45
十一亥	甲戌 544

△师嫠簋：隹十又一年九月初吉丁亥（乙亥）。（《大系》149）是年承前建亥，失朔过半日。建丑合丁亥为乙亥例。

前917年（孝十二）

十二子	甲辰 100（癸卯 21^{h}54^m）
正丑	癸酉 599（癸酉 09^{h}06^m）
二寅	癸卯 158
三卯	壬申 657△（壬申 09^{h}48^m）
四辰	壬寅 216
五巳	辛未 715
六午	辛丑 274
七未	庚午 773
八申	庚子 332
九酉	己巳 831
十戌	己亥 390
十一亥	戊辰 889

△大簋：隹十又二年三月既生霸丁亥。（《大系》87）是年三月壬申朔，合十六日丁亥。

前916年（懿元）（鲁历公八年）

十二子	戊戌 445（戊戌 13^{h}31^m）
正丑	戊辰 4
二寅	丁酉 503
三卯	丁卯 62
四辰	丙申 561
五巳	丙寅 120
五闰	乙未 619
六午	乙丑 178
七未	甲午 677
八申	甲子 236
九酉	癸巳 735
十戌	癸亥 294
十一亥	壬辰 793

前915年（懿二）

十三子	壬戌 349（壬戌 15^{h}25^m）
正丑	辛卯 848
二寅	辛酉 407
三卯	庚寅 906△（庚寅 20^{h}16^m）
四辰	庚申 465
五巳	庚寅 24
六午	己未 523
七未	己丑 82
八申	戊子 581
九酉	戊午 140
十戌	丁巳 639
十一亥	丁亥 198

△王臣簋：隹二年三月初吉庚寅。（《文物》1980.5）

前914年（懿三）

十二子	丙辰 694（丁巳 02^{h}58^m）
正丑	丙戌 253
二寅	乙卯 752
三卯	乙酉 311
四辰	甲寅 810△（甲寅 20^{h}39^m）
五巳	甲申 369
六午	癸丑 868
七未	癸未 427
八申	壬子 926
九酉	壬午 485
十戌	壬子 44
十一亥	辛巳 543
十二闰	辛亥 102

△柞钟：隹王三年四月初吉甲寅。（《文物》1961.7）

前913年（懿四）

子	庚辰 598（辛巳 01ʰ09ᵐ）
丑	庚戌 157
寅	己卯 656
卯	己酉 215
辰	戊寅 714
巳	戊申 273
午	丁丑 772
未	丁未 331
申	丙子 830
酉	丙午 389
戌	乙亥 888
亥	乙巳 447

前912年（懿五）

子	乙亥 3（乙亥 02ʰ38ᵐ）
丑	甲辰 502
寅	甲戌 61
卯	癸卯 560
辰	癸酉 119
巳	壬寅 618
午	壬申 177
未	辛丑 676
申	辛未 235
酉	庚子 734
戌	庚午 293
亥	己亥 792

前911年（懿六）

子	己巳 348（乙巳 02ʰ05ᵐ）
丑	戊戌 847
寅	戊辰 406
卯	丁酉 905
辰	丁卯 464
巳	丁酉 23
午	丙寅 522
未	丙申 81
申	乙丑 580
酉	乙未 139
闰	甲子 638
戌	甲午 197
亥	癸亥 696

前910年（懿七）

子	癸巳 252（壬辰 22ʰ42ᵐ）
丑	壬戌 751
寅	壬辰 310
卯	辛酉 809
辰	辛卯 368
巳	庚申 867
午	庚寅 426
未	己未 925
申	己丑 484
酉	己未 43
戌	戊子 542
亥	戊午 101

前909年（懿八）

子	丁亥 597（丁亥 06^{h}53^m）
丑	丁巳 156
寅	丙戌 655
卯	丙辰 214
辰	乙酉 713
巳	乙卯 272
午	甲申 771
未	甲寅 330
申	癸未 829
酉	癸丑 388
戌	壬午 887
亥	壬子 446

前908年（懿九）

子	壬午 2（辛巳 20^{h}54^m）
丑	辛亥 501
正寅	辛巳 60△（庚辰 19^{h}03^m）
二卯	庚戌 559
三辰	庚辰 118
四巳	己酉 617
五午	己卯 176
六闰	戊申 675
七未	戊寅 234
八申	丁未 733
九酉	丁丑 292
十戌	丙午 791
十一亥	丙子 350

△卫鼎：隹九年正月既死霸庚辰。（《文物》1976.5）

前907年（懿十）

十二子	乙巳 846（乙巳 23^{h}14^m）
正丑	乙亥 405
二寅	甲辰 904
三卯	甲戌 463△（甲戌 05^{h}08^m）
四辰	甲辰 22
五巳	癸酉 521
六午	癸卯 80
七未	壬申 579
八申	壬寅 138
九酉	辛未 637
十戌	辛丑 196
十一亥	庚午 695

△康鼎：隹三月初吉甲戌。（《大系》84）

前906年（懿十一）

十二子	庚子 251（庚子 14^{h}00^m）
丑	己巳 750
寅	己亥 309
卯	戊辰 808
辰	戊戌 367
巳	丁卯 866
午	丁酉 425
未	丙寅 924
申	丙申 483
酉	丙寅 42
戌	乙未 541
亥	乙丑 100

前905年（懿十二）

子	甲午 596（甲午 23^h36^m）
正丑	甲子 155
二寅	癸巳 654
三卯	癸亥 213
四闰	壬辰 712
五辰	壬戌 271
六巳	辛卯 770
七午	辛酉 329
八未	庚寅 828
九申	庚申 387
十酉	己丑 886△（己丑 11^h53^m）
十一戌	己未 445
十二亥	己丑 4

△庚嬴卣：隹王十月既望，辰在己丑。（《大系》43）

前904年（懿十三）

子	戊午 500（戊午 20^h38^m）
丑	戊子 59
寅	丁巳 558
卯	丁亥 117
辰	丙辰 616
巳	丙戌 175
午	乙卯 674
未	乙酉 233
申	甲寅 732
酉	甲申 291
戌	癸丑 790
亥	癸未 349

前903年（懿十四）

子	壬子 845（壬子 20^h40^m）
丑	壬午 404
寅	辛亥 903
卯	辛巳 462
辰	辛亥 21
巳	庚辰 520
午	庚戌 79
未	己卯 578
申	己酉 137
酉	戊寅 636
戌	戊申 195
亥	丁丑 694
闰	丁未 253

前902年（懿十五）

正子	丙子 748（丙子 15^h42^m）
二丑	丙午 307
三寅	乙亥 806△（丙子 04^h23^m）
四卯	乙巳 365
五辰	甲戌 864
六巳	甲辰 423
七午	癸酉 922
八未	癸卯 481
九申	癸酉 40
十酉	壬寅 539
十一戌	壬申 98
十二亥	辛丑 597

△大鼎：隹十又五年三月既［死］霸丁亥（乙亥）。（《大系》88）

前901年（懿十六）

子	辛未 153（庚午 18^h45^m）
丑	庚子 652
寅	庚午 211
卯	己亥 710
辰	己巳 269
巳	戊戌 768
午	戊辰 327
未	丁酉 826
申	丁卯 385
酉	丙申 884
戌	丙寅 443
亥	丙申 2

前900年（懿十七）

子	乙丑 498（乙丑 04^h59^m）
丑	乙未 57
寅	甲子 556
卯	甲午 115
辰	癸亥 614
巳	癸巳 173
午	壬戌 672
未	壬辰 231
闰	辛酉 730
申	辛卯 289
酉	庚申 788
戌	庚寅 347
亥	己未 846

前899年（懿十八）

子	己丑 402（己丑 06^h44^m）
正丑	戊午 901
二寅	戊子 460
三卯	戊午 19
四辰	丁亥 518△
五巳	丁巳 77△（丙辰 20^h59^m）
六午	丙戌 576
七未	丙辰 135
八申	乙酉 634
九酉	乙卯 193
十戌	甲申 692
十一亥	甲寅 251

前898年（懿十九）

十二子	癸未 747（癸未 22^h26^m）
丑	癸丑 306
寅	壬午 805
卯	壬子 364
辰	辛巳 863
巳	辛亥 422
午	庚辰 921
未	庚戌 480
申	庚辰 39
酉	己酉 538
戌	己卯 97
亥	戊申 596

△南季鼎：隹五月既生霸庚午。（《大系》113）

△公元前899年"懿王十八（元）年，天再旦于郑"。

下编　西周王年概览　357

前897年（懿廿）

子	戊寅 152（戊寅 12^h06^m）
正丑	丁未 651△（戊申 00^h11^m）
二寅	丁丑 210
三卯	丙午 709
四辰	丙子 268
五闰	乙巳 767
六巳	乙亥 326
七午	甲辰 825
八未	甲戌 384
九申	癸卯 883
十酉	癸酉 442
十一戌	癸卯 1
十二亥	壬申 500

△休盘：隹廿年正月既望甲戌（壬戌）。（《大系》152）

前896年（懿廿一）

子	壬寅 56（壬寅 11^h30^m）
丑	辛未 555
寅	辛丑 114
卯	庚午 613
辰	庚子 172
巳	己巳 671
午	己亥 230
未	戊辰 729
申	戊戌 288
酉	丁卯 787
戌	丁酉 346
亥	丙寅 845

前895年（懿廿二）

子	丙申 401（丙申 15^h34^m）
正丑	乙丑 900
二寅	乙未 459
三卯	乙丑 18
四辰	甲午 517△（甲午 21^h09^m）
五巳	甲子 76
六午	癸巳 575
七未	癸亥 134
八申	壬辰 633
九酉	壬戌 192
十戌	辛卯 691
十一亥	辛酉 250
十二闰	庚寅 749

△匡卣：隹四月初吉甲午。（《大系》82）
△庚嬴鼎：隹廿又二年四月既望己酉。（《大系》43）

前894年（懿廿三）

子	庚申 308（庚申 10^h39^m）
丑	己丑 804
寅	己未 363
卯	戊子 862
辰	戊午 421
巳	丁亥 920
午	丁巳 479
未	丁亥 38
申	丙辰 537
酉	丙戌 96
戌	乙卯 595
亥	乙酉 154

前893年（夷元）
（鲁厉公卅一年）

子	甲寅 650（甲寅 10^h17^m）
丑	甲申 209
寅	癸丑 708
卯	癸未 267
辰	壬子 766
巳	壬午 325
午	辛亥 824
未	辛巳 383
申	庚戌 882
酉	庚辰 441
戌	庚戌 0
亥	己卯 499

前892年（夷二）

子	己酉 55（戊申 15^h22^m）
丑	戊寅 554
寅	戊申 113
卯	丁丑 612
辰	丁未 171
巳	丙子 670
午	丙午 229
未	乙亥 728
申	乙巳 287
酉	甲戌 786
闰	甲辰 345
戌	癸酉 844
正亥	癸卯 403

前891年（夷三）

二子	壬申 899（壬申 15^h33^m）
三丑	壬寅 458△（壬寅 04^h30^m）
四寅	壬申 17
五卯	辛丑 516△（辛丑 09^h04^m）
六辰	辛未 75
七巳	庚子 574
八午	庚午 133
九未	己亥 632
十申	己巳 181
十一酉	戊戌 690
十二戌	戊辰 249
闰亥	丁酉 748

前890年（夷四）

正子	丁卯 304（丁卯 05^h49^m）
二丑	丙申 803
三寅	丙寅 362
四卯	乙未 861
五辰	乙丑 420
六巳	甲午 919
七午	甲子 478
八未	甲午 37
九申	癸亥 536
十酉	癸巳 95
十一戌	壬戌 594
十二亥	壬辰 153

△卫盉：隹三年三月既生［死］霸壬寅。（《文物》1976.5）

△史颂簋：三年五月丁巳。（《金文通释》138）

前889年（夷五）

闰子	辛酉 649（辛酉 21^{h}24^m）
正丑	辛卯 208
二寅	庚申 707
三卯	庚寅 266△（庚寅 03^{h}08^m）
四辰	己未 765
五巳	己丑 324
六闰	戊午 823
七午	戊子 382
八未	丁巳 881
九申	丁亥 440
十酉	丙辰 939
十一戌	丙戌 498
十二亥	丙戌 57

△兮甲盘：隹五年三月既死霸庚寅。（《大系》143）

△谏簋：隹五年三月初吉庚寅。（《大系》117）

前888年（夷六）

子	乙酉 553（乙酉 22^{h}44^m）
丑	乙卯 112
寅	甲申 611
卯	甲寅 170
辰	癸未 669
巳	癸丑 228
午	壬午 727
未	壬子 286
申	辛巳 785
酉	辛亥 344
戌	庚辰 843
亥	庚戌 402

前887年（夷七）

子	己卯 898（庚辰 08^{h}03^m）
丑	己酉 457
寅	己卯 16
卯	戊申 515
辰	戊寅 74
巳	丁未 573
午	丁丑 132
未	丙午 631
申	丙子 190
酉	乙巳 689
戌	乙亥 248
亥	甲辰 747

前886年（夷八）
（鲁献公元年）

子	甲戌 303（甲戌 10^{h}05^m）
正丑	癸卯 802
二寅	癸酉 361
三闰	壬寅 860
四卯	壬申 419
五辰	辛丑 918
六巳	辛未 477
七午	辛丑 36（庚子 18^{h}12^m）
八未	庚午 353
九申	庚子 94△（己亥 11^{h}53^m）
十酉	己巳 593
十一戌	己亥 152
十二亥	戊辰 641

△辅师嫠簋：隹王九月既生霸甲寅。（《考古学报》1958.2）建亥九月庚子朔，建丑失朔半日。

前885年（夷九）

子	戊戌 207（戊戌 04^h45^m）
丑	丁卯 706
寅	丁酉 265
卯	丙寅 764
辰	丙申 323
巳	乙丑 822
午	乙未 381
未	甲子 880
申	甲午 439
酉	癸亥 938
戌	癸巳 497
亥	癸亥 56

前884年（夷十）

子	壬辰 552（壬辰 05^h21^m）
丑	壬戌 111
寅	辛卯 610
卯	辛酉 169
辰	庚寅 668
巳	庚申 227
午	己丑 726
未	己未 285
申	戊子 784
酉	戊午 343
戌	丁亥 842
亥	丁巳 401
闰	丙戌 900

前883年（夷十一）

子	丙辰 455（丙辰 03^h09^m）
丑	丙戌 14
寅	乙卯 513
卯	乙酉 72
辰	甲寅 571
巳	甲申 130
午	癸丑 629
未	癸未 188
申	壬子 687
酉	壬午 246
戌	辛亥 745
亥	辛巳 304

前882年（夷十二）

子	庚戌 800（庚戌 13^h46^m）
正丑	庚辰 359 △（庚辰 02^h07^m）
二寅	己酉 858
三卯	己卯 417
四辰	戊申 916
五巳	戊寅 475
六午	戊申 34
七未	丁丑 535
八申	丁未 92
九酉	丙子 591
十戌	丙午 150
十一亥	乙亥 649

△大师虘簋：正月既望甲午……隹十又二年。
（《考古学报》1956.4）

前 881 年（夷十三）

十二子	乙巳 205（乙巳 04^{h}55^m）
丑	甲戌 704
寅	甲辰 263
卯	癸酉 762
辰	癸卯 321
巳	壬申 820
午	壬寅 379
未	辛未 878
闰	辛丑 437
申	庚午 936
酉	庚子 495
戌	庚午 54
亥	己亥 553

前 880 年（夷十四）

子	己巳 109（己巳 07^{h}28^m）
丑	戊戌 608
寅	戊辰 167
卯	丁酉 666
辰	丁卯 225
巳	丙申 724
午	丙寅 283
未	乙未 782
申	乙丑 341
酉	甲午 840
戌	甲子 399
亥	癸巳 898

前 879 年（夷十五）

子	癸亥 454（癸亥 20^{h}48^m）
丑	癸巳 13
寅	壬戌 512
卯	壬辰 71
辰	辛酉 570
巳	辛卯 129
午	庚申 628
未	庚寅 187
申	己未 686
酉	己丑 245
戌	戊午 744
亥	戊子 303

前 878 年（厉元）
（鲁献公九年）

子	丁巳 799（戊午 03^{h}56^m）
正丑	丁亥 358△（丁亥 19^{h}56^m）
二寅	丙辰 857
三卯	丙戌 416
四辰	乙卯 915
闰闰	乙酉 474
五巳	乙卯 33△（甲寅 18^{h}36^m）
六午	甲申 532
七未	甲寅 91
八申	癸未 590
九酉	癸丑 149
十戌	壬午 648
十一亥	壬子 207

△ 师毁簋：隹王元年正月初吉丁亥。（《大系》114）

△ 师兑簋甲：隹元年五月初吉甲寅。（《大系》154）

前 877 年（厉二）

十二子	辛巳 703（辛巳 23^{h}43^m）
正丑	辛亥 262
二寅	庚辰 761
三卯	庚戌 320
四辰	己卯 819
五巳	己酉 378
六午	戊寅 877
七未	戊申 436
八申	丁丑 935
九酉	丁未 494
十戌	丁丑 53
十一亥	丙午 552

前 876 年（厉三）

十二子	丙子 108（乙亥 22^{h}55^m）
正丑	乙巳 607
二寅	乙亥 166$_\triangle$（乙亥 13^{h}04^m）
闰卯	甲辰 665
三辰	甲戌 224$_\triangle$（甲戌 17^{h}22^m）
四巳	癸卯 723
五午	癸酉 282$_\triangle$（癸酉 11^{h}24^m）
六未	壬寅 781
七申	壬申 340
八酉	辛丑 839
九戌	辛未 398
十亥	庚子 897
十一闰	庚午 456

△师兑簋乙：隹三年二月初吉丁亥（乙亥）。（《大系》155）

△师晨鼎、师俞簋：隹三年三月初吉甲戌。（《大系》115、100）

△颂鼎：隹三年五月既死霸甲戌。（《大系》72）

前 875 年（厉四）

十二子	庚子 12（己亥 18^{h}25^m）
正丑	己巳 511
二寅	己亥 70$_\triangle$（己亥 06^{h}46^m）
三卯	戊辰 569
四辰	戊戌 128
五巳	丁卯 627
六午	丁酉 186
七未	丙寅 685
八申	丙申 244
九酉	乙丑 743
十戌	乙未 302
十一亥	甲子 801

△襄盨：隹四年二月既生［死］霸戊戌。（《文物》1978.3）

前 874 年（厉五）

十二子	甲午 357（癸巳 23^{h}57^m）
丑	癸亥 856
寅	癸巳 415
卯	壬戌 914
辰	壬辰 473
巳	壬戌 32
午	辛卯 531
未	辛酉 90
申	庚寅 589
酉	庚申 148
戌	己丑 647
亥	己未 206

前873年（历六）

子	戊子 702（戊子 12^h18^m）
丑	戊午 261
寅	丁亥 760
卯	丁巳 319
辰	丙戌 818
巳	丙辰 377
午	乙酉 876
未	乙卯 435
申	甲申 934
酉	甲寅 493
戌	甲申 52
闰	癸丑 551
亥	癸未 110

前872年（历七）

子	壬子 606（壬子 14^h41^m）
丑	壬午 165
寅	辛亥 664
卯	辛巳 223
辰	庚戌 722
巳	庚辰 281
午	己酉 780
未	己卯 339
申	戊申 838
酉	戊寅 397
戌	丁未 896
亥	丁丑 455

前871年（历八）

子	丁未 11（丁未 06^h16^m）
丑	丙子 510
寅	丙午 69
卯	乙亥 568
辰	乙巳 127
巳	甲戌 626
午	甲辰 185
未	癸酉 684
申	癸卯 243
酉	壬申 742
戌	壬寅 301
亥	辛未 800

前870年（历九）

子	辛丑 356（辛丑 18^h16^m）
丑	庚午 855
寅	庚子 414
卯	己巳 913
辰	己亥 472
巳	己巳 31
午	戊戌 530
闰	戊辰 89
未	丁酉 588
申	丁卯 147
酉	丙申 646
戌	丙寅 205
亥	乙未 704

前869年（厉十）

子	乙丑 260（乙丑 16^{h}26^m）
丑	甲午 759
寅	甲子 318
卯	癸巳 817
辰	癸亥 376
巳	壬辰 875
午	壬戌 434
未	辛卯 933
申	辛酉 492
酉	辛卯 51
戌	庚申 550
亥	庚寅 109

前868年（厉十一）

子	己未 605（己未 18^{h}13^m）
丑	己丑 164
寅	戊午 663
卯	戊子 222
辰	丁巳 721
巳	丁亥 280
午	丙辰 779
未	丙戌 338
申	乙卯 837
酉	乙酉 396
戌	甲寅 895
亥	甲申 454

前867年（厉十二）

子	甲寅 10（癸丑 17^{h}24^m）
丑	癸未 509
寅	癸丑 68
闰	壬午 567
卯	壬子 126
辰	辛巳 625
巳	辛亥 184
午	庚辰 683
未	庚戌 242
申	己卯 741
酉	己酉 300
戌	戊寅 799
亥	戊申 358

前866年（厉十三）

子	丁丑 854（丁丑 13^{h}39^m）
丑	丁未 413
寅	丙子 912
卯	丙午 471
辰	丙子 30
巳	乙巳 529
午	乙亥 88
未	甲辰 587
申	甲戌 146
酉	癸卯 645
戌	癸酉 204
亥	壬寅 703

前865年（厉十四）

子	壬申 259（辛未 21^{h}19^m）
丑	辛丑 758
寅	辛未 317
卯	庚子 816
辰	庚午 375
巳	己亥 874
午	己巳 433
未	戊戌 932
申	戊辰 491
酉	戊戌 50
戌	丁卯 549
亥	丁酉 108
闰	丙寅 607

前864年（厉十五）

子	丙申 162（乙未 22^{h}31^m）
丑	乙丑 661
寅	乙未 220
卯	甲子 719
辰	甲午 278
巳	癸亥 777
午	癸巳 336
未	壬戌 835
申	壬辰 394
酉	辛酉 893
戌	辛卯 452
亥	辛酉 11

前863年（厉十六）

子	庚寅 507（庚寅 13^{h}50^m）
丑	庚申 66
寅	己丑 565
卯	己未 124
辰	戊子 623
巳	戊午 182
午	丁亥 681
未	丁巳 240
申	丙戌 739
酉	丙辰 298
戌	乙酉 797
亥	乙卯 356

前862年（厉十七）

子	甲申 852（乙酉 04^{h}51^m）
丑	甲寅 411
寅	癸未 910
卯	癸丑 469
辰	癸未 28
巳	壬子 527
午	壬午 86
未	辛亥 585
申	辛巳 144
闰	庚戌 643
酉	庚辰 202
戌	己酉 701
亥	己卯 260

前861年（厉十八）

子	戊申 756（己酉 05^{h}27^m）
丑	戊寅 315
寅	丁未 814
卯	丁丑 373
辰	丙午 872
巳	丙子 431
午	乙巳 930
未	乙亥 489
申	乙巳 48
酉	甲戌 547
戌	甲辰 106
亥	癸酉 605

前860年（厉十九）

子	癸卯 161（癸卯 12^{h}16^m）
丑	壬申 660
寅	壬寅 219
卯	辛未 718
辰	辛丑 277
巳	庚午 776
午	庚子 335
未	己巳 834
申	己亥 393
酉	戊辰 892
戌	戊戌 451
亥	戊辰 10

前859年（厉廿）

子	丁酉 506（丁酉 12^{h}29^m）
丑	丁卯 65
寅	丙申 564
卯	丙寅 123
辰	乙未 622
闰	乙丑 181
巳	甲午 680
午	甲子 239
未	癸巳 738
申	癸亥 297
酉	壬辰 796
戌	壬戌 355
亥	辛卯 854

前858年（厉廿一）

子	辛酉 410（辛酉 07^{h}00^m）
丑	庚寅 909
寅	庚申 468
卯	庚寅 27
辰	己未 526
巳	己丑 85
午	戊午 584
未	戊子 143
申	丁巳 642
酉	丁亥 201
戌	丙辰 700
亥	丙戌 259

前857年（厉廿二）

子	乙卯 755（乙卯 09^{h}30^m）
丑	乙酉 314
寅	甲寅 813
卯	甲申 372
辰	癸丑 871
巳	癸未 430
午	壬子 929
未	壬午 488
申	壬子 47
酉	辛巳 546
戌	辛亥 105
亥	庚辰 604
闰	庚戌 163

前856年（厉廿三）

子	己卯 659（己卯 08^{h}28^m）
丑	己酉 218
寅	戊寅 717
卯	戊申 276
辰	丁丑 775
巳	丁未 334
午	丙子 833
未	丙午 392
申	乙亥 891
酉	乙巳 450
戌	乙亥 9
亥	甲辰 508

前855年（厉廿四）

子	甲戌 64（癸酉 21^{h}10^m）
丑	癸卯 563
寅	癸酉 122
卯	壬寅 621
辰	壬申 180
巳	辛丑 679
午	辛未 238
未	庚子 737
申	庚午 296
酉	己亥 795
戌	己巳 354
亥	戊戌 853

前854年（厉廿五）
（鲁真公元年）

子	戊辰 409（戊辰 12^{h}52^m）
丑	丁酉 908
寅	丁卯 467
卯	丁酉 26
辰	丙寅 525
巳	丙申 84
午	乙丑 583
未	乙未 142
申	甲子 641
酉	甲午 200
闰	癸亥 699
戌	癸巳 258
亥	壬戌 757

前853年（厉廿六）

子	壬辰 313（壬辰 15^{h}05^m）
丑	辛酉 812
寅	辛卯 371
卯	庚申 870
辰	庚寅 429
巳	己未 928
午	己丑 487
未	己未 46
申	戊子 545
酉	戊午 104
戌	丁亥 603
亥	丁巳 162

前852年（厉廿七）

子	丙戌 658（丁亥 02^{h}51^m）
丑	丙辰 217
正寅	乙酉 716
二卯	乙卯 275
三辰	甲申 774△（甲申 19^{h}25^m）
四巳	甲寅 333
五午	癸未 832
六未	癸丑 391
七申	壬午 890
八酉	壬子 449
九戌	壬午 8
十亥	辛亥 507

△卫簋：隹廿又七年三月既生霸戊戌。（《文物》1976.5）

前851年（厉廿八）

十一子	辛巳 63（辛巳 07^{h}27^m）
十二丑	庚戌 562
寅	庚辰 121
卯	己酉 620
辰	己卯 179
巳	戊申 678
午	戊寅 237
闰	丁未 736
未	丁丑 295
申	丙午 794
酉	丙子 353
戌	乙巳 852
亥	乙亥 411

前850年（厉廿九）

子	甲辰 907（乙巳 02^{h}17^m）
丑	甲戌 466
寅	甲辰 25
卯	癸酉 524
辰	癸卯 83
巳	壬申 582
午	壬寅 141
未	辛未 640
申	辛丑 199
酉	庚午 698
戌	庚子 257
亥	己巳 756

前849年（厉卅）

正子	己亥 312	（己亥 01^{h}35^m）
二丑	戊辰 811	
三寅	戊戌 370	
四卯	丁卯 869△	（壬辰 08^{h}09^m）
五辰	丁酉 428	
六巳	丙寅 927△	（丁卯 09^{h}25^m）
七午	丙申 486	
八未	丙寅 45	
九申	乙未 544	
十酉	乙丑 103	
十一戌	甲午 602	
十二亥	甲子 161	

△作册吴盉：隹卅年四月既生霸壬年（戊辰朔）《图铭 14197》

前848年（厉卅一）

正子	癸巳 656	（癸巳 06^{h}04^m）
二丑	癸亥 215	
三寅	壬辰 714△	（壬辰 14^{h}04^m）
四闰	壬戌 273	
五卯	辛卯 772	
六辰	辛酉 331	
七巳	庚寅 830	
八午	庚申 389	
九未	己丑 888	
十申	己未 447	
闰酉	己丑 6	
十一戌	戊午 505	
十二亥	戊子 64	

△鬲攸从鼎：隹卅又一年三月初吉壬辰。（《大系》126）

前847年（厉卅二）

正子	丁巳 561	（丁巳 06^{h}00^m）
二丑	丁亥 120	
三寅	丙辰 619	
四卯	丙戌 178	
五辰	乙卯 677	
六巳	乙酉 236	
七午	甲寅 735	
八未	甲申 294	
九申	癸丑 793	
十酉	癸未 352	
十一戌	壬子 851	
十二亥	壬午 410	

前846年（厉卅三）

正子	辛亥 906	（辛亥 20^{h}00^m）
二丑	辛巳 465	
三寅	辛亥 24	
四卯	庚辰 523	
五辰	庚戌 82	
六巳	己卯 581	
七午	己酉 140	
八未	戊寅 639	
九申	戊申 198	
十酉	丁丑 697△	（丁丑 21^{h}19^m）
十一戌	丁未 256	
闰闰	丙子 755	
十二亥	丙午 314	

△伯寛父盨：隹卅又三年八月既死（生霸）辛卯。（《文物》7979.11）

前845年（厉卅四）

十二子	乙亥 809（乙亥 22^h41^m）
正丑	乙巳 368
二寅	甲戌 867
三卯	甲辰 426
四辰	癸酉 925
五巳	癸卯 484△（癸卯 02^h35^m）
六午	癸酉 43
七未	壬寅 542
八申	壬申 101
九酉	辛丑 600
十戌	辛未 159
十一亥	庚子 658

△鲜簋：卅又四祀，隹五月既望戊午（癸卯朔）。(《中日欧美澳纽所见所拓所摹汇编》)

前844年（厉卅五）

十二子	庚午 214（庚午 13^h38^m）
正丑	己亥 713
二寅	己巳 272
三卯	戊戌 771
四辰	戊辰 330
五巳	丁酉 829
六午	丁卯 388△（丙寅 21^h43^m）
七未	丙申 887
八申	丙寅 446
九酉	丙申 5
十戌	乙丑 504
十一亥	乙未 63

△静敦：隹六月初吉，王在莽京，丁卯。(《大系》27)

前843年（厉卅六）

十二子	甲子 559（甲子 23^h32^m）
闰丑	甲午 118
正寅	癸亥 617
二卯	癸巳 176
三辰	壬戌 675
四巳	壬辰 234
五午	辛酉 733
六未	辛卯 292
七申	庚申 791
八闰	庚寅 350△（己丑 18^h26^m）
九酉	己未 849
十戌	己丑 408
十一亥	戊午 907

△静敦：雩八月初吉庚寅。(《大系》27)

前842年（厉卅七）

十二子	戊子 463（戊子 20^h31^m）
正丑	戊午 22
二寅	丁亥 521
三卯	丁巳 80
四辰	丙戌 579
五巳	丙辰 138
六午	乙酉 637
七未	乙卯 196
八申	甲申 695
九酉	甲寅 254
十戌	癸未 753
十一亥	癸丑 312

前 841 年（共和元）
（鲁真公十四年）

十二子	壬午 808（壬午 20^{h}35^m）
闰丑	壬子 367
正寅	辛巳 866
二卯	辛亥 425△（辛亥 23^{h}31^m）
三辰	庚辰 924
四巳	庚戌 483
五午	庚辰 42
六未	己酉 541
七申	己卯 100
八酉	戊申 599
九戌	戊寅 158
十亥	丁未 657

△师询簋：隹元年二月既望庚寅（丙寅）。
(《大系》139)

前 840 年（共和二）

十一子	丁丑 213（丙子 20^{h}43^m）
十二丑	丙午 712
寅	丙子 271
卯	乙巳 770
辰	乙亥 329
巳	甲辰 828
闰	甲戌 387
午	癸卯 886
未	癸酉 445
申	癸卯 4
酉	壬申 503
戌	壬寅 62
亥	辛未 561

前 839 年（共和三）

子	辛丑 117（庚子 17^{h}56^m）
丑	庚午 616
寅	庚子 175
卯	己巳 674
辰	己亥 233
巳	戊辰 732
午	戊戌 291
未	丁卯 790
申	丁酉 349
酉	丙寅 848
戌	丙申 407
亥	乙丑 906

前 838 年（共和四）

子	乙未 462（乙未 04^{h}01^m）
丑	乙丑 21
寅	甲午 520
卯	甲子 79
辰	癸巳 578
巳	癸亥 137
午	壬辰 636
未	壬戌 195
申	辛卯 694
酉	辛酉 253
戌	庚寅 752
亥	庚申 311
闰	己丑 810

前837年（共和五）

子	己未 366（己未 05^{h}58^m）
丑	戊子 865
寅	戊午 424
卯	丁亥 923
辰	丁巳 482
巳	丁亥 41
午	丙辰 540
未	丙戌 99
申	乙卯 598
酉	乙酉 157
戌	甲寅 656
亥	甲申 215

前836年（共和六）

子	癸丑 711（癸丑 21^{h}46^m）
丑	癸未 270
寅	壬子 769
卯	壬午 328
辰	辛亥 827
巳	辛巳 386
午	庚戌 885
未	庚辰 444
申	庚戌 3
酉	己卯 502
戌	己酉 61
亥	戊寅 560

前835年（共和七）

子	戊申 116（戊申 11^{h}40^m）
丑	丁丑 615
寅	丁未 174
卯	丙子 673
辰	丙午 232
巳	乙亥 731
午	乙巳 290
未	甲戌 789
申	甲辰 348
酉	癸酉 847
闰	癸卯 406
戌	壬申 905
亥	壬寅 464

前834年（共和八）

子	壬申 20（壬申 11^{h}22^m）
丑	辛丑 519
寅	辛未 78
卯	庚子 577
辰	庚午 136
巳	己亥 635
午	己巳 194
未	戊戌 693
申	戊辰 252
酉	丁酉 751
戌	丁卯 310
亥	丙申 809

前 833 年（共和九）

子	丙寅 365（丙寅 15^{h}40^m）
丑	乙未 864
寅	乙丑 423
卯	甲午 922
辰	甲子 481
巳	甲午 40
午	癸亥 539
未	癸巳 98
申	壬戌 597
酉	壬辰 156
戌	辛酉 655
亥	辛卯 214

前 832 年（共和十）

子	庚申 710（庚申 14^{h}52^m）
丑	庚寅 269
寅	己未 768
卯	己丑 327
辰	戊午 826
巳	戊子 385
午	丁巳 884
闰	丁亥 443
未	丁巳 2
申	丙戌 501
酉	丙辰 60
戌	乙酉 559
亥	乙卯 118

前 831 年（共和十一）

子	甲申 614（甲申 09^{h}47^m）
丑	甲寅 173
寅	癸未 672
卯	癸丑 231
辰	壬午 730
巳	壬子 289
午	辛巳 788
未	辛亥 347
申	庚辰 846
酉	庚戌 405
戌	己卯 904
亥	己酉 463

前 830 年（共和十二）

子	己卯 19（戊寅 14^{h}38^m）
丑	戊申 518
寅	戊寅 77
卯	丁未 576
辰	丁丑 135
巳	丙午 634
午	丙子 193
未	乙巳 692
申	乙亥 251
酉	甲辰 750
戌	甲戌 309
亥	癸卯 808

前829年（共和十三）

子	癸酉 364（癸酉 02^{h}30^m）
正丑	壬寅 863△（壬寅 14^{h}37^m）
二寅	壬申 422
三卯	辛丑 921
四闰	辛未 480
五辰	辛丑 39
六巳	庚午 538
七午	庚子 97
八未	已巳 596
九申	已亥 155
十酉	戊辰 654
十一戌	戊戌 213
十二亥	丁卯 712

前828年（共和十四）

子	丁酉 268（丁酉 04^{h}53^m）
丑	丙寅 767
寅	丙申 326
卯	乙丑 825
辰	乙未 384
巳	甲子 883
午	甲午 442
未	甲子 1
申	癸巳 500
酉	癸亥 59
戌	壬辰 558
亥	壬戌 117

△无曩簋：隹十又三年正月初吉壬寅。（《大系》120）

前827年（宣元）
（鲁真公廿八年）

子	辛卯 612（辛卯 20^{h}35^m）
丑	辛酉 171
寅	庚寅 670
卯	庚申 229
辰	已丑 728
巳	已未 287
午	戊子 786
未	戊午 345
申	丁亥 844
酉	丁巳 403
戌	丙戌 902
亥	丙辰 461
闰	丙戌 20

前826年（宣二）

子	乙卯 516（乙卯 22^{h}22^m）
丑	乙酉 75
寅	甲寅 574
卯	甲申 133
辰	癸丑 632
巳	癸未 191
午	壬子 690
未	壬午 249
申	辛亥 748
酉	辛巳 307
戌	庚戌 806
亥	庚辰 365

前825年（宣三）

子	己酉 861（庚戌 07ʰ59ᵐ）
丑	己卯 420
寅	戊申 919
卯	戊寅 478
辰	戊申 37
巳	丁丑 536
午	丁未 95
未	丙子 594
申	丙午 153
酉	乙亥 652
戌	乙巳 211
亥	甲戌 710

前824年（宣四）
（鲁武公元年）

子	甲辰 266（甲辰 10ʰ16ᵐ）
丑	癸酉 765
寅	癸卯 324
卯	壬申 823
辰	壬寅 382
巳	辛未 881
午	辛丑 440
未	庚午 939
闰	庚子 498
申	庚午 57
酉	己亥 556
戌	己巳 115
亥	戊戌 614

前823年（宣五）

子	戊辰 170（戊辰 04ʰ38ᵐ）
丑	丁酉 669
寅	丁卯 228
卯	丙申 727
辰	丙寅 286
巳	乙未 785
午	乙丑 344
未	甲午 843
申	甲子 402
酉	癸巳 901
戌	癸亥 460
亥	癸巳 19

前822年（宣六）

子	壬戌 515（壬戌 05ʰ02ᵐ）
丑	壬辰 74
寅	辛酉 573
卯	辛卯 132
辰	庚申 631
巳	庚寅 190
午	己未 689
未	己丑 248
申	戊午 747
酉	戊子 306
戌	丁巳 805
亥	丁亥 364

前 821 年（宣七）

子	丙辰 860（丙辰 12^{h}00^m）
丑	丙戌 419
寅	乙卯 918
卯	乙酉 477
辰	乙卯 36
闰	甲申 535
巳	甲寅 94
午	癸未 593
未	癸丑 152
申	壬午 651
酉	壬子 210
戌	辛巳 709
正亥	辛亥 268

前 820 年（宣八）

二子	庚辰 764（庚辰 12^{h}47^m）
三丑	庚戌 323
四寅	己卯 822
五卯	己酉 381
六辰	戊寅 880
七巳	戊申 439
八午	丁丑 918
九未	丁未 497△（丁未 15^{h}59^m）
十申	丁丑 56
十一酉	丙午 555
十二戌	丙子 114
正亥	乙巳 613

△不其簋：隹九月初吉戊申。（《大系》89）

前 819 年（宣九）

二子	乙亥 169（乙亥 03^{h}54^m）
三丑	甲辰 668
四寅	甲戌 227
五卯	癸卯 726
六辰	癸酉 285
七巳	壬寅 784
八午	壬申 343
九未	辛丑 842
十申	辛未 401
十一酉	庚子 900
十二戌	庚午 459
闰亥	庚子 18
正闰	己巳 517

前 818 年（宣十）

二子	己亥 73（己亥 06^{h}36^m）
三丑	戊辰 572
四寅	戊戌 131
五卯	丁卯 630
六辰	丁酉 189
七巳	丙寅 688
八午	丙申 247
九未	乙丑 746
十申	乙未 305
十一酉	甲子 804
十二戌	甲午 363
正亥	癸亥 862△（甲子 05^{h}49^m）

△虢季氏子组盘：隹十有一年正月初吉乙亥（癸亥）。（《金文通释》200）

前817年（宣十一）

二子	癸巳 418（癸巳 20^{h}22^m）
三丑	壬戌 917
四寅	壬辰 476
五卯	壬戌 35
六辰	辛卯 534
七巳	辛酉 93
八午	庚寅 592
九未	庚申 151△（己未 13^{h}57^m）
十申	己丑 650
十一酉	己未 209
十二戌	戊子 708
闰亥	戊午 267

△无叀鼎：隹九月既望甲戌。（《大系》143）

前816年（宣十二）

正子	丁亥 763△（戊子 03^{h}49^m）
二丑	丁巳 322
三寅	丙戌 821
四卯	丙辰 380
五辰	乙酉 879
六巳	乙卯 438
七午	甲申 937
八未	甲寅 496
九申	癸未 55
十酉	癸丑 554
十一闰	癸未 113
十二戌	壬子 612
亥	壬午 171

△虢季子白盘：隹王十有二年，正月初吉丁亥。（《大系》103）

前815年（宣十三）
（鲁懿公元年）

子	辛亥 667（辛亥 23^{h}48^m）
丑	辛巳 226
寅	庚戌 725
卯	庚辰 284
辰	己酉 783
巳	己卯 342
午	戊申 841
未	戊寅 400
申	丁未 899
酉	丁丑 458
戌	丁未 17
亥	丙子 516

前814年（宣十四）

子	丙午 72（乙巳 23^{h}00^m）
丑	乙亥 571
寅	乙巳 130
卯	甲戌 629
辰	甲辰 188
巳	癸酉 687
午	癸卯 246
未	壬申 745
申	壬寅 304
酉	辛未 803
戌	辛丑 362
亥	庚午 861

前813年（宣十五）

子	庚子 417（庚子 00^h53^m）
丑	己巳 916
寅	己亥 475
卯	己巳 34
辰	戊戌 533
巳	戊辰 92
闰	丁酉 591
午	丁卯 150
未	丙申 619
申	丙寅 208
酉	乙未 707
戌	乙丑 266
正亥	甲午 765

前812年（宣十六）

二子	甲子 321（癸亥 23^h10^m）
三丑	癸巳 820
四寅	癸亥 379
五卯	壬辰 878
六辰	壬戌 437
七巳	辛卯 936
八午	辛酉 495
九未	辛卯 54△（辛卯 06^h24^m）
十申	庚申 553
十一酉	庚寅 112
十二戌	己未 611
正亥	己丑 170

△克钟：隹十又六年九月初吉庚寅。（《大系》112）

前811年（宣十七）

二子	戊午 666（戊午 11^h22^m）
三丑	戊子 255
四寅	丁巳 724
五卯	丁亥 283
六辰	丙辰 782
七巳	丙戌 341
八午	乙卯 840
九未	乙酉 399
十申	甲寅 898
十一酉	甲申 457
十二戌	甲寅 16
闰亥	癸未 515

前810年（宣十八）

正子	癸丑 71（癸丑 02^h56^m）
二丑	壬午 570
三寅	壬子 129
四闰	辛巳 628
五卯	辛亥 187
六辰	庚辰 686
七巳	庚戌 245
八午	己卯 744
九未	己酉 303
十申	戊寅 802
十一酉	戊申 361
十二戌	丁丑 860△（戊寅 03^h39^m）
正亥	丁未 419

△克盨：隹十又八年十又二月初吉庚寅（戊寅）。（《大系》123）

前 809 年（宣十九）

二子	丙子 915（丁丑 05^{h}27^m）
三丑	丙午 474
四寅	丙子 33△（丙子 01^{h}34^m）
五卯	乙巳 532
六辰	乙亥 91
七巳	甲辰 590
八午	甲戌 149
九未	癸卯 648
十申	癸酉 207
十一酉	壬寅 706
十二戌	壬申 265
亥	辛丑 764

△趠鼎：隹十又九年四月既望辛卯。（《文物》79.7）

前 808 年（宣廿）

子	辛未 320（辛未 17^{h}42^m）
丑	庚子 819
寅	庚午 378
卯	己亥 877
辰	己巳 436
巳	戊戌 935
午	戊辰 494
未	戊戌 53
申	丁卯 552
酉	丁酉 111
戌	丙寅 610
亥	丙申 169
闰	乙丑 668

前 807 年（宣廿一）

子	乙未 223（乙未 16^{h}21^m）
丑	甲子 722
寅	甲午 281
卯	癸亥 780
辰	癸巳 339
巳	壬戌 838
午	壬辰 397
未	辛酉 896
申	辛卯 455
酉	辛酉 14
戌	庚寅 513
亥	庚申 72

前 806 年（宣廿二）
（伯御元年）

子	己丑 568（己丑 18^{h}23^m）
丑	己未 127
寅	戊子 626
卯	戊午 185
辰	丁亥 684
巳	丁巳 243
午	丙戌 742
未	丙辰 301
申	乙酉 800
酉	乙卯 359
戌	甲申 858
亥	甲寅 417

前805年（宣廿三）

子	癸未 913（癸未 17^h33^m）
丑	癸丑 472
寅	癸未 31
卯	壬子 530
辰	壬午 89
巳	辛亥 588
午	辛巳 147
未	庚戌 646
闰	庚辰 205
申	己酉 704
酉	己卯 263
戌	戊申 762
亥	戊寅 321

前804年（宣廿四）

子	丁未 817（丁未 13^h18^m）
丑	丁丑 376
寅	丙午 875
卯	丙子 434
辰	乙巳 933
巳	乙亥 492
午	乙巳 51
未	甲戌 550
申	甲辰 109
酉	癸酉 608
戌	癸卯 167
亥	壬申 666

前803年（宣廿五）

子	壬寅 222（辛丑 20^h41^m）
丑	辛未 721
寅	辛丑 280
卯	庚午 779
辰	庚子 338
巳	己巳 837
午	己亥 396
未	戊辰 895
申	戊戌 454
酉	戊辰 13
戌	丁酉 512
亥	丁卯 71

前802年（宣廿六）

子	丙申 567（丙申 10^h16^m）
丑	丙寅 126
寅	乙未 625
卯	乙丑 184
辰	甲午 683
闰	甲子 242
巳	癸巳 741
午	癸亥 300
未	壬辰 799
申	壬戌 358
酉	辛卯 857
戌	辛酉 416
亥	庚寅 915

前801年（宣廿七）

正子	庚申 471△ （庚申 12ʰ48ᵐ）
二丑	庚寅 30
三寅	己未 529（己未 09ʰ33ᵐ）
四卯	己丑 88
五辰	戊午 587
六巳	戊子 146
七午	丁巳 645
八未	丁亥 204
九申	丙辰 703
十酉	丙戌 262
十一戌	乙卯 761
十二亥	乙酉 320

△伊簋：隹王廿又七年正月既望丁亥（乙亥）。（《大系》125）

前800年（宣廿八）

十三子	甲寅 816（乙卯 03ʰ56ᵐ）
十四丑	甲申 375
正寅	癸丑 874
二卯	癸未 433
三辰	壬子 932
四巳	壬午 491
五午	壬子 50△（辛亥 13ʰ27ᵐ）
六未	辛巳 549
七申	辛亥 108
八酉	庚辰 607
九戌	庚戌 166
十亥	己卯 665

△裛盘：隹廿又八年五月既望庚寅（丙寅）。（《大系》126）

注：二十七年必再闰有十四月。

前799年（宣廿九）

子	己酉 221（己酉 14ʰ20ᵐ）
丑	戊寅 720
闰	戊申 279
寅	丁丑 778
卯	丁未 337
辰	丙子 836
巳	丙午 395
午	乙亥 894
未	乙巳 453
申	乙亥 12
酉	甲辰 511
戌	甲戌 70
亥	癸卯 569

前798年（宣卅）

子	癸酉 125（癸酉 12ʰ08ᵐ）
丑	壬寅 624
寅	壬申 183
卯	辛丑 682
辰	辛未 241
巳	庚子 740
午	庚午 299
未	己亥 798
申	己巳 357
酉	戊戌 856
戌	戊辰 415
亥	丁酉 914

前797年（宣卅一）

子	丁卯 470（丁卯 12^h35^m）	
丑	丁酉 29	
寅	丙寅 528	
卯	丙申 87	
辰	乙丑 586	
巳	乙未 145	
午	甲子 644	
未	甲午 203	
申	癸亥 702	
酉	癸巳 261	
戌	壬戌 760	
闰	壬辰 319	
亥	辛酉 818	

前796年（宣卅二）

子	辛卯 374（辛卯 07^h04^m）
丑	庚申 873
寅	庚寅 432
卯	己未 931
辰	己丑 490
巳	己未 49
午	戊子 548
未	戊午 107
申	丁亥 606
酉	丁巳 165
戌	丙戌 664
亥	丙辰 223

前795年（宣卅三）
（鲁孝公元年）

子	乙酉 719（乙酉 09^h18^m）
丑	乙卯 278
寅	甲申 777
卯	甲寅 336
辰	癸未 835
巳	癸丑 394
午	壬午 893
未	壬子 452
申	壬午 11
酉	辛亥 510
戌	辛巳 69
亥	庚戌 568

前794年（宣卅四）

子	庚辰 124（己卯 18^h44^m）
丑	己酉 623
寅	己卯 182
卯	戊申 681
辰	戊寅 240
巳	丁未 739
午	丁丑 298
闰	丙午 797
未	丙子 356
申	乙巳 855
酉	乙亥 414
戌	甲辰 913
亥	甲戌 472

前 793（宣卅五）

子	甲辰 28（癸卯 20^{h}12^m）
丑	癸酉 527
寅	癸卯 86
卯	壬申 585
辰	壬寅 144
巳	辛未 643
午	辛丑 202
未	庚午 701
申	庚子 260
酉	己巳 759
戌	己亥 318
亥	戊辰 817

前 792（宣卅六）

子	戊戌 373（戊戌 11^{h}52^m）
丑	丁卯 872
寅	丁酉 431
卯	丙寅 930
辰	丙申 489
巳	丙寅 48
午	乙未 547
未	乙丑 106
申	甲午 605
酉	甲子 164
戌	癸巳 663
亥	癸亥 222

前 791（宣卅七）

子	壬辰 718（02^{h}00^m）
丑	壬戌 277
寅	辛卯 776
闰	辛酉 335
卯	庚寅 834
辰	庚申 393
巳	己丑 892
午	己未 451
未	己丑 10
申	戊午 509
酉	戊子 68
戌	丁巳 567
亥	丁亥 126

前 790（宣卅八）

子	丙辰 622（丁巳 02^{h}16^m）
丑	丙戌 181
寅	乙卯 680
卯	乙酉 239
辰	甲寅 738
巳	甲申 297
午	癸丑 796
未	癸未 355
申	壬子 854
酉	壬午 413
戌	辛亥 912
亥	辛巳 471

前789（宣卅九）

子	辛亥 27（辛亥 07^h11^m）
丑	庚辰 526
寅	庚戌 85
卯	己卯 584
辰	己酉 143
巳	戊寅 642
午	戊申 201
未	丁丑 700
申	丁未 259
酉	丙子 758
戌	丙午 317
亥	乙亥 816
闰	乙巳 375

前788（宣四十）

子	甲戌 870（乙亥 02^h26^m）
丑	甲辰 429
寅	癸酉 928
卯	癸卯 487
辰	癸酉 46
巳	壬寅 545
午	壬申 104
未	辛丑 603
申	辛未 162
酉	庚子 661
戌	庚午 220
亥	己亥 719

前787（宣四十一）

子	己巳 275（己巳 01^h44^m）
丑	戊戌 774
寅	戊辰 333
卯	丁酉 832
辰	丁卯 391
巳	丙申 890
午	丙寅 449
未	丙申 8
申	乙丑 507
酉	乙未 66
戌	甲子 565
亥	甲午 124

前786（宣四十二）

子	癸亥 620（癸亥 05^h55^m）
丑	癸巳 179
寅	壬戌 678
卯	壬辰 237
辰	辛酉 736
巳	辛卯 295
午	庚申 794
未	庚寅 353
申	己未 852
闰	己丑 411
酉	戊午 910
戌	戊子 469
亥	戊午 28

前785（宣四十三）

子	丁亥 524（丁亥 05^{h}20^m）
丑	丁巳 83
寅	丙戌 582
卯	丙辰 141
辰	乙酉 640
巳	乙卯 190
午	甲申 698
未	甲寅 257
申	癸未 756
酉	癸丑 315
戌	壬午 814
亥	壬子 373

前784（宣四十四）

子	辛巳 869（辛巳 19^{h}10^m）
丑	辛亥 428
寅	庚辰 927
卯	庚戌 486
辰	庚辰 45
巳	己酉 544
午	己卯 103
未	戊申 602
申	戊寅 161
酉	丁未 660
戌	丁丑 219
亥	丙午 718

前783（宣四十五）

子	丙子 274（丙子 10^{h}45^m）
丑	乙巳 773
寅	乙亥 332
卯	甲辰 831
辰	甲戌 390
闰	癸卯 889
巳	癸酉 448
午	癸卯 7
未	壬申 506
申	壬寅 65
酉	辛未 564
戌	辛丑 123
亥	庚午 622

前782（宣四十六）

子	庚子 178（庚子 12^{h}43^m）
丑	己巳 677
寅	己亥 236
卯	戊辰 735
辰	戊戌 294
巳	丁卯 793
午	丁酉 352
未	丙寅 851
申	丙申 410
酉	乙丑 909
戌	乙未 468
亥	乙丑 27

前781（幽元）
（鲁孝公十五年）

子	甲午 523（甲午 22^{h}50^m）
丑	甲子 82
寅	癸巳 581
卯	癸亥 140
辰	壬辰 639
巳	壬戌 198
午	辛卯 697
未	辛酉 256
申	庚寅 755
酉	庚申 314
戌	己丑 813
亥	己未 372
闰	戊子 868

前780（幽二）

子	戊午 427（戊午 20^{h}22^m）
正丑	丁亥 926△（戊子 12^{h}13^m）
二寅	丁巳 485
三卯	丁亥 44
四辰	丙辰 543
五巳	丙戌 102
六午	乙卯 601
七未	乙酉 160
八申	甲寅 659
九酉	甲申 218
十戌	癸丑 717
十一亥	癸未 276

△鄦簋：隹二年正月初吉……丁亥。（《大系》154）

前779（幽三）

十二子	壬子 772（壬子 20^{h}40^m）
丑	壬午 331
寅	辛亥 830
卯	辛巳 389
辰	庚戌 888
巳	庚辰 447
午	庚戌 6
未	己卯 505
申	己酉 64
酉	戊寅 563
戌	戊申 122
亥	丁丑 621

前778（幽四）

子	丁未 177（丙午 20^{h}45^m）
丑	丙子 676
寅	丙午 235
卯	乙亥 734
辰	乙巳 293
巳	甲戌 792
午	甲辰 351
未	癸酉 850
申	癸卯 409
酉	壬申 908
闰	壬寅 467
戌	壬申 26
亥	辛丑 525

前777年（幽五）

正子	辛未 81（庚午 17^{h}42^m）
二丑	庚子 580
三寅	庚午 139
四卯	己亥 638
五辰	己巳 197
六巳	戊戌 696
七午	戊辰 255
八未	丁酉 754
九申	丁卯 313△（丁卯 09^{h}29^m）
十酉	丙申 812
十一戌	丙寅 371
十二亥	乙未 870

△师旋簋：隹王五年九月既生霸壬午。（《考古学报》1962.1）

前776年（幽六）

正子	乙丑 426（乙丑 03^{h}31^m）
二丑	甲午 925
三寅	甲子 484
四卯	甲午 43
五辰	癸亥 542
六巳	癸巳 101
七午	壬戌 600
八未	壬辰 159
九申	辛酉 658
十酉	辛卯 217△（辛卯 09^{h}19^m）
十一戌	庚申 716
十二亥	庚寅 275

△《诗·十月之交》：十月之交，朔日辛卯，日有食之。

前775年（幽七）

子	己未 771（己未 18^{h}19^m）
丑	己丑 330
寅	戊午 829
卯	戊子 388
辰	丁巳 887
巳	丁亥 446
午	丁巳 5
闰	丙戌 504
未	丙辰 63
申	乙酉 562
酉	乙卯 121
戌	甲申 620
亥	甲寅 179

前774年（幽八）

子	癸未 675（癸未 20^{h}45^m）
丑	癸丑 234
寅	壬午 733
卯	壬子 292
辰	辛巳 791
巳	辛亥 350
午	庚辰 849
未	庚戌 408
申	己卯 907
酉	己酉 466
戌	己卯 25
亥	戊申 524

前773年（幽九）

子	戊寅 80（戊寅 10^h44^m）
丑	丁未 579
寅	丁丑 138
卯	丙午 637
辰	丙子 196
巳	乙巳 695
午	乙亥 254
未	甲辰 753
申	甲戌 312
酉	癸卯 811
戌	癸酉 370
亥	壬寅 869

前772年（幽十）

子	壬申 425（壬申 18^h43^m）
丑	辛丑 924
寅	辛未 483
闰	辛丑 42
卯	庚午 541
辰	庚子 100
巳	己巳 599
午	己亥 158
未	戊辰 657
申	戊戌 216
酉	丁卯 715
戌	丁酉 274
亥	丙寅 773

前771年（幽十一）

子	丙申 329（丙申 15^h23^m）
丑	乙丑 828
寅	乙未 387
卯	甲子 886
辰	甲午 445
巳	甲子 4
午	癸巳 503
未	癸亥 62
申	壬辰 561
酉	壬戌 120
戌	辛卯 619
亥	辛酉 178

西周终

前770年（平元，东迁）
（鲁孝公廿六年）

子	庚寅 674（庚寅 14^{h}46^m）
正丑	庚申 233
二寅	己丑 732
三卯	己未 291
四辰	戊子 790△（己丑 07^{h}55^m）
五巳	戊午 349
六午	丁亥 848△（戊子 02^{h}01^m）
七未	丁巳 407
八申	丙戌 906
九酉	丙辰 465
十戌	丙戌 24
十一闰	乙卯 523
十二亥	乙酉 82

前769年（平二）

子	甲寅 576
丑	甲申 135
寅	癸丑 634
卯	癸未 193
辰	壬子 692
巳	壬午 251
午	辛亥 750
未	辛巳 309
申	庚戌 808
酉	庚辰 367
戌	己酉 866
亥	己卯 425

△师旋簋：佳王元年四月既生霸甲寅（壬寅）。（《考古学报》1962.1）
△叔尃父盨：佳王元年，六月初吉丁亥。（《考古》1965.9）

前768年（平三）
（鲁惠公元）

子	戊申 921
丑	戊寅 480
寅	戊申 39
卯	丁丑 538
辰	丁未 97
巳	丙子 596
午	丙午 155
未	乙亥 654
申	乙巳 213
酉	甲戌 712
戌	甲辰 271
亥	癸酉 770

前767年（平四）

子	癸卯 326
丑	壬申 825
寅	壬寅 384
卯	辛未 883
辰	辛丑 442
巳	辛未 1
午	庚子 500
未	庚午 59
申	己亥 558
闰	己巳 117
酉	戊戌 616
戌	戊辰 175
亥	丁酉 674

前766年（平五）

子	丁卯 230
丑	丙申 729
寅	丙寅 288
卯	乙未 787
辰	乙丑 346
巳	甲午 845
午	甲子 404
未	癸巳 903
申	癸亥 462
酉	癸巳 21
戌	壬戌 520
亥	壬辰 79

前765年（平六）

子	辛酉 575
丑	辛卯 134
寅	庚申 633
卯	庚寅 192
辰	己未 691
巳	己丑 250
午	戊午 749
未	戊子 308
申	丁巳 807
酉	丁亥 366
戌	丙辰 865
亥	丙戌 424

前764年（平七）

子	乙卯 920
丑	乙酉 479
寅	乙卯 38
卯	甲申 537
辰	甲寅 96
巳	癸未 595
闰	癸丑 154
午	壬午 653
未	壬子 212
申	辛巳 711
酉	辛亥 270
戌	庚辰 769
亥	庚戌 328

前763年（平八）

子	己卯 824
丑	己酉 383
寅	戊寅 882
卯	戊申 441
辰	戊寅 0
巳	丁未 499
午	丁丑 58
未	丙午 557
申	丙子 116
酉	乙巳 615
戌	乙亥 174
亥	甲辰 673

前 762 年（平九）

子	甲戌 229
丑	癸卯 728
寅	癸酉 287
卯	壬寅 786
辰	壬申 345
巳	辛丑 844
午	辛未 403
未	庚子 902
申	庚午 461
酉	庚子 20
戌	己巳 519
亥	己亥 78
闰	戊辰 577

前 761 年（平十）

子	戊戌 133
丑	丁卯 632
寅	丁酉 191
卯	丙寅 690
辰	丙申 249
巳	乙丑 748
午	乙未 307
未	甲子 806
申	甲午 365
酉	癸亥 864
戌	癸巳 423
亥	壬戌 922

前 760 年（平十一）

子	壬辰 478
丑	壬戌 37
寅	辛卯 536
卯	辛酉 95
辰	庚寅 594
巳	庚申 153
午	己丑 652
未	己未 211
申	戊子 710
酉	戊午 269
戌	丁亥 768
亥	丁巳 327

前 759 年（平十二）

子	丙戌 823
丑	丙辰 382
寅	乙酉 881
卯	乙卯 440
辰	甲申 939
巳	甲寅 498
午	甲申 57
未	癸丑 556
申	癸未 115
酉	壬子 614
闰	壬午 173
戌	辛亥 672
亥	辛巳 231

前758年（平十三）

子	庚戌 727
丑	庚辰 286
寅	己酉 785
卯	己卯 344
辰	戊申 843
巳	戊寅 402
午	丁未 901
未	丁丑 460
申	丁未 19
酉	丙子 518
戌	丙午 77
亥	乙亥 576

前757年（平十四）

子	乙巳 132
丑	甲戌 631
寅	甲辰 190
卯	癸酉 689
辰	癸卯 248
巳	壬申 747
午	壬寅 306
未	辛未 805
申	辛丑 364
酉	庚午 863
戌	庚子 422
亥	己巳 921

前756年（平十五）

子	己亥 477
丑	己巳 36
寅	戊戌 535
卯	戊辰 94
辰	丁酉 593
巳	丁卯 152
午	丙申 651
闰	丙寅 210
未	乙未 709
申	乙丑 268
酉	甲午 767
戌	甲子 326
亥	癸巳 825

前755年（平十六）

子	癸亥 381
丑	壬辰 880
寅	壬戌 439
卯	辛卯 938
辰	辛酉 497
巳	辛卯 56
午	庚申 555
未	庚寅 114
申	己未 613
酉	己丑 172
戌	戊午 671
亥	戊子 230

前754年（平十七）

子	丁巳 726
丑	丁亥 285
寅	丙辰 784
卯	丙戌 343
辰	乙卯 842
巳	乙酉 401
午	甲寅 900
未	甲申 459
申	甲寅 18
酉	癸未 517
戌	癸丑 76
亥	壬午 575

前753年（平十八）

子	壬子 131
丑	辛巳 630
寅	辛亥 189
卯	庚辰 688
闰	庚戌 247
辰	己卯 746
巳	己酉 305
午	戊寅 804
未	戊申 363
申	丁丑 862
酉	丁未 421
戌	丙子 920
亥	丙午 479

前752年（平十九）

子	丙子 35
丑	乙巳 534
寅	乙亥 93
卯	甲辰 592
辰	甲戌 151
巳	癸卯 650
午	癸酉 209
未	壬寅 708
申	壬申 267
酉	辛丑 766
戌	辛未 325
亥	庚子 824

前751年（平廿）

子	庚午 380
丑	己亥 879
寅	己巳 438
卯	戊戌 937
辰	戊辰 496
巳	戊戌 55
午	丁卯 554
未	丁酉 113
申	丙寅 612
酉	丙申 171
戌	乙丑 670
亥	乙未 229
闰	甲子 728

前750年（平廿一）

子	甲午 283
丑	癸亥 782
寅	癸巳 341
卯	壬戌 840
辰	壬辰 399
巳	辛酉 898
午	辛卯 457
未	辛酉 16
申	庚寅 515
酉	庚申 74
戌	己丑 573
亥	己未 132

前749年（平廿二）

子	戊子 628
丑	戊午 187
寅	丁亥 686
卯	丁巳 245
辰	丙戌 744
巳	丙辰 303
午	乙酉 802
未	乙卯 361
申	甲申 860
酉	甲寅 419
戌	癸未 918
亥	癸丑 477

前748年（平廿三）

子	癸未 33
丑	壬子 532
寅	壬午 91
卯	辛亥 590
辰	辛巳 149
巳	庚戌 648
午	庚辰 207
未	己酉 706
闰	己卯 265
申	戊申 764
酉	戊寅 323
戌	丁未 822
亥	丁丑 381

前747年（平廿四）

子	丙午 877
丑	丙子 436
寅	乙巳 935
卯	乙亥 494
辰	乙巳 53
巳	甲戌 552
午	甲辰 111
未	癸酉 610
申	癸卯 169
酉	壬申 668
戌	壬寅 227
亥	辛未 726

前 746 年（平廿五）

子	辛丑 282
丑	庚午 781
寅	庚子 340
卯	己巳 839
辰	己亥 398
巳	戊辰 897
午	戊戌 456
未	戊辰 15
申	丁酉 514
酉	丁卯 73
戌	丙申 572
亥	丙寅 131

前 745 年（平廿六）

子	乙未 627
丑	乙丑 186
寅	甲午 685
卯	甲子 244
辰	癸巳 743
闰	癸亥 302
巳	壬辰 801
午	壬戌 360
未	辛卯 859
申	辛酉 418
酉	庚寅 917
戌	庚申 476
亥	庚寅 35

前 744 年（平廿七）

子	己未 531
丑	己丑 90
寅	戊午 589
卯	戊子 148
辰	丁巳 647
巳	丁亥 206
午	丙辰 705
未	丙戌 264
申	乙卯 763
酉	乙酉 322
戌	甲寅 821
亥	甲申 380

前 743 年（平廿八）

子	癸丑 876
丑	癸未 435
寅	壬子 934
卯	壬午 493
辰	壬子 52
巳	辛巳 551
午	辛亥 110
未	庚辰 609
申	庚戌 168
酉	己卯 667
戌	己酉 226
亥	戊寅 725
闰	戊申 284

前 742 年（平廿九）

子	丁丑 780
丑	丁未 339
寅	丙子 838
卯	丙午 397
辰	乙亥 896
巳	乙巳 455
午	乙亥 14
未	甲辰 513
申	甲戌 72
酉	癸卯 571
戌	癸酉 130
亥	壬寅 629

前 741 年（平卅）

子	壬申 185
丑	辛丑 684
寅	辛未 243
卯	庚子 742
辰	庚午 301
巳	己亥 800
午	己巳 359
未	戊戌 858
申	戊辰 417
酉	丁酉 916
戌	丁卯 475
亥	丁酉 34

前 740 年（平卅一）

子	丙寅 530
丑	丙申 89
寅	乙丑 588
卯	乙未 147
辰	甲子 646
巳	甲午 205
午	癸亥 704
未	癸巳 263
申	壬戌 762
酉	壬辰 321
闰	辛酉 820
戌	辛卯 379
亥	庚申 878

前 739 年（平卅二）

子	庚寅 434
丑	己未 933
寅	己丑 492
卯	己未 51
辰	戊子 550
巳	戊午 109
午	丁亥 608
未	丁巳 167
申	丙戌 666
酉	丙辰 225
戌	乙酉 724
亥	乙卯 283

前738年（平卅三）

子	甲申	779
丑	甲寅	338
寅	癸未	837
卯	癸丑	396
辰	壬午	895
巳	壬子	454
午	壬午	13
未	辛亥	512
申	辛巳	71
酉	庚戌	570
戌	庚辰	129
亥	己酉	628

前737年（平卅四）

子	己卯	184
丑	戊申	683
寅	戊寅	242
卯	丁未	741
辰	丁丑	300
巳	丙午	799
闰	丙子	358
午	乙巳	857
未	乙亥	416
申	甲辰	915
酉	甲戌	474
戌	甲辰	33
亥	癸酉	532

前736年（平卅五）

子	癸卯	88
丑	壬申	587
寅	壬寅	146
卯	辛未	645
辰	辛丑	204
巳	庚午	703
午	庚子	262
未	己巳	761
申	己亥	320
酉	戊辰	819
戌	戊戌	378
亥	丁卯	877

前735年（平卅六）

子	丁酉	433
丑	丙寅	932
寅	丙申	491
卯	丙寅	50
辰	乙未	549
巳	乙丑	108
午	甲午	607
未	甲子	166
申	癸巳	665
酉	癸亥	224
戌	壬辰	723
亥	壬戌	282

前734年（平卅七）

子	辛卯 778
丑	辛酉 337
寅	庚寅 836
闰	庚申 395
卯	己丑 894
辰	己未 453
巳	己丑 12
午	戊午 511
未	戊子 70
申	丁巳 569
酉	丁亥 128
戌	丙辰 627
亥	丙戌 186

前733年（平卅八）

子	乙卯 682
丑	乙酉 241
寅	甲寅 740
卯	甲申 299
辰	癸丑 798
巳	癸未 357
午	壬子 856
未	壬午 415
申	辛亥 914
酉	辛巳 473
戌	辛亥 32
亥	庚辰 531

前732年（平卅九）

子	庚戌 87
丑	己卯 586
寅	己酉 145
卯	戊寅 644
辰	戊申 203
巳	丁丑 702
午	丁未 261
未	丙子 760
申	丙午 319
酉	乙亥 818
戌	乙巳 377
亥	甲戌 876
闰	甲辰 435

前731年（平四十）
（鲁惠公卅八年）

子	癸酉 930
丑	癸卯 489
寅	癸酉 48
卯	壬寅 547
辰	壬申 106
巳	辛丑 605
午	辛未 164
未	庚子 663
申	庚午 222
酉	己亥 721
戌	己巳 281
亥	戊戌 779

前 730 年（平四十一）

子	戊辰 335
丑	丁酉 834
寅	丁卯 393
卯	丙申 892
辰	丙寅 451
巳	丙申 10
午	乙丑 509
未	乙未 68
申	甲子 567
酉	甲午 126
戌	癸亥 625
亥	癸巳 184

前 729 年（平四十二）

子	壬戌 680
丑	壬辰 239
寅	辛酉 738
卯	辛卯 297
辰	庚申 796
巳	庚寅 355
午	己未 854
未	己丑 413
闰	戊午 912
申	戊子 471
酉	戊午 30
戌	丁亥 529
亥	丁巳 88

前 728 年（平四十三）

子	丙戌 584
丑	丙辰 143
寅	乙酉 642
卯	乙卯 201
辰	甲申 700
巳	甲寅 259
午	癸未 758
未	癸丑 317
申	壬午 816
酉	壬子 375
戌	辛巳 874
亥	辛亥 433

前 727 年（平四十四）

子	庚辰 929
丑	庚戌 488
寅	庚辰 47
卯	己酉 546
辰	己卯 105
巳	戊申 604
午	戊寅 163
未	丁未 662
申	丁丑 221
酉	丙午 720
戌	丙子 279
亥	乙巳 778

前726年（平四十五）

子	乙亥 334
丑	甲辰 833
寅	甲戌 392
卯	癸卯 891
辰	癸酉 450
闰	癸卯 9
巳	壬申 508
午	壬寅 67
未	辛未 566
申	辛丑 125
酉	庚午 624
戌	庚子 183
亥	己巳 682

前725年（平四十六）

子	己亥 238
丑	戊辰 737
寅	戊戌 296
卯	丁卯 795
辰	丁酉 354
巳	丙寅 853
午	丙申 412
未	乙丑 911
申	乙未 470
酉	乙丑 29
戌	甲午 528
亥	甲子 87

前724年（平四十七）

子	癸巳 583
丑	癸亥 583
寅	壬辰 641
卯	壬戌 200
辰	辛卯 699
巳	辛酉 258
午	庚寅 757
未	庚申 316
申	己丑 815
酉	己未 374
戌	戊子 873
亥	戊午 432
闰	丁亥 931

前723年（平四十八）

子	丁巳 487
丑	丁亥 46
寅	丙辰 545
卯	丙戌 104
辰	乙卯 603
巳	乙酉 162
午	甲寅 661
未	甲申 220
申	癸丑 719
酉	癸未 278
戌	壬子 777
亥	壬午 336

平王四十九年即鲁隐公元年，春秋始。

附录

西周纪年研究的一部重要著作
——读《西周纪年研究》 杨升南

追回逝去的岁月
——读《西周王年论稿》 常金仓

西周年代研究的新贡献
——读《西周王年论稿》 汤序波

西周历史年代学的扛鼎之作
——我读《西周纪年研究》 张金宝

西周纪年研究的一部重要著作
——读《西周纪年研究》①

杨升南

《西周纪年研究》是张闻玉、饶尚宽、王辉先生合著的一部学术著作,由贵州大学出版社 2010 年出版。全书由六部分构成,其中的《西周历谱》是饶尚宽所谱,《西周铜器铭文图录及译文》是王辉所撰,其余部分是张闻玉的研究成果。此书集录西周年代学研究、王年历谱、西周时期有历日铜器图像及释文,是近年来研究西周纪年的一部重要著作。

司马迁的《史记·十二诸侯年表》载西周的准确记年从共和元年起,此年即公元前 841 年。共和以前各王的在位年数及与此相关的西周总积年数,一直是困扰历史学界的一大问题。其中最关键的问题是周武王伐商的年代。西周灭亡于周幽王十一年,即公元前 770 年,若周武王伐商的年代能确定,西周一代的总积年则可定;总积年定则各王的在位年数也大致可推定。而周武王伐

---

① 本文原载于《贵州大学学报》2011 年第 2 期,后又收入《辛卯文汇》中。今据后者录入。

商的年代在国内外的研究者中，分歧最大，据统计有43种不同的说法（有说44种），最早的伐商年为公元前1130年，最晚的为公元前1018年，相差达112年之多。周武王伐商的年代只能有一个，在这43家说法中，也只能有一家的说法是正确的。在仔细阅读了《西周纪年研究》后，我认为张闻玉先生根据他的老师张汝舟先生的研究方法，考证周武王伐商在公元前1106年是较为可信的。

为什么可信呢？我认为是作者研究的前提和计算方法可靠。所谓"前提"就是"月相"定点。所谓"月相"就是月亮圆缺程度所表现的形相。用月相表示时间，是西周时的一种特殊现象。作者指出，西周人频频记录月相的原因，是西周时期，"尚未找到年月日的调配规律，只能随时观察、随时置闰，一年十二月朔日的确定也是靠'观月行'"。在有关西周的文献和青铜器铭文中常见的月相语词有既死霸、旁死霸、既生霸、朏、望、既望、旁生霸等。如《尚书·召诰》："惟二月既望，越六日乙未，王朝步自周……越若来三月，惟丙午朏，越三日戊申，太保朝至于洛……越三日庚戌……越五日甲寅……若翌日乙卯……越三日丁巳……越翌日戊午……越七日甲子……"青铜器如吴虎簋："惟王元年九月既生霸丙戌。"一个月相（包括吉日）名称是指固定的某一日还是指一段时间，是研究西周纪年学者中争论最大的问题，所以作者将它提升到"理论"的高度，认为是研究西周纪年最重要的问题。

20世纪初，王国维提出"月相四分说"，他说："凡初吉、既生霸、既望、既死霸，各有七日或八日，哉生魄、旁生霸、旁死霸,各有五日若六日。"现今有主张二分说的,认为"初吉"是出现在初一至初十,"既生霸"是指新月初现到满月,即从初二、初三到十五,"既望"是满月后的月光面尚未显著亏缺,"既死霸"是指从月面亏到月光消失,即十六、十七到三十。三说中,本书作者从文献和青铜器铭文中举出大量证据,证实月相必须定点且定点于一日的定点说是有其坚实根据的。古文献如《尚书》的《康诰》《召诰》《顾命》,《汉书·律历志》所载《世经》引《武成》(此篇实即今传本《逸周书·世俘》),都有月相名后"越若干日"的文字,如上所举的《尚书·召诰》。要是月相不定点,一个月相管几日甚至十几日,这"越若干日""翌日"从何日计算起?所以从文献记载证实,月相必须是定点的,且只能定在一日。

青铜器铭文中记有大量的月相名和吉日名,虽然迄今还没有发现如古文献里的月相名或吉日后缀以"越若干日某某干支"的铭文,作者认为也应如古文献所反映的是定点的。而"初吉"是定点,在古文献中却是有据的。《国语·周语上》中,虢文公谏周宣王"不籍千亩"时说"先时九日,太史告稷曰:'自今至于初吉,阳气俱蒸……'","初吉"若不是指月中固定的某一天,此语就无法理解。免簋铭证明,铜器铭中"初吉"必是指固定日。

惟十又二月初吉,王在周,昧爽,王各于大庙。井叔右免即令。王受作册尹书卑册命免,曰……

此铭"初吉"后没有干支。张懋镕曾说,"昧爽"是指天明前的一个时段。若"初吉"是管初一至初十的十天,是指哪一天的"昧爽"就无法确定,古人记时不会如此悖于情理,所以"初吉"必定是指月中固定的某一天。

在青铜器铭文里,记周王或某贵族在某一天行事,在"初吉"后,有无干支和有干支的两种表示法,无干支者如下。

> 惟六月初吉,师汤父有司仲柟父作宝鬲,用敢享孝于皇祖考,用祈眉寿,其万年子子孙孙其永宝用。(仲柟父鬲,《集成》747)
> 惟六月初吉仲柟父作旅甗,其万年其子子孙孙永宝用。(仲柟父甗,《集成》942)

仲柟父鬲及仲柟父甗是记铸造铜器的事。铸造一件青铜器非一天能完成的,若"初吉"是管十天的一段时间,在这两器中是合理的。但同样铸造铜器,在"初吉"后带干支的,如下。

> 惟[正]月初吉庚午,伯鲜作旅甗。子孙永宝。(伯鲜甗,《集成》940)
> 惟九月初吉庚寅,师作文考圣公文母圣姬尊,其万年子孙永宝用。(师𧻚鬲,《集成》745)

按铭文理解,此两件铜器都是在干支日那天完成的,即在一日之内完成。西周时期铸造一件带铭文的青铜器,一天是完不成的。所以带干支，应是指铸器开始那天的日子。周代金文中，铸器类铭文月相后带干支的多，不带干支的仅几件器，可见当时人们是十分重视开始日的。为什么有的在"初吉"后不带干支，是因为"初吉"是一月中某一日的固定名称，不带干支人们也知道是该月的某天。再如：

> 惟二月初吉，王在周师司马宫大室，即位，邢伯入，右牧，立中厅北向，内史尹册赐牧……（牧簋盖，《集成》4243）

牧簋盖铭记周王在周师司马宫大室赏赐牧，这当然是在一天之内做完的事。可见在青铜器铭文里，"初吉"确是指一月中固定的某一天的。

作者指出"初吉"是定点且指朔日，上举《国语·周语上》韦昭注说"初吉"是指朔日。

"初吉"是指"朔日"，在青铜器铭文中是有证的，如研究者都认为是周宣王时期的铜器克镈（克钟）铭："隹十又六年九月初吉庚寅。"周宣王十六年为公元前812年，查张培瑜所编的《中国先秦历史表》中的公元前1500年至前105年《冬至合朔时日表》，是年十月庚寅朔，作者从《春秋》一书统计，春秋初期用历以建丑为主，是继西周历法的，故西周是以丑月为正月。张培瑜表是以冬至月即子月为正月的，故铜器的十月即丑正的九月。"九月初吉庚寅"合于张表周宣王十六年十月朔日庚寅。虢季子白盘"隹十又二年正月初吉丁亥"，周宣王十二年为公元前

816年，查张培瑜表，公元前816年三月（寅月）丁亥朔。作者指出西周时期是观象授时，置闰还没有完全固定，所以有不当闰而闰，丑正变寅正，当闰不闰，丑正变子正。此年是不当闰而闰，故是以寅月为正月。古文献和西周青铜器铭文都证实"初吉"是指月中的固定某日的专称，而周宣王时期的克镈（克钟）、虢季子白盘铭文证实，"初吉"是指朔日即初一。所以青铜器铭文和古文献中的月相、吉日都是定点的，且必须是定于一日的意见，是有充分根据的。

在推算历日方法上，作者采用与实际天象相符的"四分历术"是正确的。所谓"四分历"就是古人测得地球绕太阳一周即一年为365日。作者的老师张汝舟发现，司马迁的《史记·历书》中"历术甲子"就是保存下来的四分历的计算方法，并推算出四分历创制于公元前427年。同时注意到四分术的朔策偏大，集307年就有一天的误差。四分术计算法将一日分为940等分，每年多出3.06分（940÷307=3.06）。有了这些基本认知，计算起来就十分简便。书中总结其方法道："凡计算公元前427年以前的年份，每年递加朔余3.06分，就可以得到当年的实际天象。"本书第四部分《西周历谱》，排定从公元前1125年至公元前723年共403年的年历谱，标记有每月的朔日干支及余分，就是用"四分历术"计算法计算出的结果。现今用科学方法测得，地球绕太阳一周（即一年）为365.24219日，月亮绕地球一周（即一月）为29.530588日。我国最晚从商代后期的甲骨文时代起，就使用干支记日。每日一干支，60干支循环往复周而复始。所以用科学方法，可计算出任何一年里各月的朔日（初一）干支以及日食、月食发生的年月日、何年该置闰月等。1987年，紫金山天文台张培瑜研究员出版的《中国先秦历史表》就是用科学方法计算出来的成果汇集。其中的《冬至合朔时日表》将公元前1500年至公元前105年间每年的冬至合朔时刻、每月的朔日干支及合朔时刻都计算了出来。《西周历谱》同张培瑜的《冬至合朔时日表》相对照，是完全一致的。可见四分历的计算方法是科学的。书中对四分历的计算方法作了详细的介绍，读者读后自可掌握其演算方法。从这点来说，本书对推动中国古代历法的研究和知识普及都是十分难得的一部佳作。

在考证周武王伐纣的具体年代上，书中运用古文献记载、"天上材料"和青铜器铭文相互印证的"三重证据"，得出周武王伐纣在公元前1106年，根据是充足的，结论可信。所谓"天上材料"即古文献和铜器铭文中记载的某一事件发生的年、月、日干支或月相。周武王伐纣时期的"天上材料"保存在《汉书·律历志》里，即此篇所载《世经》引《武成》。《武成》实即今传本《逸周书·世俘》。《武成》记载周武王伐纣的几个历日点。

> 惟一月壬辰旁死霸，若翌日丁巳，王乃步自于周，征伐商王纣。
>
> 越若来二月既死霸，越五日甲子，朝至，接于商，则咸刘商王纣。
>
> 惟四月既旁死霸，越六日庚戌，武王燎于周庙。

干支六十轮回，故在二月庚申朔与四月己丑朔之间，必有一闰月，方能安排得下。月相定点，旁死霸为初二，既死霸为十五，既旁死霸为十七。作者梳理出伐纣年一月辛卯朔，二月庚申朔，四月己丑朔。置闰后，排出该年相关月的朔日为：

正月辛卯朔　二月庚申朔
三月庚寅朔　三月己未朔
四月己丑朔

查张培瑜《冬至合朔时日表》，公元前1106年月朔干支为：

子月辛酉朔　丑月辛卯朔
寅月庚申朔　卯月庚寅朔
辰月庚申朔　巳月己丑朔

周人建丑，辰月即闰三月，张表此月合朔在四点零六分，天还未亮，古人记日从天明到次日天明为一整日，故文献将实际天象朔日干支庚申记为前日的己未，与张培瑜计算的完全相符。这是从"天上材料"证明武王克商在公元前1106年。从殷墟出土甲骨文知，至迟从商代后期，我国就采用干支记日。60干支循环往复，连续不断，故每隔31年朔日干支又重复出现，《武成》所记伐纣历日"以实际天相勘合"，也符合公元前1044年、公元前1075年。为什么取公元前1106年？作者用文献材料来决定。书中揭示两条极为重要而被大多数研究者忽视了的材料，一是《史记·秦本纪》记载，徐偃王作乱，"造父为穆王御，长驱归周，一日千里一救乱",唐张守节《正义》"年表穆王元年去楚文王元年三百一十八年"。楚文王元年即周庄王八年,合公元前 689 年。上溯 318 年,周穆王元年当是公元前 1006 年。另一条材料是《晋书·束皙传》所载,(晋)太康二年盗发汲郡魏襄王墓所出的《纪年》(即今称的《古本竹书纪年》)十三篇中,有文云:"自周受命,至穆王百年,非穆王寿百岁也。"从上张守节《史记·正义》文,推算出周穆王元年为公元前 1006 年,再加"周受命至穆王"的百年,正是公元前 1106 年。1976 年在陕西省临潼县出土的利簋,铭文云:"征商,隹甲子朝。"同《武成》"越五日甲子,朝至,接于商,则咸刘商王纣"合。从地下出土的青铜器材料证实文献记载的伐纣是在甲子日的早上。

周武王伐纣年代考定,西周总积年数为 336 年(公元前 1106 年至公元前 771 年),西周一代十二王,各王的在位年数,作者根据文献和青铜器铭文记载,作了一一考定,其结果是:武王 2 年、成王 37 年、康王 26 年、昭王 35 年、穆王 55 年、共王 23 年、孝王 12 年、懿王 23 年、夷王 15 年、厉王 37 年、共和 14 年、宣王 46 年、幽王 11 年。在此基础上,作者用青铜器铭文中有年、月、日(月相、干支)、吉日等表示记时词语,推算出该件铜器上所记历日年代属于何王,用以证实所考定诸王在位年代是否正确,这对青铜器的断代也是有帮助的。

在利用青铜器历日上,作者经过反复归纳、排比分析,发现了铭文的若干行文规律,总结出了六条正例、四条变例。六条正例是:辰为朔日例、两器同年例、上下贯通例、似误不误例、两器矛盾例、再失闰例。四条变例是:丁亥为亥日例、庚寅为寅日例、既生霸为既死霸例、铭文自误例。"正例"是解读铜器铭文的一般条例，是无条件必须遵循的法则；"变例"就是要用特殊的方法（包括铜器形制、纹饰、字体、名辞、人名、史事以及惯用的行文方式等）进行鉴别、审定和框合的变通条例，是在一定条件限制下才能成立的。这个发现无疑是重要而正确的，如在铜器铭文中记日多用丁亥、庚午、庚寅几个干支，而其他则较少，如收入《殷周金文集成》的铭文，"初吉"后带干支的（如"初吉丁卯"）有292器，其中以"初吉丁亥"最多，有125例，其次是庚午37例、庚寅14例，其他干支都在10例以下（见张亚初《殷周金文集成引得》第883—887页）。丁亥日特别多，当不是铸器日或事件发生日都集中在丁亥这个干支日，而是人们有意识地选择这个干支日来记事。作者认为这是当时人"取吉祥之义"，这当然是合理的解释。这十个"条例"，特别是"变例"的发现，是对铜器铭文研究的重大贡献，对利用金文材料研究西周纪年更是十分重要。

在考定周武王伐商年代和推定西周诸王在位年数的基础上，利用铜器上的"历日勘合实际天象"，利用"四分历术"计算法，对80多件记有历日的铜器的年代进行了推算，计算出铜器所记历日的年代，这比笼统地将铜器分属于早、中、晚三期的分期方法更为细密。青铜器是人们铸造出来供日常使用的器物，大凡人工制造的器物，都会随着时间的推移而使形态产生变化。考古学家们由此提出了利用器物断代的"器形学"或称为"形态学""标形学"，这个方法是传统的器形断代方法。但作者发现，有些铜器上所记历日天象不能同传统断代方法所断定的时期相一致，有的甚至相差很远。如善夫山鼎从器形、纹饰、铭文字体都是晚期器，铜器历日却与周穆王三十七年相合；番匊生壶其器形、纹饰（大水波纹）都是晚期的，铜器历日却合于早期周成王时；晋侯苏钟器形应为周宣王时器，前部分铭文所记历日天象却合于周穆王时。这种矛盾现象，作者认为其实并不矛盾，指出"不少铜器历日是述说祖先的事迹，与铸器的年月日无关"。即是说，铭文所记历日并不都是该器的铸造日期。这个发现，解决了铜器历日与器形所反映的时代脱离的矛盾现象，对青铜器断代和利用铭文研究西周史事都是有益的。

在书中，作者还专门对常见于古籍中的三正论、岁星纪年、三统历等说法，进行了深入地剖析，揭露出三正更替之说不可信，西周以建丑为正；质疑岁星纪年；三统历是刘歆所造，实即是用四分历取不同历元的人为编排。厘清这些误说，对我们了解先秦时期历法情况和读古代相关历书文献，都是很有帮助的。

此书的贡献还多，在此不一一列举，读者若有兴趣一读，当必有所获。本书的不足是结构不够严密，不成系统。一些论点反复申说，正如作者自己所说，"（各篇）分别读之，可以通达；（全书）一气下来，必有叠床架屋之叹"。这是因为收入本书的文字，除《西周年谱》和《西周铜器铭文图录及译文》两部分外，其余由张闻玉先生撰写的部分，是他"历十余年先后写成"的，所以这部分更像是一部论文集，而不是一部严格意义上的专著。在利用铜器历日断代的表述上，也还欠周全而有自相矛盾处，如说"利用历日勘合实际天象，以确定铸器的绝对年代"就不准确。只能说，利用实际天象勘合铜器上的历日，可断定铜器上所记历日的"绝对年代",却不能完全断定"铸器的绝对年代",因为正如作者所说的"不少铜器历日是述说祖先的事迹,与铸器的年月日无关",所以书中的下面这个说法也是值得考虑的:"铜器历日是铜器断代的最可靠依据,比形制、纹饰、字体进行断代更有说服力。"应该说用形制、纹饰、字体进行断代的结论比较粗疏,利用实际天象勘合历日可确定铜器铸造的具体年代,比较细密。这个"细密"也还要除去追述祖先事迹的部分铜器,按作者意见,这部分铜器所记历日不是铸器的历日。出现这种不一致,当然也还要考虑到如作者提出的器铭"变例"问题,若年月历日,月相干支错刻、误刻、漏刻,也是不能使"天上材料"推定出的铜器历日年代正确的原由。

总体上说,本书对月相定点的详细论证、四分历的解释、周武王伐纣年代的考定、铜器历日年代的考释等,都是言之成理、持之有故的,是西周纪年研究学术领域内难得的佳作,它的出版必将推动西周纪年和夏商周历史年代的研究。

追回逝去的岁月
——读《西周王年论稿》[①]

常金仓

略具历史知识的人都知道,自司马迁以来,公元前841年以前的西周史就没有确切的纪年,一段没有纪年的历史如同罩了一块面纱,定然眉目不清。于是从西汉的刘歆开始,历史学家、天文学家就决心追回这些已经消逝的岁月。这本来是数学上一道非常普通的加法计算题,只是由于缺项太多,许多著名学者耗费了毕生的精力和聪明才智,仍没有实现这个梦想。最近仔细阅读由贵州人民出版社出版的张闻玉先生的《西周王年论稿》,我深信这部论著已经成功地解答了这道世界难题。

《西周王年论稿》收入作者近10年中撰写的西周年代学论文十八篇,研究方法全部建立在已故贵大教授张汝舟先生的星历观基础之上,可以说《论稿》是他们师生两代人心血的结晶。西周

[①] 本文原以《追回已经逝去的岁月——读张闻玉先生〈西周王年论稿〉》为题刊载于《金筑大学学报(综合版)》1996年第3期;又刊载于《中国文物报》1996年10月20日刊。后又以《追回逝去的岁月——读张闻玉先生〈西周王年论稿〉》为题收入《辛巳文存》。今据后者录入。

年代学需要回答的第一个问题就是武王克商的确切年代，没有这个年代，西周的积年便无从谈起。1987年，当张闻玉先生向"中国殷商文化国际讨论会"提交《武王克商在公元前1106年》这篇论文时，古今关于克商之年的推算已经有三十余家，然而这些年代无一能与文献和器铭记载的实际天象完全吻合者。公元前1106年作为西周开国之年的推定取决于他们的另外两项发现，一是对《史记·历书》中《历术甲子篇》的破解，二是月相定点说的提出。《历术甲子篇》二千余年来一向被视为"天书"。张氏师生独具慧识，指出它是行用于公元前427年的迄今所知中国最早的一部历法，从此，中国天文历学结束了观象授时时代。这个结论在中国天文学史上已是一项重大的突破，《历术甲子篇》的破解又成了解决西周年代问题的坚甲利兵。20世纪初，王国维先生首创"月相四分"之说，主张每个月相可以代表一月之中的七天至八天。如此宽泛的月相概念只能给附会之说提供方便，使西周年代永无定解。然而此说却借助王氏在近代史学上的声望不胫而走，导致不少学者误入歧途。张闻玉和张汝舟先生尊重权威却没有盲从权威，他们坚决主张"月相定点"之说，每个月相只代表一月之中特定的一天。月相定点说一方面杜绝了附会曲说，一方面也给西周年代研究增加了难度，只要出土器铭不误，一旦在历谱上找不到相应的日干支，整个理论就有被推翻的危险。武王克商在公元前1106年，就是在这样严格的要求下推算出来的。近年来，这一结论已逐步为学术界接受，1990年殷墟博物苑正式开放，定盘庚迁殷之年为公元前1378年，就是根据张闻玉的文章推出的。

西周昭、共、懿、孝、夷五王在位之年不明，这是西周年代学上的第二道难题。张汝舟先生《西周考年》对五王纪年已做过结论，张闻玉先生复作《昭王在位年数考》《共孝懿夷王序、王年考》两文，前者用大量出土器铭捍卫了汝舟先生的观点，后者却断然修正了他的看法。20世纪70年代新出土的师𩾷鼎的铸器人自称是穆王之子，不少学者不加深思定为共王标准器，但是器铭历日天象与共王不符，因此有人又断定为孝王之器；王臣簋，学者多断为懿王时器，历日反在师𩾷鼎之后，这种矛盾现象引起《论稿》作者对司马迁关于西周中期四王"共懿孝夷"王序排列的怀疑。《王序王年考》征引46件年、月、干支、月相"四全"的西周中青铜器，对照历谱分组排列。确证孝王在位应在懿王之前，并将"共、孝、懿"三王在位之年作了新的调整。共、孝二王同为穆王之子是西周史上的常识，懿王为共王之子，西周中期史不闻王室曾发生篡弑相寻的动乱，岂有以叔父继侄子之理？共孝懿夷王序王年的调整有重大学术价值，它不仅为铜器断代扫除了障碍，西周史研究由此产生何种新认识尚无法估计。

　　西周十三王年论定之后，作者将年代学的探索推进到先周或晚商，作《帝辛、文王年代考》。将中国历史的确切年代又向前推进了60年。

　　青铜器断代是一种专门的学问，历史、考古、古文字学家鲜有兼精历算者，他们不得不借助器形、纹饰、铭文字体和书写风格以及铭文中的人名、史事判断铸器年代，严格说这不过是一种古董鉴赏家的方法，见多识广、经验丰富的学者的准确率也不过十之四五。这种方法本身就忽视了文化发展的复杂性，抛开铭文历日天象去捉摸花纹形状无异于舍粱肉而即糟糠。《西周铜器断代研究三题》专门讨论传统铜器断代法的利弊得失，强调根据器铭历日推求实际天象在青铜器研究中的重要作用。作者最初无意在铜器断代方面取得建树，然而近十余年推算西周年代的需要把他引入这个领域，使他建立起自己的铜器断代体系。

西周年代学既是一个历史问题，也是一个不折不扣的科学问题，它不像其他历史问题一样允许人们见仁见智各逞臆说。检验一种学说科学还是非科学，至少有两个方法，其一要看此种学说是否严谨，其二要看它是否经得起事实的检验。我留心于张闻玉及其先师张汝舟先生的年代学论著已有十余年，平心而论，他们虽然抛弃"三正论"，允许古人用历有一定限度的失朔失闰（这是符合观象授时的实际情况的），但他们主张"月相定点"，一贯以"书上""地下""天上"材料相一致自律，较诸任何一家有影响的年代学说立论都科学严格，他们可以将迄今已知而有年代可考的百数十件铜器按照历谱——对号入座，略无龃龉，难道还不足以说明这种学说可以经得起事实的考验？张闻玉先生的老师张汝舟教授一生坎坷，常以所学不能自明，有志难以许国为憾。他本人亦远离学术中心，天文历法又是一门艰深的学问，不易为普通文化人理解和接受，权威名人效应也往往阻碍着新学说的流布。学术上的成见常常是宁肯盲从错误学说自我安慰，在真正科学面前却止不住狼顾狐疑，所以张氏的年代学说在学术界的地位远远不能与它的实际价值相称。现在国家"九五"社会科学重点攻关课题"夏商周断代工程"已经投资巨万正式上马，《西周王年论稿》是向这一工程献出的一份厚礼。

西周年代研究的新贡献
——读《西周王年论稿》①

汤序波

中国有五千年光辉灿烂的文明史；但从司马迁起，祖国历史的绝对年代只能上溯到公元前841年西周晚期共和时代，这以前的历史就非常迷茫和纷乱，是一个难解的大疑团。西方某些学者由此断言中国的历史不过只有三千年，并非五千年文明古国。于是，1996年5月16日以"追溯文明源头，振奋民族精神"为攻坚目标，国家重点科研课题"夏商周断代工程"，在京正式宣告启动。而正是在这个大背景下，贵州人民出版社以最快的速度推出张闻玉先生的研究专集《西周王年论稿》，为"夏商周断代工程"献上一份厚礼。

开读《西周王年论稿》，我认为它的贡献主要在于为我们提供了一个详实可靠的系统纪年表，其学术价值已引起史学界的重视。如"夏商周断代工程"的首席专家、专家组组长李学勤先生就说，此书"有许多独到见解""相信一定将得到学术界以及各

---

① 本文原载于《鲁东大学学报（哲学社会科学版）》1998年第1期。

方面有关读者的欢迎"。它"是对我国年代学研究的一项非常重要的新贡献"。

西周王年研究,是"夏商周断代工程"的突破口。西周的年代不明,何以推出夏商的年代?但要想在西周王年研究上有所突破,也并非易事。研究者至少必须是三个方面(即天文历法、古文字学、考古学)的专家学者,否则就谈不上科学意义上的研究。据我所知,张闻玉先生恰恰精于这三门学科,尤其长于天文历法。20世纪60年代初,他曾从历法学大师张汝舟先生学天文历法学,得其真传。我祖父汤炳正先生曾说:张闻玉是汝舟先生"绝学"的传人。我想,这绝非溢美之辞。20世纪80年代以来,张闻玉为宏扬师说,曾赴湖南师大、东北师大、南京大学等高校为文史研究生讲解张氏天文历法学,还出版了一本《古代天文历法浅释》。既然具有这些优势,他在西周王年研究上游刃有余,也就是情理之中的事了。

综观《西周王年论稿》一书,创见甚夥,荦荦大者:1.纠正王国维的"四分一月说",2.对西周列王年数的考定,3.武王克商在公元前1106年说,4.小盂鼎并非康王器,5.关于曶鼎的考释。其中肯定"月相定点"说,否定"四分一月"说,则是张闻玉先生研究西周王年的主要依据和本书的精髓所在。

那么张闻玉先生的"依据",可信度如何?从目前我们所能见到的先秦文献和青铜器铭文来看,"定点说"显然是科学的、可信的。如果按"四分一月说",一个月相可以包括好几日,先民还要月相记日干什么?月相不定点,有七八日的活动余地,还有什么存在价值?因此,我们认为月相非定点不可;不定点,月相的记录就毫无价值可言，而且必须定在一日，失朔最大限也只在半日左右。

关于西周中期这一段王序，历来就是西周史研究最棘手、最难考的一个课题。张闻玉先生知难而进，考辨了上百余件西周中期铜器后，认定这一段的王序当为共、孝、懿、夷，纠正了流行两千年之久的司马迁排定的共、懿、孝、夷王序。各王的元年一经确定，王年就一清二楚：共王在位23年，孝王在位12年，懿王在位23年，夷王在位15年。我认为这篇考证，堪称不刊之论，它充分体现了张汝舟先生倡导的文献（纸上材料）、铜器（地下材料）与天象（天上材料）的"三证合一"考证方法。难怪中国社科院知名历史学家杨升南先生要说："像这样详明的对西周中期列王的专文论述，这些年来，我也只见过这么一篇。"

要之，张闻玉先生此著确实是对西周王年研究的一大贡献，它的学术价值将随着时间的推移不断地显示出来。

西周历史年代学的扛鼎之作
——我读《西周纪年研究》①

张金宝

西周纪年是先秦史研究中绕不开的课题，尤其是先秦的历史年代学，更是以此为基点上溯夏商，下及秦汉，国内外学者倾力于此者颇多，但是鲜有一种声音能平息争论。近日，贵州大学出版社出版了张闻玉、饶尚宽、王辉三位先生合著的《西周纪年研究》，在书中，结合传世文献、出土铜器和实际天象对西周各王王年进行了深入细致地研究，并编制了科学准确的西周历谱，想来关于西周王年的各种争议可以息讼矣。

张闻玉、饶尚宽二先生均受教于合肥张汝舟先生。汝舟先生为国学大师黄侃亲传弟子，对《史记》之《历术甲子篇》用工颇深，在古代天文历法上自成一家。两位先生登堂入室，得汝舟先生真传，在古天文历法上著述颇多，尤其是闻玉先生，被视为汝舟先生衣钵弟子，在国内外有一大批坚定的支持者。王辉先生为

---

① 本文原载于《贵州日报》2010年11月19日刊，后又收入《辛卯文汇》中。今据后者录入。

陕西省考古研究院研究员，陕西师范大学文学院教授、博士生导师，专注于青铜器研究多年。三位先生联手推出的著作，当然值得期待。

《西周纪年研究》全书分为理论与方法、涉及西周年代的历史文献考释、西周铜器的年代考释、西周王年足徵、西周历谱、铜器铭文今译等六大部分，由理论方法到文献铜器考释，到历谱，最后是铜器铭文，循序渐进，为读者建立了一个清晰明确的西周王年研究系统。

作为近年来西周历史年代学研究少见的学术精品，本书立意深远，体大思精，创新之处甚多。要之，有以下几点。

一曰体例新。在生活节奏繁忙的今天，除了专门的学者，已经很少有人阅读学术性文章，很多学术论文又充满了过多的专业名词，让一般读者望而生畏，但是学术只有被大众接受才算达到了终极目的。《西周纪年研究》各个部分紧密联系，构建了一个宏大独特的理论体系，各篇章又相对独立成篇，深入浅出，读者可以当成独立的学术文章来看。不同专业、不同需求的读者可以各取所需。即使对于治学领域与历史无关的读者，本书的"西周历谱"依然可以为他们提供一个准确的西周王年的标准。本书另一个体例上的创新就在"西周历谱"上，本书的历谱由实际用历、四分历和实际天象三部分组成，实际用历依文献和出土铜器推定，四分历依据《史记·历术甲子篇》推演，实际天象采用张培瑜《中国先秦史历表》的数据。三者对比，为读者提供了可靠的西周历谱。

二曰方法正。"工欲善其事，必先利其器"，只有运用正确的方法才能得出科学正确的结论。本书继承和发扬了张汝舟先生"三证合一"的方法,"三证合一"即传世文献、出土文物与实际天象三者互相印证。既不迷信文献,盲目信古;也不标新立异,武断疑古。在疑古和信古之间,走出了一条科学的"释古"之路。当文献、器物、天象三者不一致的时候,力求合理解释发生差异的原因,这和盲目迷古与武断疑古比起来,不啻是种"戴着镣铐的舞蹈",因此也更见作者的学术功力和水准。

三曰不迷信。探讨西周王年,就不能不涉及对月相的研究,"月相四分说"因王国维首倡在海内外学林影响甚大,拥护者众多,却不知,因王国维不懂得四分历与实际天象存在3.06分的误差,"三百年辄差一日","月相四分说"实属观堂先生向壁虚构之理论。因为王国维先生在学术界的崇高地位,即使是有人质疑也因为人微言轻而得不到应有的重视。万众瞩目的"夏商周断代工程"中运用的就是"四分说",甚至在此基础上走得更远,衍生出"二分说"。方法不对头,得出的结论可想而知。张、饶两位先生多年以来一直否定"四分说",是国内力主定点说的代表人物。在实际考据运用中,失闰不得超过半月,失朔不得超过半日,即四分历的$\frac{499}{940}$日,超过此标准的,宁可弃而不用。这样严格的标准与失之宽泛的"四分说"比起来,高下立判。书中多有详尽、系统的阐述和科学、灵活的应用,相信读者阅读之后自有判断。

书中还有很多富于创见的观点和理论,如:通过两周昭穆制度的考释对共、孝、懿、夷王序及王年的重新安排;通过对眉县出土铜器的考证，断定宣王纪年存在两个体系。尤其是闻玉先生通过对出土铜器多年的深入研究总结出的十条铜器历日研究条例可称是发千载未发之覆，道前人未道之言，颇具开创之功的文章。

作为"十年磨一剑"的厚积薄发之作，作为德高望重的三位先生的联手之作，书中可圈可点之处甚多。除了学术创新之外，本书行文态度从容，词气谦和，祥和之气，溢于字里行间。即使对于亟待针砭的观点，遣词用语，亦毫无戏谑轻佻，无一丝杀伐暴戾之气，历史的柔美高贵气质毕现。

以上只是笔者的一得之见，以笔者愚陋的资质尚能在书中获益良多，相信各位读者一定能够在本书中吸取更多的学术养分。对于以先秦历史为研究对象的学者和历史爱好者，本书都是一本不可或缺的经典之作。

2010 年 10 月 10 日

新版后记

1996年张闻玉先生《西周王年论稿》（以下简称"《论稿》"）出版，转眼间26年已过去。随着新的四全铜器陆续出土，先生在西周王年方面积累了不少重要成果，为《西周王年论稿》新版（以下简称"《论稿》新版"）的出版奠定了坚实的学术基础。

关于"《论稿》新版"推出的缘起，闻玉先生说：

> 我的本意，再版《西周纪年研究》一者做个纪念，二者在初版基础上作些许增印，以弥补当年留下的遗憾。编辑主任衡量再三，执意以个人专著出书，建议用《西周王年论稿》做稿本，扩展尔后撰写的篇目，以加重该书的份量，这是事先没有想到的。

《论稿》正式出版，标志着闻玉先生的西周王年研究已经形成体系，系统性、完整性也已显现。而"《论稿》新版"的出版，增加了先生这些年来对新器物、新现象的考察和理解，是其古天文历法理论的凝练和升华。

2015年底我们正在从师学习，国内公布了畯簋铭文，我们惊叹先生研究成果的科学性和预见性：孝王十年的历日得到落实，共、孝、懿、夷王序王年得以印证。2018年，先生又结合新出乘盨，考证厉王纪年，发明铜器及史实中"不统于王"的义例，对先秦年代学、西周史的研究卓有贡献。此后，每当有新的四全铜器问世，先生总能在第一时间作出精确的判断，着实令人折服。

26年过去了，先生已入耄耋之年，2022年7月广西师大出版社向中国学界推出了"张闻玉史学三书"《古代天文历法讲座》《铜器历日研究》《西周王年论稿》。这一举措远见卓识，影响深远，功在千秋。这标志着新时代的史学研究进入了一个冷静而稳沉的阶段，不再急功近利、不再烦燥盲动，稳重踏实不断向前推进。

当今的先秦年代学是几代学人孜孜矻矻钻研的结果。汝舟先生考定克商之年在前1106年，董作宾先生否定"月相四分"及铜器分王世系联，陈连庆先生认定小盂鼎为卅五年器，都是其突出成果。赵光贤先生的苦心研磨，李学勤先生的主持多学科研究，刘启益先生的勇于探索，无不有益于西周年代学的推进。闻玉先生博取众长、择善而从，熔铸众家而成一家之言，共、孝、懿、夷王序与王年，宣王有两个纪时系统，"天再旦"在公元前

899年乃懿王十八年,都是其重要见解,值得学界重视。"睹乔木而思故国,考文献而爱家邦","《论稿》新版"的出版,一定能够慰先贤、启后学,激励更多学者献身到传承、发扬中华民族优秀传统文化的伟大事业中来。路漫漫其修远兮,吾将上下而求索!

桂珍明执笔

2022年7月22日

于复旦大学

补记:

本书新版分为三部分,目录载明。其校对事宜由作者三位弟子承担。张金宝先生负责第一部分,马明芳女士负责第二部分,桂珍明博士负责第三部分。本书在编辑中尽力校勘,但难免有错误舛讹,希望读者批评指正。